第2版

车浩的刑法题

北京大学法学院"刑法分论"考题解析

车浩 —— 著

北京大学出版社
PEKING UNIVERSITY PRESS

图书在版编目(CIP)数据

车浩的刑法题:北京大学法学院"刑法分论"考题解析/车浩著.—2版.—北京:北京大学出版社,2021.7
ISBN 978-7-301-32219-2

Ⅰ.①车… Ⅱ.①车… Ⅲ.①刑法—中国—高等学校—习题集 Ⅳ.①D924-44

中国版本图书馆CIP数据核字(2021)第101188号

书　　　名	车浩的刑法题:北京大学法学院"刑法分论"考题解析(第2版) CHE HAO DE XINGFATI: BEIJING DAXUE FAXUEYUAN "XINGFA FENLUN" KAOTI JIEXI (DI-ER BAN)
著作责任者	车　浩　著
责任编辑	杨玉洁
标准书号	ISBN 978-7-301-32219-2
出版发行	北京大学出版社
地　　　址	北京市海淀区成府路205号　100871
网　　　址	http://www.pup.cn　http://www.yandayuanzhao.com
电子邮箱	编辑部 yandayuanzhao@pup.cn　总编室 zpup@pup.cn
新浪微博	@北京大学出版社　@北大出版社燕大元照法律图书
电　　　话	邮购部 010-62752015　发行部 010-62750672 编辑部 010-62117788
印　刷　者	北京中科印刷有限公司
经　销　者	新华书店
	880毫米×1230毫米　A5　9.875印张　226千字 2016年11月第1版 2021年7月第2版　2024年11月第4次印刷
定　　　价	49.00元

未经许可,不得以任何方式复制或抄袭本书之部分或全部内容。
版权所有,侵权必究
举报电话:010-62752024　电子邮箱:fd@pup.cn
图书如有印装质量问题,请与出版部联系,电话:010-62756370

第 2 版序

距离这本小书出版，转眼五年过去了。它很幸运，面世之后得到很多读者的喜爱，出版社也多次重印。从 2012 年开始，在北京大学的课堂教学中，我一直提倡开卷考试的理念。本书中收录的考题，均是在践行这一理念。于第一版中，我曾经表达过自己对于考试出题的一些个人想法。几年过去，看到越来越多的老师在开卷考试的路上不断探索，深感吾道不孤也。趁第二版的机会，再谈一下关于课程教学的零星感悟，不揣谫陋，与诸位教师同行交流。

第一，本科生的刑法分论，侧重培养"找法"的能力。

本书收录的是"刑法分论"课程的考试题。对所有的法学院校来说，"刑法分论"都是本科生必修的一门专业基础课。这门课如何考试，首先取决于它如何上课。这就涉及一个教学安排中的重要问题，即划分本科生教学、硕士生教学与博士生教学的不同层次。例如，都是"刑法分论"的课程，如果同一个老师给本科生上又给研究生上，如何合理区分教学内容？窃以为，从法律人专业能力培养的不同侧重点入手，或许是一个可以参考的标准。

以法律规范为大前提，以具体事实为小前提，由此展开三段论的分析，是法学方法论的核心。法律人的常规工作，在技术上可以简化为两个层次。首先，发现事实并寻找法律。其次，确认找到的法律是否能够涵摄所发现的事实。"目光在事实与规范之间往返流转"，是为了思考事实是否适用于法律。总之，一个法律人的专业能力，就是处理事实与法律的关系。

以"刑法分论"课程的教学为例。对于刚从高中进入大学，缺乏生活阅历又未接触过法律的本科生而言，如果说"刑法总论"的授课，重在输出体系和逻辑，帮助学生构建一个犯罪论体系的思考框架，了解本学科基本概念的内在关系，那么，"刑法分论"的授课，就重在引领学生体会经验和人性。每一个罪名都是通往社会生活的暗道，一部刑法典数百罪名，勾勒出各领域中重大利益的分布图以及幽暗人性的罪恶底线。本科生学习完"刑法分论"，对社会生活中的各种罪行以及刑法的规制手段，应当有一个全貌性、整体性的把握。

何谓"全貌性、整体性的把握"？好比我们心中有一幅地图，提到国家、城市、名山大川的名字，目光就自然地投向地图上某处；旅途中看到一处地貌，脑海中就浮现出它在地图上的区域以及对应的地名，这当然是地理学得很好的水平了。对应到法律的学习上，就是在现实生活或文字材料中看到某个事件或场景，能联想到与之相关的罪名；反之亦然，碰到一个罪名，脑海中就能浮现出构成要件事实轮廓以及各种案例的变式。

这就是上述法律人专业能力的第一个层次，即能够从纷繁复杂的生活素材或案件材料中，识别出重要的事实并对应到相关的法律规范。亦即通常所说的"找法"。我认为，本科生"刑法分论"的教学，应当强调体系和广度，以几百个罪名的全貌性认知为基础，侧重培养这种"找法"的能力。

到了研究生阶段，"刑法分论"课程应当强调重点和深度，围绕一些现实中常见多发、理论上疑难复杂的重点罪名展开。以个罪的教义学理论为基础，侧重培养学生解释和适用法律即"深度涵摄"的能力。由此可见，虽然都是"刑法分论"的同主题课程，但针对不同的学生群体，可以赋予不同的课堂重点，承担不同的教学任务，确立不同的培养目标。这样一来，作为法律人基本功的三段论，就能够在不同的教学阶段得到较为充分和全面的训练。

总之，对事实敏感并能够迅速准确地"找法"，是法学方法论闯关的第一关，也是本科生"刑法分论"课的主要教学任务。考试作为手段，服务于教学任务。如果认可考查这一基础能力的意义，考试题的设计就必然要围绕着这一考查目标展开。通过开卷考案例题的形式，将大量知识点埋伏在复杂的案情中，甚至设置一些迷惑性的情节，考查学生能否辨别和挑选出有意义的事实，寻找到对应的刑法罪名，无疑就是有效实现这一考查目标的考查手段（之一？）。当然，能写出相关的罪名，仅能考查出"找法"能力的平均水平，题目中还会设置一些在涵摄环节上有争议和深度的考点，作为取得高分的机会，留给那些认真听讲、主动复习、对理论比较有兴趣的学生。

第二，重估应试教育的理念，充分发挥考试的引导功能。

在本书后记中，我曾探讨过考试的功能。我认为考试是师生之间的一次深度沟通和告别，更是教学过程的延长甚至高峰。因为老师要想办法将一学期课程的精华浓缩在考点中，学生也必然会在限定时间地点以及有分数形式的考查中感受到压力和刺激，教学效果应当在此阶段有一个明显的跃升，甚至成为整个教学过程的最高峰。

此外，在评奖学金、出国、保研、就业等场合，考试成绩常常被作为一项重要的甚至是主要的评价指标,对学生来说,这可能是考试成绩最现实的功能。我曾经认为,这类功能与教师无关,不能为教师命题考试提供理由。但现在看来,这一认识需要更新。因为学生的学习动机千差万别,不可能全部基于对知识本身的兴趣。为了获得奖学金、出国、保研、就业的机会而努力学习考出好成绩,这是一股虽然现实但同样有效的动力。犹如道德与法律各有分工一样,兴趣与成绩,是驱动专业学习的两股不同的力量。作为教师,应该正视这股动力,通过有效的引导,达到提升学生能力的教学目标。只要能力上了身,至于动机是基于兴趣还是成绩,那就不是授课教师能够完全决定和影响的事情了。

在这个意义上,我觉得应当认真对待和重新评价"应试教育"的激励作用。

既然成绩排名对奖学金、出国、保研、就业等各种事项有重要影响,这就会赋予考试一种重要的引导功能:考试考什么以及怎么考,决定了学生应当学什么以及怎么学。当考试以闭卷形式要求学生默写概念、特征、法条、理论的内容时,这种主要依赖记忆力的知识考查,就必然会倒逼学生以考前刷夜、"狂背硬记"的方式应对之。很多学生都经历过"平时上课随意、考前突击复习、考完立马忘光"的三部曲,这种应对方式的弊处显而易见,临时性记忆来得快去得也快,很难增进对所学知识的深度理解。一直以来,还让法学教育背上了"死记硬背远离现实""理论与实践两张皮""毕业前把学的都还给了老师""参加工作了才发现学的都没用"等种种埋怨和指责。

相反,面对开卷方式的考查,任凭学生的记忆力再好,也难以通过在考试前的短期记忆来应对。它需要学生在日常的学习过程中，包括课堂听讲和课下自学，都要长期投入大量精力，牢记和体会理论知识，关注和理解社会生活，反复揣摩法条于事实的适用，日积月累方见成效。

开卷考试的目的在于考查能力，但能力考查不是对知识考查的替代，而是进阶和升级。有了记忆未必能有理解和适用，但能够理解和适用的，通常要以记忆为基础。如果没有扎实的记忆基础和"找法"能力，虽然开卷考试可以携带材料入场，但在有限的考试时间内，也难以快速地根据案情事实准确地找到法律。数次考试的经验证明，很多低分者即使在题目中发现了考点，也因为记忆不牢，理解不深，不能迅速定位到相关法条，于是把大量的时间耗费在不停地翻书找法上面。法就在那里，但他既看不见，也"想不起来"。

在上述意义上，我认为，应试教育的理念本身没有问题——在兴趣之外，也很有必要用考试成绩来激励和引导学生的学习。有问题的，不是"应"试，而是"试"的内容，即用什么样的考试来引导学生。只要教师形成了有规律的考查模式，学生对此也有了预期，那么，有什么样的考试，就自然会激励学生自行探索如何应试，进而就必然会影响到他们日常学习的方法和习惯。当然，我所说的，适用于有专业兴趣或者是重视成绩的学生，如果是对专业既无兴趣又毫不在意成绩者，什么方法也没用，徒唤奈何就是。

第三，考试形式应与教学内容相匹配，注意正当性与合法性。

近年来，很多老师在法学教育改革上投入大量精力，在考试形式方面作了很多有益的探索。清新风气的同时，一些做法也值得总结和反思。

在试题中可以有情节和修辞（实际上任何题目都难以避免），但不宜过分渲染。如果连续大段的案情陈述都与考点无关，那就意味着，戏剧性修辞的比重压倒了考试内容，对专业考试来说，可能会让人感觉是喧宾夺主了。因此，考题中的情节和修辞应恪守必要原则，就如同学术论文中的引用注释一样，一旦过度，可能会使得考题的定位模糊，甚至令人感到娱乐化。对出案例题的老师来说，把握好这个火候和分寸很不容易。

有些考题，本身有趣味和启发性，也有一定的考查功能，但是欠缺与课堂教学内容的关联度，因而存在正当性的疑问。例如，有的题目考查学生能否辨认出任课教师的照片，这或许可以在一定程度上反映出学生的出勤情况，但如果学生据理力争说"自己对课程知识都掌握得很好，就是对老师的颜值毫无兴趣，长期不愿意正眼看他"，那又凭什么给这学生扣分呢，就因为学生不喜欢老师？这样的考题，就会面临考查正当性的质疑。

有的考题，仅给一个非常简要的题面信息。例如，"请分析丘处机在嘉兴烟雨楼事件中的刑事责任"，或者干脆分析"武松打虎"。这题目本身是巧妙的，内容也值得讨论，但它预设了一个前提，那就是答题者首先要清楚地了解这类故事。通常来说，这可能不是问题，但如果就是有较真的学生表示，"自己对小说和历史都不感冒，但是不妨碍自己的法律学得很好"，这就比较麻烦了。读没读过金庸小说或者四大名著，显然并不能成为判断一个法律人是否优秀的标准，更不好构成考试丢分的理由。

此外，可能还会有学生质疑：任课老师没有在课堂上介绍讲解过的内容，凭什么预设和要求学生必须知道。或者，即使老师在课上讲过，又凭什么要求一个法学院的学生必须接受和记住这类小说中的故事，才能顺利通过一门法学专业的考试呢。这些"凭什么"的质疑，也许在一般人听起来，有些无趣甚至煞风景，但是，对法学院的专业学习来说，最重要的职业素质和问题意识之一，本来就是对一个事件的合法性"较真"，或者对一项制度的正当性"抬杠"。

考试也是如此。考查教师从未在教学中涉及过的内容，或者是预设学生都了解与本专业知识无关的内容，并以此为前提进行考查，均存在很大的正当性/合法性的风险。无论是多么新颖有趣的题目，如果不能经受住这种质疑，恐怕都不适合作为法学院的考题。当然，这也只是我一家之见，对此自然会见仁见智。

尽管各种新型考题可能存在不同方面的瑕疵，但我始终觉得，对教师在考试上的探索，不能简单地以"不严肃"或"娱乐化"的名义一棍子打死。在整体上，还是应当采取一种积极鼓励或者至少是善意批评、支持改进的态度。特别是，在目前高校教师普遍被科研压力所累的情况下，还有老师愿意在教学方面"扯闲淡"，实属难得。即使方式和火候有待改善，也总是强过不愿去尝试任何改革探索的惯性做法。

以刑法考试为例，类似于"×××的成立条件""×××的特征""××罪与××罪的区别"之类的名词解释、简答题或论述题，对大部分刑法老师来说，出题时得心应手，阅卷批改时也是省心省力。相反，以开卷形式出现的各种新型考题，无论是出题还是批卷，都要麻烦很多。对这些迎难而上、自找麻烦的考试探索，应当多给予一些鼓励和支持。任何领域都不可能因为原地踏步而取得进展，总是需要各种创新探索；而只要创新探索，就总会出错；因循守旧什么都不变，才是最稳的。在教学和考试领域,也是如此。

以上,主要是与教师同仁们的交流,接下来要对本书的读者说几句话。据我所知,有不少同学用本书中的试题作为对自己刑法水平的测试,所以有必要对其使用方法略加说明。第二版增加的题目,与以往一样,都配有我给出的参考答案。这些答案是供应试后复盘之用的。事实上,要在几个小时之内,圆满回答出这些试题中的所有考点,是比较困难的。因为在设计题目时,我心目中的100分,原本也不需要答出全部考点。我出的考题,实际上是一个"答题池",只要应试者能从中捞出60%以上的考点值(难易不同,分值也不同),就已经进入优秀之列。因此,整个考试过程,其实是一条限定时间的"寻宝"之路。

对本书里收录的所有考题来说,结论都不是最重要的,关键是答题人对考点特别是争议点是否敏感。与我给的参考答案不同,但有自己独立见解且说理有力的,也应得分。在"刑法分论"考试中,刑法总论问题不是考查重点。阶层犯罪论体系,在"刑法总论"的授课和考试中有过测试;鉴定式案例分析模式,在我另外开设的"刑法案例研习"课中也会反复训练,因此,这些都不是我出"刑法分论"考题时的考查目标。相反,为了在有限的考试时间内,尽可能多地考查答题人对各种罪名的理解和掌握,不要求也不必要在每一个考点下面,按照阶层犯罪论的架构进行完备的鉴定式分析。

本书初版于2016年,当时收录的四套题目,是我给2011级和2013级本科生上"刑法分论"课的考题。三年后,我给2018级本科生开课,出题和考试方式自然也是遵循先例。新的考题被北大官微刊载,阅读量达到10万+,引发了一些关注,编辑杨玉洁女士也催促我尽快更新本书，于是有了读者手中的第二版。这一版在增加了新的考题和答案的同时，也更新了书中涉及的法条和引注。感谢我授课和考试的对象，北大学生的聪敏给了我出题的灵感。感谢三位助教曾军翰、汪萨日乃和邢文升同学为本课程付出的辛劳。感谢曾军翰同学和陈尔彦博士帮助更新法条和注释，保证了这本小书的与时俱进。感谢北京大学出版社的蒋浩副总编和杨玉洁女士，能够再度与他们合作，令人愉快。

车　浩

2021年3月于京西见山居

说明与致谢

人生有无数万万没想到,比如这本小书。我从没想过会出一本关于考试的书,但如今它就在眼前。

这本书里收录的四道题目,是我在北京大学法学院给本科生开设的"刑法分论"课的考试题,每道题 100 分。学生考完后,把题目扔进互联网,使其就这样流传开来。越传越广,竟成了"神考题四大名作",被分封为"最巧合""最悲情""最宫斗"和"最史诗"。面对网友们欢乐的创造力,我有点措手不及,感受到了罗兰·巴特所说的"作者已死"。不过,考题被戏说和娱乐化的效果是,其传播范围远超出了法律圈。据说许多圈外人士看过之后,纷纷表示增加了对法律的兴趣和理解。这个寓教于乐的"普法"功效,绝对属于万万没想到;但它一旦出现,也给人意外之趣,算是为本书的出版提供了一个动机。

不过,出题的目的,毕竟不是给公众"编剧";书的主流读者,仍然定位在法学院学生。所以,每道考题后,都附有详尽的专业答案。字数最多的一份,大概有近 6 万字。四道题的答案加起来 10 多万字,构成了这本书的主体。①

这些答案,都是我在考试后即发给学生的。当时的想法是,考试虽然结束了,但是学无止境。考题的价值,不仅仅是趣味性,更是因为承载了足够丰富的知识量,使得它们不会过

---

① 需要说明的是,按照教学进度,修"刑法分论"的本科生,还没有开始修"刑法案例研习",因此考试后发给学生的答案,仅是列出了考查要点,并没有按照我在刑案课中所讲的解题方法和框架展开。

时。这次出版前又增补了一些注释。不敢说一册在手，分论尽有，唯愿能形成一本关于刑法分论要点的微型地图。学生可以边看故事，边解题，边复习法条和理论，以轻松愉快的学习方式，大致认识到刑法分论的丘壑样貌。这算是本书出版的另一个动机。

此外，还有一个深层动机。那就是，借此与学界的同仁交流，谈谈自己对法学教育的一得之愚。

比如，为什么要有考试？法学院的考试应当考什么？学法律到底是要学什么？哪些东西能够在考试中考查出来？等等。在这本书的前言和后记中，我表达了一些不成熟的观点，献芹于前，期待回声。回北大任教这几年来，在教学方面投入了很多时间和精力，对考试形式和理念的探索，是其中一朵浪花。被教学切断的琐碎时间，常常导致学术研究进展缓慢。新开课程的流程设计和协调安排，有时候也让人心力交瘁。感到疲顿时，自我说服的理性之声是：大学教授兼有学者和老师两重身份，科研与教学之间无可偏废。选择了以之为业，自然要遵守职业伦理。白话版就是，既然当了和尚，就得撞好这两座钟。

不过，有时候更强大的动力，还是来自于某一刻的感动。就像在微信上看到学生写的这段话：

"四个小时的考试，说长很长，说短却也很短。也许多年之后，天南海北的我们还能够想起在大二的某一个下午，我们曾经一起考过一场四个多小时的考试，还能想起那春夏秋冬、东南西北的无比鲜活而又无比悲喜的人物。感谢车浩老师一个学期的教诲，感谢这一场史诗级考试的饕餮盛宴。"

这本小书出版，我也要感谢很多人。

感谢北京大学法学院。无论是出题形式还是各种教学探索，从来没有受到任何内容上的限制和程序上的羁绊。这大概是一个中国的大学教授，能享受到的最自由宽松的教学环境了。

感谢所有教育过我的老师。尽管小时候从没想过长大后当老师，但当我真的走上讲台时，诸多恩师的身影鳞次浮现。他们曾恩赐给我的，我努力地体会再给予他人。

感谢北京大学法学院的学生。常听人说，教学是一个良心活儿。其实，只有资质愚钝的受众，才会操纵于忽悠者的良心。如果学生聪慧敏捷，教学就不是一个要不要良心的问题，而是一个要不要脸面的问题。更重要的，是享受到得天下英才而育之的快乐。

感谢"刑法分论"课的助教和参与阅卷工作的同学。课程和阅卷的顺利完成，得力于他们的辛苦协助。他们的名字是：邹兵建、李波、徐然、袁国何、王华伟、蔡仙、王若思、陈涛、李梦帆、姜潇、雷晶晶、娄慧颖。特别是兵建，两任助教，出力尤巨。如今他们大多已毕业离校，散落在天涯，但愿还记得师生合作的那一段愉快时光。

感谢北京大学出版社。当时出题写赠言，仅仅是给选课学生的，传播于众实非所求。总觉得不过几份考题，值不得四处招摇。但是，蒋浩副总编的提议，让我省思在教学领域中公开交流的价值，上面那些出版的动机，才逐渐浮现出来。有幸见识柯恒先生、杨玉洁女士、王建君女士和王容女士的编辑和设计的才华，特别是玉洁女士的敬业和敏锐；有了他们的精心策划，所有的出版动机才终于得以实现。

感谢陈尔彦同学、刘广飞先生和张晓韬女士，为本书封面设计建议良多。此外，深海鱼、王勇、庐州判官、笨熊图灵，这几位法律实务界的微信大 V，参与作答了部分题目，并授权将其答案附录在书，增色不少，一并致谢。

感谢《北大青年》编辑部的采访，以及北京大学燕语配音社录制的广播剧。虽然我婉拒了一些社会媒体的采访，但是却很乐意与学生社团打交道。他们认真而富有朝气的工作，散发着青春的单纯和快乐，与这所校园里深沉的学术气氛和古老庄严的传统相互交织，感染到我，让我想起自己以学者和教师为业的初心。弹指之间，回北大执教已经六年。人们总是会面对无数选择，汇合起来，将他推上一条属于自己的林间路。走下去了，就不必再眺望其他，不应犹豫，也无法回头。眼前的路，不知道会延绵到何处，不过驻足流连时，我还能记起出发当时的情景：

"那天清晨落叶满地，

两条路都未经脚印污染。"（弗罗斯特《未选择的路》）

车 浩

谨识于北大法学院陈明楼

2016 年 9 月 20 日

目录 Contents

前言
为什么考试 / 1
给北大法学院2013级本科生的考试赠言

第一试
甲的一生 / 1
最巧合之"一场婚宴引发的连环血案"

第二试
甲的一生前传 / 27
最悲情之"被嫌弃的少女郭芳的一生"

第三试
爱的春夏秋冬 / 69
最宫斗之"继承者们的互撕大战"

第四试
西京风云 / 103
最史诗之"跨越三十年的阴谋与爱情"

第五试
梦里不知身是客 / 185
最穿越之"大理寺卿走进新时代"

后记
最后一课 / 233
给北大法学院2011级本科生的考试赠言

附录一
法学院情书 / 243
《北大青年》采访

附录二
法检高手如何作答"神考题" / 253
微信网友部分解题答案摘录

前言　为什么考试
给北大法学院 2013 级本科生的考试赠言

在考试结束一个多月之后来谈考试，似乎是一件很奇怪的事情。但我还是有自己的理由：隔开一段时间来谈，正可以避开当时关于考题的各种热闹。当然，还有很多实质性的理由。对学校里的师生来说，考试是一种常态。但是，学生为什么要考试，老师又为什么要命题，这恐怕恰恰属于福柯所说的，仅仅因为其一目了然而不为人见的问题。我希望谈点个人想法。

考试这件事，是由师生双方共同完成的。学生是最重要的、不可或缺的参与者和意义赋予人，所以，法学院的同学是我写这篇东西的主要沟通对象。此外，无论喜欢与否，考试都会在每个人的大学生活中留下印记。多年以后，这印记可能不堪回首，也可能思之怅然。我希望自己作为教师，能在这印记形成当时，投入一点正能量进去。最后，一门课程结束了，一段师生关系也随之结束，总要有点分手语吧。在课堂上羞于表达的，正好可通过这个机会说出来。

至于 2013 级"刑法分论"期末考试的答案或者说考查要点，我另外单独附在后面供同学们参考。这份参考答案是 2 月中旬我在度假期间拉拉杂杂写完的。请同学们放心的是，老师不会用这样一份几万字的答案作为评分标准。事实上，期末考试后的第二天，批卷工作就已经完成。实际阅卷时的打分标准，要比这份参考答案简单得多，是我和几位助教共同厘定的，也在此向他们表示感谢。至于我自己又专门另写的 5 万多字的参考答案，就当作最后一课的复习资料和讲义吧，但愿仍然有同学会乐意去看。

为什么考试

考试有什么功能和意义？对大学里的课程考试而言，这并不是一个不言自明的问题。提到考试，通常很容易让人联想到选拔。根据一定的标准遴选人才，是自科举制度开始的考试所共同追求的一项重要功能。但是，这显然并非考试的全部。特别是在大学中，每一学期结束之后的各种课程考试，与高考、法律职业资格考试、公务员考试等考试类型截然不同，它并不会直接赋予高分者某种资格，因此也基本上不包含选拔的功能。

大学考试的功能，如果不是选拔，那又是什么？

一种常见的说法是，考试是检测学生学习效果的手段。但实际上，这个说法主要适用于未进入大学之前的（高中、初中阶段）各种考试。以升学为终极目标，师生双方都可以通过一些阶段性的小考，检测教学或学习效果，根据检测结论，来调整下一步的教学或者学习状态。但是，高等教育不是应试教育。大学里某一特定师生群体的教学关系，往往终止于一学期课程的结束。各位老师所开的课程，一般也是相互独立，没有承继关系的。经过考试而检测出的教学/学习效果，对大学里的师生双方来说，基本上都缺乏实际意义。老师没有机会再对特定的学生群体改善他的教学，学生也必须告别这门课程，进入其他老师的新的课程学习中。对师生双方而言，考试成绩不是展开下一步行动的根据，没有向前方伸出一个有机会共同改善教/学的阶梯，它本身就是一道关上的门，是一个表示一门课程结束、一段教学关系结束的终止符。除了学生可能因得到高分获得自信或者因得到低分而愤愤吐槽（也可能发愤图强）之外，把没有后果跟进的考试之功能定位在"检测"，就如同没有制裁性手段的程序正义一样，都是纸上欺人。

这样看来，大学考试的功能，基本上也不是检测。那它到底是什么？

在评奖学金、出国、保研等场合，各门课程的考试成绩常常被作为一项重要的甚至是主要的评价指标。对学生来说，这可能是考试成绩最现实的功能；但是，对老师的教学而言，这并不是一个主动追求的理想目标。我相信，几乎没有一位大学老师，是为了让考试分数成为学生能否得到奖学金或者出国、保研机会的评价指标，而费尽心思去命题和阅卷的。如果一个学生努力学习考高分的主要动力和追求是为了得奖学金，这是教学本身的失败。同样，评价一个学生能否得到留学或保研的机会，是一个独立的、综合的评价体系，各门课程的考试成绩至多是参考因素之一。

哪位刑法老师会在设计一道强奸罪的题目时心里想的是，只有这道题得高分者，才是最应该拿到耶鲁大学的 offer 的人？哪位民法老师会在设计一道用益物权的题目时心里想的是，只有这道题得高分者，才最应该保送国际公法专业的研究生？人们可以赞美繁茂的树荫能够让行人免受日晒，但这并不是大树本身茁壮成长的理由和动力。同理，即使考试成绩被用来与奖学金、出国或保研之间挂钩，在客观上发挥出某种评价作用，但这也从来不能为老师命题考试提供理由和动力。

那大学课程考试的意义究竟是什么？排除了选拔、检测和评价这些主流标答，剩下的答案，可能就见仁见智了。在我心里，理想状态的大学考试有两层意义。

第一，考试应该是教学过程的延长甚至高峰。考试不是一门课程教学结束之后的某个与教学过程相独立的环节，相反，它是整个教学过程的一部分，甚至可能是最有效、最关键的环节。在命题、答题、阅卷、出/看答案的过程中，围绕着这门课程的核心知识，教师的释放与学生的吸收始终都在进行（这次"刑法分论"采取考试后一个多月再公布参考答案的做法，就是希望尽量延长本课程的教学过程）。而且，由于老师要想办法将一学期课程的精华浓缩在考点中，学生也必然会在限定时间、地点以及有分数形式的考查中受到压力和刺激，教学效果应当在此阶段有一个明显的跃升，甚至成为整个教学过程的最高峰。

第二，考试是师生之间的一次深度沟通和告别。特别是在上大课时，学生有几十人甚至上百人，平日的教学过程中，不可能出现老师提问——上百人全部回答——老师透过回答了解情况——将答案反馈回去——学生再参照答案自我评价这样的全面性互动。而且，在一份试卷中，老师不仅可以告诉学生他所认为的这门专业课中的核心要点，让学生通过答题认知自我，同时，在纯粹的技术性内容之外，老师还可以把他认为重要和有意义的一些关于法律和人生的更为宏观或感性的理解，透过考题传递给学生。如前所述，大学里某一特定师生群体的教学关系，往往终止于一学期课程的结束。分手之际，总是要有些临别赠言，按北方人的劝酒令，"啥也别说了，都在题里了"。

为什么开卷考试

开卷！开卷！！开卷！！！法科学生开卷考试的意义，两年前我在写给2011级同学的"最后一课"中已经说过了。现在，我对这一点的信念愈加坚定。

每年考试季都能听闻有同学因为作弊被抓，作为老师，心里很堵得慌。北大的制度很严格，一旦作弊被发现，就取消学士学位。这意味着有的同学刚刚进入北大，就要面对四年最终没有被认可的学习生活，除非退学重考；也可能意味着有的同学在北大学习生活了几年之后，将以一名肄业生的身份黯然收场。通过作弊获取高分当然是不公平的事情，但是，考试作弊往往是一念之差，而这一念之差就可能会毁掉人的一生，对于这些好不容易进入北大的年轻人来说，如此沉重的打击，会不会太过残酷？办大学毕竟是要教育人，而不是要教训人。

那是不是就要对作弊者从轻处理呢？好像也不妥。因为个案中的灵活处理，最终必然会导致一项刚性规则的逐渐崩溃。那么，到底应该如何既维持禁止作弊、保证公平的信条，同时又能够保护这些年轻的同学呢？

我个人开出的药方是：开卷考试。如果学生可以任带资料，作弊就没有必要和意义了。这不仅能够最大限度地遏制作弊现象，也能够从制度层面克减学生因一念之差而铸成大错的机会。一失足成千古恨。如果我们能够从一开始就让海妖塞壬的歌声诱惑变得索然寡味，从一开始就杜绝任何人失足犯错的可能性，难道不是比事后的严厉惩罚更符合教育的本质吗？

进一步来说，开卷的意义，不仅在于消减学生犯错的机会，更重要的是，开卷/闭卷的选择，直接逼出一个根本性的问题，大学到底是在教什么，又想要考什么？

我曾经听过一个段子。说的是一群学生在讨论各种作弊手段。有人说，他有一个最牛的办法，就是把所有的资料都记在身体的一个部位上，谁也发现不了，而且绝对管用。于是，大家七嘴八舌议论是什么部位，有的说记在手上，有的说是大腿上，等等。最后这个人说，就是记在"大脑"里啊！这段子听起来似乎很无聊，可再想想，真的无聊吗？这简直就是我听过的最深刻的一个段子了。只有当一个考试以检测记忆力为考核目标时，把资料记在脑子里与把资料记在纸上、手上相比，区别的意义才显示出来。如果一个考试不是以考核记忆力为目标，那么，把复习资料记在脑子里与记在纸上又有何区别呢？如果后者被定性为作弊，前者就是一种更隐秘的作弊。

那么，我们法学院的考试，考查目标到底是什么？是要像《最强大脑》那样考查学生的记忆力吗？

如果回答是，那么问题来了：记忆秘诀或者方法，并不是法学院教师在课堂上讲解传授的内容；学生的记忆力，也不是进入北大之后，在课堂上得到训练和提高的。既然如此，考查一个不属于授课内容的东西，考试的意义和正当性何在呢？如果回答说，考查的不是对法律资料的记忆力，而是学生对法律资料的理解和适用能力，那么，为什么又只允许将资料记在脑子里带进考场，而不允许将资料记在纸上或者直接将书本讲义带进考场呢？

其实，原因也很简单。考查学生"对法律资料的理解和适用能力"说起来简单，但要设计出能够实现这一目标的考题，又谈何容易。姑且不说那些直接考法条、概念或者特征的考题，是直接将考查记忆力乔装成考查"对法律资料的理解和适用能力",即使是那些给出参考法条或司法解释,让考生运用这有限资料来回答问题的考试,其实也是在考查学生是否背下了这些法条或司法解释之外的内容——这个内容,可能是某个学理上的概念特征,也可能是出题老师本人的观点。

总之,凡是闭卷考试,就一定能在现有资料中找到答案。凡是闭卷考试,就是在考查对那个答案的记忆力。无论这个答案是法条、司法解释、概念特征,还是授课老师个人"对于法律的理解"。最后一种情况,考查的不是学生本人"对于法律的理解",而是学生是否把授课老师"对于法律的理解"背了下来。与前面的各种背相比,无非是背法条还是背理论,是背"通说"还是背"个别说"的差异而已。

这样看来,闭卷考试特点有二:一是考天赋,考查课堂从不传授也无法传授的、基本属于个人天赋的记忆力;二是考态度,考查学生是否肯努力运用其天赋,以及是否尊师重教,具体表现在考试前肯不肯刷夜狂背,以及是否背下了授课老师的独家见解等。这样的考试,一旦允许学生将资料带进考场,考题基本上就芝麻开门,剩下的,就是把答案从资料上搬到试卷上的体力活了。

这就是闭卷考试与禁止作弊两者能够结成铁血联盟的秘密,也是我之所以认为闭卷考试的意义稀缺,以及为什么要努力尝试开卷考试的根本原因。

为什么出大型案例题

话又说回来,闭卷考试在包括法学院在内的各个学科中风行多年,其中的利弊,大多数老师也都清楚,只是苦于不容易找到解决的办法。以前我在写给2011级的"最后一课"中提过,"任何闭卷考试,都只是在找不到更好的开卷考查方式的情况下,不得已的选择"。接下来的问题就是,怎么找到好的开卷考查方式?需要说明的是,不同的学科和专业有不同的特点。我下面谈的,仅仅是关于刑法学考试的一得之愚。

开卷考试的最大困难在于,一份考题要不惮于正面迎战学生带进考场的所有资料,仍然能够实现其考查学生"理解和适用法律的能力"之目的。对出题者而言,这是一项非常艰难的任务,或者说只能是一种理想状态。任何开卷考题的设计,只能是向着这个理想状态去探索而已。在设计刑法考题时,我尝试从以下三个角度切入,或许可以避开考查记忆力的陷阱,慢慢靠近考查并促进"理解和适用法律的能力"的理想状态。

第一,考查并促进面对生活事实发现法律问题的能力,也就是通常所说的"找法"。找法的感觉和能力,是法律人的基本功,是需要逐渐培养出来的。这一点,在课堂讲授中主要是通过在法条、理论和案例之间的来回穿梭,让学生逐渐在相关法条、理论争点与典型事实之间,建立起各种敏感度和想象力的红线——提到A法条,就会联想到典型事实B;看到典型事实C,就会联想到D法条。在这些日常讲授和训练的基础上,考题中设计一些与典型事实相似但又有差异的非典型情节,考查学生能否联想到相关法条。对案件事实是否敏感,能否在事实和法律之间建立起想象和解释,这是一个学生在日常学习过程中逐渐形成的"找法"的能力,基本上不会受到带进考场的任何资料的影响,考试前再多刷夜背书也没什么助益。

但是，如果案例中只有两三个待考的事实点，事实与法律之间的对应关系一望而知，就难以考查出"找法"的能力。正如"最后一课"提到的，"这种案例的考点非常明显，提问内容清楚无比，只要针对问题作答就是了。可事实上，比回答问题更重要的能力，是发现问题。现实中，没有人会把一份杂乱繁复的法律材料或者案件事实，加工剪裁成教学小案例的形式，归纳为好几个问题送到你面前来寻求答案。律师的工作，本来就是在几十本、数万页的卷宗中找出真正的法律问题，再寻求解决之道"。要实现这个培养目的，只有一个案情繁复、千丝万缕、有几十个事实点隐含其中的大型案例，才能考查出一个法科学生对于生活事实和法律问题的敏感度和判断力。

第二，考查并促进对于刑法知识的体系性掌握。本科生对于刑法分论的学习，重在掌握刑法知识的体系性，因此考题中要"找法"之"法"，应当首先体现出覆盖法条的全面性和代表性。《刑法》分则部分有300多个条文，400多个罪名，授课时间不允许对每个条文都进行细致讲解，但是对于一个学习过刑法的学生来说，他至少应该知道刑法中有某个罪名，即使对这个罪名的具体问题没有更深入的了解。这对教师的授课和学生的学习，都是最低要求，也是考题应当追求的一个最低层次的目标。

以这次期末考试为例，《刑法》各章的罪名基本都有涉及。学生完全可以翻开带进考场的《刑法》，去查找这些条文。当然，前提是你至少知道《刑法》中有这个罪名，同时在看到某个情节时能够联想到这个法条。而试卷给分的门槛性标准，也是"简要说明案中人涉嫌的犯罪及理由"。

要想实现这种体系性掌握知识的考查和培养，就不是出几个零散的小案例所能实现的目标了。的确，以往流行的案例题考查方式，题干大多几行字，最多不会超过半页纸，"但是这种小案例的弊端也是显见的。只能考几个有限的罪名，难以考查出对整个分则的体系性知识的掌握程度"（"最后一课"）。为了克服这种弊端，就需要一个案情繁复、千丝万缕、能够包容几十个罪名的大型案例。

以期末考试"西京风云"为例：

考查范围 （7章）	考查罪名 （39个）	考查次数 （66次）
危害国家安全罪	间谍罪，为境外非法提供国家秘密、情报罪	2
破坏社会主义市场经济秩序罪	骗取贷款罪，对非国家工作人员行贿罪，国有公司企业人员滥用职权罪，非法经营同类营业罪，为亲友非法牟利罪，损害商业信誉、商品声誉罪	8
侵犯公民人身权利、民主权利罪	故意杀人罪，过失致人死亡罪，重婚罪，故意伤害罪，刑讯逼供罪，非法搜查罪，强奸罪	10
侵犯财产罪	诈骗罪，抢劫罪，盗窃罪，侵占罪，敲诈勒索罪	7
妨害社会管理秩序罪	赌博罪，帮助毁灭、伪造证据罪，窝藏罪，妨害作证罪，辩护人妨害作证罪，妨害公务罪，盗窃国家机关公文罪，非法处置查封、扣押、冻结的财产罪，传播淫秽物品牟利罪，包庇罪，非法获取国家秘密罪	13
贪污贿赂罪	挪用公款罪，受贿罪，行贿罪，贪污罪，利用影响力受贿罪	20
渎职罪	故意泄露国家秘密罪，帮助犯罪分子逃避处罚罪，徇私枉法罪	6

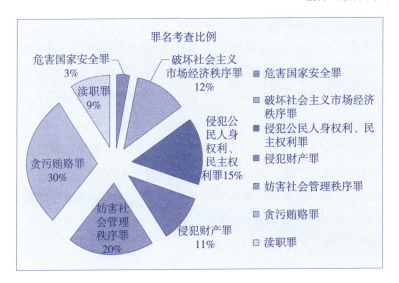

第三,考查并促进深度分析、正反辩驳的能力。如上所述,本科生大班必修课的学习,重在掌握刑法知识的体系性;而研究生专业课的学习,则是在前述基础上,加大对于一些关键问题的理论纵深。当然,作为老师,自然乐于见到同学对于刑法问题有进一步的思考和兴趣。因此,所出的案例,最好既能在鸟瞰的层面考查体系性知识,以此作为中等水平的尺度,同时,也要埋伏一些更深的理论争点,留给那些想要更高分数的人。

所谓"更深的理论争点",主要表现在针对同一事实存在理论上的不同观点。特别是对于刑法而言,这不仅仅是学理层面的论争,而且有着重要的实践意义。目前我国刑事辩护的整体水平不高,突出表现之一,就是往往只能纠缠和专注于事实、程序或证据,但是对于实体法上的重要争点缺乏了解,也欠缺与公诉人展开观点对抗和深度说理的能力。这与过去几十年的学术环境有密切关系。本应自由争鸣的理论观点,往往被异化为具有唯一性和稳定功能的准政策制度，学界崇尚"通说"而较少实质性的观点对立。在这种环境中接受教育和熏陶成长起来的一代法律人，在有罪无罪、此罪彼罪等问题上被灌输进某些标准答案，在很大程度上丧失了发现实体争点并进行针锋相对的辩论的能力。

现状要改进，不妨从课堂教学开始，从考试开始。考虑到这一点，在一个大型案例题中，埋伏各种难易不同的理论点，有些达到三星甚至四星，其难度就表现在理论上存在完全相反的观点或者路径迥异的说理。答题时结论不同没关系，关键是能够言之成理，特别是要能想到会存在对抗性的反驳意见，从而让学生认识到并习惯这样思考问题的方式。

为什么出有剧情的大型案例题

即使是大型案例题，也会有多种出题方式。例如，将 A 杀人、B 强奸、C 盗窃、D 诈骗等十几个互不相干的小案例简单地叠加在一起，体积上也算一个大案例，也可以考同样数量的知识点。为什么要出一道带有剧情的大型案例题呢？

这就涉及上面提到的考试的意义。我觉得命题考试是一次难得的师生之间深度沟通的机会，也是结束一段教学关系的最后一课。最后一课是要有临别赠言的。老师总希望在中规中矩的技术考查之外，也能把一些自己认为重要和有意义的关于法律和人生的更为宏观或感性的理解，透过考题传递给学生。由于借助了考试这种注意力高度集中的特殊形式，与在平日课堂上大发感慨相比，相信对学生的感染力会更深更久远。

在专业技能之外，对于法律学习而言，什么是比较重要的和有意义的？这恐怕也是见仁见智。就刑法而言，我觉得有很多比重不弱于技术分析的东西，影响甚至决定了一个人对法律的理解。比如说，人性。现代刑法理论立足于人权保障，主张司法限权，要求司法者关注人的外部行为，而非行为人的内心世界。如马克思所言："对于法律来说，除了我的行为之外，我是根本不存在的。"无论是援引启蒙和自由主义的理念资源，还是描绘成作为"抽象社会"治理技术的一部分，在这种只关注人的外部行为类型的法律方法论眼中，行为人只不过是一个个已经被抽空具体人性的、批量化存在的空壳。因此，也就可以用逻辑一致的、标准化的教义学技术对之进行批量化的分析。这就是当代法教义学引以为傲的科学主义内核。

对此，我还是要重复在"最后一课"中的表述："规范刑法学的'技术流'之路没有错。尤其是对于一个司法权限不清晰、定罪量刑技术还非常粗糙的国家来说，只有坚守罪刑法定原则和刑法理论的精准化，才谈得上人权保障的理想，因此，体系性和技术问题，怎样强调都不为过。"

提高技术含量，对于当前中国刑法理论的学术发展而言，的确是第一要务。但是，对于一个行动中的、健全的法律人来说，也要注意避免技术至上成为法律工匠的风险。其他行业中的工匠，手下处理的是没有生命情感的物体，而法律人所要处理的，却是基于（与法律人分享相同的）人性而采取行动、最终走向深渊的人。过分强调不掺杂情感的冷酷分析，很可能变成台湾学者林东茂教授所说的，"知识处理上很杰出的人，不但未必快乐，而且可能是一个没有心肝的混蛋"。

在 A 实施了 B 行为，造成了 C 后果的抽象世界之外，我们还要看到，多少杀人放火、强奸抢劫、贪污贿赂、渎职滥权……或出于怒不可遏的一念之间，或成于见利忘义的谋财害命，或起于欲火中烧的情难自禁，或源于爱欲纠缠的翻脸成仇，或因为对前呼后拥的渴求和追逐，或由于壮志得酬的猖狂和傲慢。以"非法占有目的"为例，翻译成最基本的人性，无非就是贪婪；如果没有贪婪，几乎不会有任何财产犯罪、经济犯罪以及贪贿犯罪。佛家有云，"往昔所造诸恶业，皆由无始贪嗔痴"。只有把这些人性的五色斑斓，填充进那些抽象的空壳A、B、C中，我们才能看得清、看得懂一个个与你我属于同一物种的"人"。

或问，看得清人性又怎样？让脑子徒增犹豫混乱，最后还不是一样的定罪量刑？

不错，只管像做算术题一样检验构成要件要素，得出有罪无罪的结论，而不去想这是个怎样的人，这的确会使人获得一种简单的自信和轻松。但是，这只是真空世界里的实验员。对于行动中的法律人而言，仅仅是技术精湛还不足以使你真正地强大。有了悲天悯人的情怀，有了对人情世故的洞悉，在为一个恶棍辩护或者复核一个死刑犯时，你会对自己的职业有更为深刻的理解，对自己的选择有更坚定的信念，才不会在舆论夹击、权力干预的午夜梦回中陷入困扰，你才能成为一个大无畏的法律人。子曰："仁者必有勇。"

理解人性，对学习法律特别是刑法至关重要，这是我想通过考试传递给学生的一条临别赠言。可是，要想完成这个传递信息的任务，仅仅是把各种案情简单地串在一起，堆成一个大案例，还远远不够。"张三杀了李四，又强奸了王五，放火烧了赵六的房子，最后与陈七同归于尽""丑女甲强迫乙将自己拐卖",这里只能看出张三或者出题者有点疯狂,却看不出更多的值得悲悯或者反思的人性。

与在现实生活中了解一个人一样,试题中的人物性格只能在千折百转的故事中展开。在出"甲的一生""甲的一生前传""爱的春夏秋冬"以及"西京风云"("人生的东南西北")这些考试题的时候,设计好了技术上的各种知识点之后,我努力地去编一些剧情,目的不仅在于串起知识点,而且,也希望勾勒出我想让学生感受到的题中角色的种种人性。

除了人性,学习法律,还应当特别注意去理解人物所处社会的现实和历史。这是我在出"西京风云"试题时刻意为之的。

例如,1977 年恢复高考对中国的影响极为深远,题中人物原型就是 77、78、79 级的"新三届"大学生。这是一批当年被寄予历史厚望、如今成为神话的"天之骄子",他们已成为这个社会各个行业的中坚力量,也在相当大程度上主导着这个社会的前进方向和价值观。再如,20 世纪 80 年代中后期,在计划经济向市场经济艰难转轨的过程中,与价格双轨制伴生,"倒爷""官倒"和"走后门"等成为时代新名词,社会乱象横生,导致民间特别是青年学生不满情绪滋长。又如,80 年代末 90 年代初的国企改革思路,陷在"承包制"与"股份制"的争议中。各种改革试点轮番上阵,各种贪腐新形式也逐渐浮出水面。再如,邓小平 1992 年南方谈话,推动市场经济快跑,催生了大量机关国企的"下海者",成为最早富起来的人群之一。

或问,了解这些历史与社会现实,不过是增益个人见闻,与学习刑法有直接关系吗?

我一直认为,刑法典是一部百科全书,它涵盖了一国政治、经济、文化、社会生活等各方面的底线规范。在这部百科全书中，有相当一部分内容属于全人类各个社会共享的价值，例如，不得杀人、不得强奸、不得盗窃等。"是百王之所同也，未有知其所由来者也。"（《荀子》）这些超越时空限制的禁止性规范，是对一些朴素但具有强大生命力的习惯、传统或信仰的确认。它们的起源比较早，且具有较为明显的恒定性。虽然刑罚方式有所变迁，刑罚权行使发生过转移，但规范的实质内容却一直延续下来，历经千年而极少变化。这部分所谓"核心刑法"的规范，也往往能够克服空间障碍，成为各国刑法典和刑法理论可以相互通约的内容。

但是，在刑法这部百科全书中，还有很大一部分内容，具有"法与时俱转"的性质。这些刑法条文，主要是根据一时一地的特定情形而创设的，旨在回应特定时空条件下的社会要求。这部分规范的立法标准，往往随着时代变迁而呈现出较大的变易性。围绕这类行为的"变法"周期相对较短，也具有相当程度的本土性和难以通约性。这部分刑法规范尤其符合基尔希曼的感叹："日月星辰在今天同几千年前一样闪耀，现在的玫瑰花盛开时和伊甸园里的玫瑰没有区别，然而法律已经不同于以前了。"

从1979年《刑法》到1997年《刑法》，再从1997年至今十余年间相继出台9个刑法修正案，刑法典中每一个条文的修改，背后都是一束政经制度的存废、一个行业或群体的利益诉求，一部分主流价值观的嬗变，一段社会变迁的历史。

例如，1979年《刑法》中的"反革命罪""破坏社会主义经济秩序罪"，在1997年《刑法》中分别改为"危害国家安全罪""破坏社会主义市场经济秩序罪"。1979年《刑法》中的"妨害婚姻、家庭罪"，在 1997 年《刑法》中被并入"侵犯公民人身权利罪"一章中。虽然只有类罪名上几个字的变化，但是这寥寥几字改动的背后，围绕着革命与治理的关系、国家与政权的关系、社会主义与市场的关系、家庭与个人的关系等，各种制度试验和观念更新，却是用了近 20 年的时间，最终在刑法典中确立下来。

再如，《刑法修正案》对内幕交易和非法经营犯罪的修改，《刑法修正案（二）》对占用耕地犯罪的修改，《刑法修正案（三）》对恐怖活动犯罪和洗钱罪的修改，《刑法修正案（四）》对雇用童工和走私废物犯罪的增设，《刑法修正案（五）》关于信用卡犯罪的修改，《刑法修正案（六）》关于重大责任事故犯罪和商业贿赂犯罪的增设修改，《刑法修正案（七）》关于传销活动和出售个人信息犯罪的增设，《刑法修正案（八）》关于醉驾和食品药品安全犯罪的修改，以及《刑法修正案（九）》关于贪污贿赂犯罪、虐待罪、猥亵犯罪以及考试作弊等犯罪的增设修改，毫不夸张地说，几乎每一处条文的修改和增设，都对应着一个重大的社会现象，都征表着一段制度变迁的史迹。

这还不算与法律修改相配套的、出台机制更为灵活和频繁的成百上千的司法解释。刑法犹如一个包罗世间百态的万有读物，又像是一个有无数只触角（法条、司法解释以及判例等）的巨大章鱼，它的触角不断地生长和更替，伸向社会生活的方方面面，紧紧地吸附在每一段历史中。在这个意义上，刑法是一个法律人观察和了解世界的"神器"。它能像放大镜一样帮助你细微地观察人间烟火的纹理，又像是一个能带你进入辽阔星空的望远镜，透过一个个条文，眺望到一段段风云变幻的历史。

更重要的是，不了解法律规范对应的社会现实，不了解法律修改的历史背景和时代变迁,就不可能真正读懂一段刑法条文。即使有再精湛的解释技术和再充沛的正义感,也不可能真正地理解法律的目的。因此,社会生活的现实与历史,与一国的刑法之间,有着比通常一般人的想象更为紧密的、斩不断的、千丝万缕的关联。了解社会和历史,不仅仅是法律人在解释学功夫之外增益见闻的博雅之学,毋宁说,它本身就是法律之学中最精妙的一部分。

这就是我想通过考试传递给学生的另一条临别赠言。与传递人性重要性的问题相似,要想完成这个任务,仅仅是把各种案情简单地串在一起,堆成一个大案例,也远远不够。所以,在"西京风云"中,除了上文提到的高考、官倒、股份制、南方谈话等热点外,试题中还把1993年海南房地产泡沫、1997年香港回归、2001年中国加入世贸组织、2003年SARS肆虐、2008年举办奥运会、2013年反腐风暴等大事件作为剧情发展的线索,正是因为这些标志性事件,串起了中国30多年来风云变幻的历史。

当然,几十年来的改革开放,是属于所有人的大时代,也是一些人的小时代。"西京风云"以四个法律系毕业生的人生起伏作为故事主线,也有一点对同学们的劝勉之意。我们中的大多数人,都是大时代里的小人物。也有少数人,是得命运青睐的弄潮儿,可常在潮头立,要保旗不湿,又谈何容易。我相信,法学院的每一级毕业生中,未来一定都会有时代的宠儿。意气风发之日,勿忘同窗之时。唯愿步步惊心但仍能一路平安。

北京大学法学院　2011级本科生
"刑法分论"期中考题

第一试　甲的一生

最巧合之"一场婚宴引发的连环血案"

考试对象：2011级本科生
考查范围：《刑法》分则前三章
考试时间：三小时
考试方式：开卷
试题分值：100分

答题要求：

简要说明案中人涉嫌的犯罪及理由，分析争议之处。题中时间系案情串联需要，答题时以现行《刑法》为依据，无须考虑实践合理性和刑法效力问题。

第一试 甲的一生
最巧合之"一场婚宴引发的连环血案"

某市交警甲大婚临近,提拔在即,将于 2000 年 6 月 8 日随领导出国考察。出国手续均已办好,只待归来即与女友成婚。

临行前一天(6 月 7 日)中午,甲赴朋友婚宴,因开车,席间拒不喝酒,惹来同席的张三不满,遂趁其不备而在其饮料中掺入大量白酒,甲喝后方才察觉,但因心情好便未与张三计较。甲回家路上,已发觉酒劲上涌,头有些发昏,但未在意,继续前行,结果在拐弯路口处剐倒行人 A。虽未造成 A 伤害,但甲亦惊出一身冷汗。赶紧将车停在路边,取出酒精测试仪一测发现,血液中酒精含量已达 85mg/100mL,于是买来几瓶矿泉水猛喝,并用路边卫生间的冷水冲头,再测含量降至 70mg/100mL 时又重新驾车上路。

但是甲酒劲仍存,在下一个十字路口处未能踩住刹车,闯了红灯,将行人 B 撞成重伤,奄奄一息。甲大惊失色,赶紧将 B 抱上车开往医院,但是在医院门口,甲又担心暴露身份将来被追究责任,遂将 B 放在医院门口希望其被他人发现送去救治,自己旋即离开。一小时后,B 被医护人员送往急救,但未能救活(从 B 当时的情况来看,即使没有耽搁救助时间也未必能救活)。

甲离开医院后,心神恍惚,结果又与前车追尾,造成前车司机 C 生命垂危,甲在送 C 去医院的路上,越想越郁闷,觉得今天遇见的都是索债人,一怒之下,掉转车头,开往一僻静处,将 C 丢掷车外即离开(后 C 因未得到救治而身亡)。甲开车回到自己小区地下停车场,想起这一天发生的各种变故,悲从中来,觉得自己人生已毁,趴在方向盘上大哭一场后睡去。

清晨醒来,甲心情悲凉,既然造化弄人,自己也要改头换面,重新做人。甲带上护照和全部积蓄,准备随团出国趁机出逃。临走前甲决定彻底地释放自己的情绪,遂加足油门,在地下停车场里横冲直撞,当场撞翻了3辆轿车,某私家车主D刚从车里出来,也被甲撞翻在地(事后检查为重度脑震荡)。甲全然不顾,高速扬长而去。

甲随单位领导到X国Y市后,旋即逃离,整容易名,在Y市蛰居下来做各种生意。转眼5年过去,甲在Y市形成气候,期间采用向Y市警察局局长行贿等手段,逐渐成为黑白两道通吃的"大佬"。但是由于思念未婚妻乙,故始终未婚,又怕给乙带来麻烦,因此也始终未与之联系。

2005年,甲终于难捱思念,遂派人回中国打听故旧情况。却得知未婚妻乙早已与张三有交往,在2000年甲出国三个月后即与张三结婚,如今已为人母。甲由爱生恨,产生报复之意,决定设计杀害乙一家。

甲令手下查明张三的生活习惯和上下班时间,得知张三烟不离手,且每天下午6点到家,乙在下午4点之后,则一般会陪孩子丙睡觉等张三回来。2005年6月8日,甲在X国令手下王五在张三下班前一个小时,趁乙熟睡之际,潜入乙家中,释放煤气并封好门窗后离开。至下午6点左右,乙和孩子丙因煤气中毒陷入深度昏迷状态。此时,张三叼着烟打开房门,火星引爆煤气,导致张三、乙与丙全部身亡。与此同时,爆炸亦波及乙的邻居E家,造成E重伤。

事后不久,甲在Z国偶遇其与乙曾经的共同密友李四,从李四口中得知,当年甲出国之前,乙已有孕在身,只待甲回国后再告之以给甲惊喜,谁料甲一去不返,音讯全无,乙肚腹日隆,为掩人耳目,不得已接受张三求婚,后产下丙,丙实为甲之骨肉。而乙多年来心中对甲思念不已,与张三生活得也不幸福。

甲得知真相后,如五雷轰顶,追悔莫及,痛苦之余,心灰意冷,觉得人生再无意义,将刚成立的集团公司的注册资金8 000多万元全部抽出,大部分捐给慈善机构,另余3 000多万元携带回国。回中国后,甲出家为僧,隐居在某寺。

转眼5年过去,甲已成为该寺方丈。2010年6月8日,因寺庙所在省份发生百年难遇大地震,多所民居、学校坍塌。甲遂将3 000多万元全部捐出,兴办10所小学。因捐资额巨大且身份特殊,引起社会各界关注甚至怀疑,警方经调查,发现了甲的真实身份,又发现在甲任寺庙方丈期间,曾收受小和尚F(富二代)赠送的书画价值共计5万元,为该小和尚引荐去其他大寺修行或佛学研究院深造。

问甲的刑事责任。

答　案

一、甲醉酒驾驶剐倒 A 的行为

难度系数　★☆☆☆☆

涉嫌罪名　危险驾驶罪

《刑法》第 133 条之一规定:"在道路上驾驶机动车,有下列情形之一的,处拘役,并处罚金:(一) 追逐竞驶,情节恶劣的;(二) 醉酒驾驶机动车的;(三) 从事校车业务或者旅客运输,严重超过额定乘员载客,或者严重超过规定时速行驶的;(四) 违反危险化学品安全管理规定运输危险化学品,危及公共安全的。机动车所有人、管理人对前款第三项、第四项行为负有直接责任的,依照前款的规定处罚。有前两款行为,同时构成其他犯罪的,依照处罚较重的规定定罪处罚。"[1]

考查要点　根据 2013 年最高人民法院、最高人民检察院、公安部《关于办理醉酒驾驶机动车刑事案件适用法律若干问题的意见》的规定,"在道路上驾驶机动车,血液酒精含量达到 80 毫克/100 毫升以上的,属于醉酒驾驶机动车,依照刑法第一百三十三条之一第一款的规定,以危险驾驶罪定罪处罚"。在本案中,甲第一次用酒精测试仪测试时,血液中酒精含量达 85mg/100mL,已经

---

[1] 本条为 2011 年 2 月 25 日全国人大常委会《中华人民共和国刑法修正案(八)》第 22 条增设,被 2015 年 8 月 29 日全国人大常委会《中华人民共和国刑法修正案(九)》第 8 条修订,在第 1 款中增设第(三)(四)项,新增第 2 款规定,将原第 2 款修改为第 3 款。

超过 80mg/100mL 的界限，符合醉驾的客观条件。危险驾驶的"危险"属于抽象危险，不需要在具体个案中再去判断行为人的醉驾行为是否有公共危险。①

此外，从案情来看，甲是驾驶一段路程之后测出自己的酒精含量已经超标，且立即采用喝水、冲头等方式来降低酒精含量。这似乎说明甲在驾驶时并不知道自己的醉酒情况。但是这一点不妨碍其故意的成立。只要行为人知道自己喝了一定量的酒，事实上又达到了醉酒状态，并驾驶机动车的，就可以认定其具有醉酒驾驶的故意。认为自己只是酒后驾驶而不是醉酒驾驶的辩解，不能排除故意的成立。即使行为人没有主动饮酒（饮料中被他人掺入酒精），但驾驶机动车之前或者当时意识到自己已经饮酒的，也应认定具有醉酒驾驶的故意。② 最后需要注意的是，危险驾驶罪为 2011 年《刑法修正案（八）》所规定。题目中交代本案发生于 2000 年，涉及从旧兼从轻原则。

二、甲驾车撞倒 B 后逃逸的行为

难度系数　★★★☆☆

涉嫌罪名　交通肇事罪

> 《刑法》第 133 条规定："违反交通运输管理法规，因而发生重大事故，致人重伤、死亡或者使公私财产遭受重大损失的，处

---

① 但是，在荒无人烟的郊外醉酒驾驶，是否需要审查有无抽象危险，对此理论上存在不同看法。

② 参见张明楷：《刑法学（下）》（第五版），法律出版社 2016 年版，第 727 页。也有学者认为，醉驾型的危险驾驶罪的罪责形式是过失，例如，冯军：《论〈刑法〉第 133 条之 1 的规范目的及其适用》，载《中国法学》2011 年第 5 期。结论相同但论证思路不同的，参见梁根林：《"醉驾"入刑后的定罪困扰与省思》，载《法学》2013 年第 3 期。

三年以下有期徒刑或者拘役；交通运输肇事后逃逸或者有其他特别恶劣情节的，处三年以上七年以下有期徒刑；因逃逸致人死亡的，处七年以上有期徒刑。"

考查要点　甲在醉驾闯红灯的情况下，将 B 撞成重伤，涉嫌构成交通肇事罪。接下来的问题是，第一，将被害人放置在医院门口后离开，是否构成"逃逸"？根据司法解释，"交通运输肇事后逃逸"，是指行为人在发生了构成交通肇事罪的交通事故后，为逃避法律追究而逃跑的行为。按此，行为人离开医院的后果正是在逃避法律追究，应当认定为"逃逸"。

　　有观点认为，将逃逸解释为"为逃避法律追究而逃跑"不具有合理性。犯罪后为逃避法律追究而逃跑，对于犯罪人而言可谓人之常情，不具有期待可能性。正因为如此，自首成为法定的从宽处罚情节。刑法之所以仅在交通肇事罪中将逃逸规定为法定刑升格的情节，是因为在交通肇事的场合，往往有需要救助的被害人，进而促使行为人救助被害人。由于行为人的先前行为使他人生命处于危险状态，产生了作为义务，不履行作为义务的行为，当然能够成为法定刑升格的根据。所以，应当以不救助被害人（不作为）为核心理解和认定逃逸。只要行为人在交通肇事后不救助被害人的，就可以认定为逃逸。例如，发生交通事故后，行为人虽然仍在原地，但不救助受伤者的，应认定为逃逸。行为人造成交通事故后，让自己的家属、朋友救助伤者，自己徒步离开现场的，不应认定为逃逸。行为人造成交通事故后，没有需要救助的被害人而逃走的，不应认定为逃逸。[①] 按此观点，本

[①] 参见张明楷：《刑法学(下)》(第五版)，法律出版社 2016 年版，第 722 页。

案中的甲已经将被害人送至医院，实施了救助行为，就不属于逃逸。

不过，这种解释的疑问在于，一方面，仅仅是不予救助但是不离开现场、仍在原地的行为，难以被容纳进"逃逸"的口语文义范围。将这类行为解释为"逃逸"，有违罪刑法定原则。另一方面，正如所有的犯罪都难以期待行为人不逃避法律追究，否则就没有自首规定的必要一样，所有的犯罪行为也难以合理地期待，行为人在对被害人实施犯罪之后又予以救助，否则，就没有中止规定的必要。

我的观点是，要充分考虑交通肇事的特殊性。交通肇事罪是现代社会中一种非常特殊的过失犯罪，其基本刑是致人重伤、死亡或者使公私财产遭受重大损失的，处3年以下有期徒刑或者拘役。在出现"死亡"的情况下仍然在3年以下量刑，这是非常特殊的考虑。将交通肇事罪的刑罚设置与《刑法》第235条过失致人重伤罪、第233条过失致人死亡罪、第131条重大飞行事故罪以及第132条铁路运营安全事故罪对比可知，其他犯罪中，"死亡"结果的出现，会导致在3年以上量刑；而犯交通肇事罪的，出现死亡结果也在3年以下量刑。其他犯罪中，重伤结果在3年以下量刑，但是对人数没有要求；而犯交通肇事罪的，根据司法解释的规定，必须达到"重伤三人以上"。无论是与其他的安全事故类犯罪相比，还是与一般性的过失致人重伤或者死亡相比，《刑法》第131条的规定以及司法解释，都对交通肇事罪的惩罚表现出非比寻常的宽容。

这说明立法者和最高司法机关将交通肇事罪视作一种极其特殊的犯罪。一方面，随着汽车时代的到来，交通肇事成为一种非常寻常的高发性犯罪,这与每个人的生活都息息相关而又难以避免;另一方面,在几乎每一个公民都可能成为驾驶者的时代,立法可以推定每一个交通肇事者也是悲剧中受很多偶然因素左右而被卷入事故的被害人,而不能假定驾驶者(几乎是每一个公民)都是对法规范漠视或不以为然的人性恶者。由此,交通肇事者与其他犯罪人不同,他应当被期待留在现场,救助那些因为他的行为而遭遇更加可怜的无辜受害者,或者报警承担自己的法律责任。因此,立法在交通肇事罪上才会对应地给出了非同寻常的慈悲。由于这种慈悲的存在,就使得交通肇事者在面对死亡或者重伤 3 人的情形中,都在刑罚程度上给出了关照。

然而,当交通肇事者逃逸时,他就丧失了立法者眼中的不幸的"被害人"形象,不再配得到这种惩罚上的优惠。当这种优惠幅度撤销时,惩罚程度上又重新升级为与其他犯罪同等的程度——"三年以上七年以下";而由于他的逃逸,致使被害人死亡时,就进一步升级其法定刑——"七年以上有期徒刑"。

上述解释,与一般性地强调不履行救助被害人的义务而加重刑罚的解释的区别在于,其更多地在一个车辆遍地的汽车时代强调交通肇事罪的特殊性,而不是一般性地认定在所有过失犯罪之后,行为人都在其是否承担救助义务的问题上面临法定刑的升格。当然,漠视风险社会中的连带救助责任,进而脱离了立法者预设的"带有被害人性质的特殊行为人"的框架,这种表现形式既可以表现为不救助那些被害人,也可以表现为逃避法律追究承担自己的法律责任。在这个意义上,只要行为人实施了履行抢救义务或承担肇事责任中的任何一个行为,就应认定其不符合"逃逸"的要求。

据此,只要行为人肇事后没有离开现场,即使没有对被害人实施救助而仅仅是等待警察到来,这种情况也不能脱离汉语的口语可能文义范围而被评价为"逃逸";相反,行为人肇事后没有救助被害人也没有离开现场,但是趁乱躲藏在现场围观的人群中观察后续事态,这种隐匿的行为符合"逃逸"的含义。当行为人对法律是否追究完全无视而只是由于个人原因(例如,甲驾车追杀骑摩托车的乙,过失发生交通事故,导致丙重伤,甲为了追杀乙而没有救助丙导致丙死亡)不愿意留在现场救助被害人时,这也是一种逃逸。当行为人将被害人送至医院后,不付治疗费或者不报警即逃走,不是逃逸。按此,甲的行为不构成逃逸。

第二个问题点是,在被害人即使得到及时救治也有可能死亡的情况下,能否将死亡结果归责给甲?这涉及结果避免可能性、罪疑唯轻以及风险升高理论。按照结果可避免性的程度高低,分为两种情形:结果不可避免与结果可能避免。所谓结果不可避免,是指即使遵守注意义务,结果仍然无法回避,此时,结果的发生几乎是确定无疑的。既然无论行为人遵守义务还是违反义务结果都会发生,说明义务违反与结果发生之间欠缺关联性,要求行为人遵守义务的规范目的就会落空,因此排除对行为人的归责。这是理论上普遍承认的通说。所谓结果可能避免,是指即使遵守注意义务,结果仍然很有可能发生,但也有可能避免,结果最后是否会出现,始终是无法确定的。此时能否对行为人归责,尚存在重大争议。

通说观点认为,结果避免的可能性难以确定时,应当排除归责。① 立论根据主要在于,按照罪疑唯轻原则,应该排除义务违

---

① 这也是德国司法实务界的判决见解,也是德国、日本、韩国刑法学界占据通说地位的观点。持这种观点的德国学者,包括 Baumann、Bockelmann、Ebert、Freund、Frisch、Gropp、Krey、Samson、Sternberg-Lieben、Wessels、Welzel 等;韩国学者包括李在祥、金日秀、徐辅鹤等。

反与结果发生之间的关联性。结果必须直接源自注意义务的违反。如果行为人切实尽到注意义务,结果就有极大的可能性和极高的概率不会发生时,或者说结果确定可以避免时,那么就可以认为这个结果与义务违反之间存在关联性,就可以依此追究行为人的责任;相反,如果遵守义务时也仅存某种可能性,结果既可能发生,也可能避免,那么就难以证实结果与义务违反之间的必然联系。这种义务违反与结果之间的内在关联是在过失犯罪的场合要求行为人负责的基本前提。当这一点无法证实时,应该按照罪疑唯轻的基本原则,做有利于行为人的假设。① 按此,就不宜把 B 的死亡结果归责给甲的离开。即使认定甲离开医院是逃逸,B 的死亡也不属于"因逃逸致人死亡",而是属于驾驶肇事行为致人死亡。

也有相反观点认为,在违反义务的行为提高了法益受侵害的风险,明显地超出容许风险边界的情况下,即使该结果在遵守义务时也很有可能出现,也不能排除对行为人的归责。这就是近年来在客观归责领域富有争议的所谓"风险提高理论"。按此,甲就要因为其离开而适用"因逃逸致人死亡"。学生可选择不同观点作答,言之成理即可。

---

① 明确主张"风险提高"理论的德国学者中,以 Roxin 为领军人物,包括 Burgstaller、Jescheck、Weigend、Kahlo、Kienapfel、Köhler、Otto、Rudolphi、Schaffstein、Schünemann、Stratenwerth、Volk、Wolff 等。在我国刑法学界,主张客观归责理论也支持风险提高理论的学者,参见陈兴良:《规范刑法学(上册)》(第四版),中国人民大学出版社 2017 年版,第 136—137 页。反对客观归责理论,但在实质上又采用风险提高标准的,参见周光权:《结果假定发生与过失犯——履行注意义务损害仍可能发生时的归责》,载《法学研究》2005 年第 2 期。日本刑法学界主张客观归责理论的学者很少,包括山中敬一、振津隆行等。风险提高理论在韩国刑法学界也遭到了普遍的批判。参见〔韩〕李在祥:《韩国刑法总论》,〔韩〕韩相敦译,中国人民大学出版社 2005 年版,第 136 页。在台湾地区,支持风险提高理论的学者包括林东茂、许玉秀、林钰雄等,批评者有黄荣坚等。

三、甲撞伤 C 后将其带离事故现场予以遗弃的行为

难度系数　★☆☆☆☆

涉嫌罪名　交通肇事罪①、故意杀人罪

> 《刑法》第 232 条规定:"故意杀人的,处死刑、无期徒刑或者十年以上有期徒刑;情节较轻的,处三年以上十年以下有期徒刑。"

考查要点　甲酒驾将 C 撞成重伤,属于交通肇事。将被害人带离现场后遗弃,因存在由前危险行为产生的保证人地位而构成不作为杀人。2000 年最高人民法院《关于审理交通肇事刑事案件具体应用法律若干问题的解释》第 6 条规定:"行为人在交通肇事后为逃避法律追究,将被害人带离事故现场后隐藏或者遗弃,致使被害人无法得到救助而死亡或者严重残疾的,应当分别依照刑法第二百三十二条、第二百三十四条第二款的规定,以故意杀人罪或者故意伤害罪定罪处罚。"在法理上,此处涉及对保证人地位及作为义务来源的考查,同时在法条层面,也考查对该司法解释第 6 条的掌握。一直以来,我国刑法理论通说将作为义务(保证人义务)的来源归为几类:法律明确规定的义务、职务或业务上要求的义务、法律行为引起的义务以及先行行为引起的义务。② 这种通常被称作形式的作为义务来源,存在很大疑问。例如,在一些基于合同缔结而产生刑法上的作为义务的场合,作为义务的发生和消灭,往往与合同本身在法律上的订立和结束时间并不等同,因而需要从实质上加以探究作为义务的根据和来源。国外刑法学界在

---

① 《刑法》第 133 条,见本书第 6—7 页。
② 参见高铭暄、马克昌主编:《刑法学》(第九版),北京大学出版社 2019 年版,第 63—65 页。

这方面做了大量理论研究工作,但是迄今为止并未达成共识。①

理论上通常提到的脆弱法益保护型的保证人与危险源监督型的保证人的二分法,仍然只是一种通过经验总结出来的形式上的类型化,但是对于进一步的追问,即为什么会成为保护型保证人或监督型保证人这样的问题,还没有更深入的实质答案。本案中涉及的由于先行行为而形成的保证人地位,也会遭遇这样的追问,即为什么一个先行行为能够产生出一个保证人义务? 对此,存在着因果关系理论、支配理论等诸多理据,学术争议仍在持续中。② 对学生来说,回答本题只要能在法理上回答出基于先行行为的作为义务,或者在法条上引用该司法解释第 6 条就可以了。

四、甲在地下停车场横冲直撞毁财伤人的行为

难度系数　★☆☆☆☆

涉嫌罪名　以危险方法危害公共安全罪

> 《刑法》第 115 条第 1 款规定:"放火、决水、爆炸以及投放毒害性、放射性、传染病病原体等物质或者以其他危险方法致人重伤、死亡或者使公私财产遭受重大损失的,处十年以上有期徒刑、无期徒刑或者死刑。"

---

① Wessels/Beulke/Satzger, Strafrecht AT, 2020, Rn.1174ff.；Haft, Strafrecht AT, 2004,S. 184f.
② 因果理论的支持者,如 Welp, Vorangegangenes Tun als Grundlage einer Handlungsäquivalenz der Unterlassung, 1968, S. 30ff.；〔日〕日高义博:《不作为犯的理论》,王树平译,中国人民公安大学出版社 1992 年版,第 111 页；黄荣坚:《刑罚的极限》,元照出版公司 1999 年版,第 33 页以下；何荣功:《不真正不作为犯的构造与等价值的判断》,载《法学评论》2010 年第 1 期。 支配理论的支持者,参见 Schünemann,Grund und Grenzen der unechten Unterlassungsdelikte, 1971, S. 235ff.；〔德〕克劳斯·罗克辛:《德国刑法学 总论》(第 2 卷),王世洲等译,法律出版社 2013 年版,第 540 页；〔日〕西田典之:《日本刑法总论(第 2 版)》,刘明祥、王昭武译,中国人民大学出版社 2013 年版,第 106 页；黎宏:《刑法总论问题思考》(第二版),中国人民大学出版社 2016 年版,第 124—125 页；张明楷:《不作为犯中的先前行为》,载《法学研究》2011 年第 6 期。

考查要点　涉及以危险方法危害公共安全罪与故意伤害罪的区别。有的观点认为，危害公共安全中的"公共安全"，是指不特定或者多数人的生命、身体或者财产的安全。① 而故意伤害罪、故意杀人罪和故意毁坏财物罪，行为指向的是特定的人身安全和财产安全。有的学者对"不特定多数人"的表述提出了批评，认为"不特定多数人"将"特定的多数人"和"不特定人"的生命、健康等安全排除在外，缩小了危害公共安全罪的范围，也与司法实践不相符合。例如，有些违反交通规则造成事故的行为只是危害了特定多数人的生命、健康等安全，或者只是危害了不特定人的生命、健康等安全，但司法实践中没有争议地将其认定为交通肇事罪。因此，"多数"是"公共"概念的核心，"少数"的情形应当排斥在外。至于所谓"不特定的"，则意味着随时有向"多数"发展的现实可能性，会使社会多数成员遭受危险和侵害。因此，不特定或者多数人的生命、健康等安全，就是"公共"安全。②

但是，这种观点存在疑问。一方面，对行为侵害对象的判断，不是从事后来看实际上侵犯了哪些人，而是要从行为当时进行判断。对交通肇事而言，行为人不可能在驾驶时预见自己的驾驶将会对一些特定人造成侵害，只有这样才能满足过失犯的要求，否则就是故意杀人或故意伤害了。另一方面，"公共"概念的核心不能仅仅由人数的多少构成。在一些灭门案中，行为人杀了数十人；相反，在一些交通肇事的场合，伤亡者只有一两人。但是，毫无疑问的是，前者仍然属于故意杀人罪，后者仍然属于

---

① 参见高铭暄、马克昌主编：《刑法学》（第九版），北京大学出版社2019年版，第329页。
② 参见张明楷：《刑法学（下）》（第五版），法律出版社2016年版，第687—688页。

交通肇事罪。针对特定对象（即使是多数人）实施犯罪的，由于缺乏"不特定"的因素，因而并不会造成社会公众的恐慌，不会波及整个社会的安全感。因而，只有"不特定的多数"才是公共概念的核心。

所谓"公共"，对于社会成员而言，至少要具备一定的数量。行为本身仅仅涉及一个人或两个人的安全，肯定不能被评价为公共安全。至于说，到底几个人算作多数？就如同究竟多大岁数才能不负刑事责任，这并不是一个事实问题，而是一个评价问题。刑法上有关于"聚众"的犯罪规定是指 3 人以上，所以，一般也要限定在有可能被威胁到的人数要达到 3 人以上。所谓"不特定"，是指犯罪行为可能侵犯的对象和可能造成的结果事先无法确定，行为人对此既无法具体预料也难以实际控制，行为造成的危险或者侵害结果可能随时扩大或增加。

关于不特定的解释，需要注意两点。第一，是说不仅要满足"多数人"的条件，而且到底侵害多少人，这一点（人的数量和范围）是不特定的。第二，不是说犯罪人的整个犯罪计划或整个犯罪事件预计能侵害多少人，也不是说客观结果上总共侵害了多少人，而是说，行为人所实施的一次行为，这种行为的性质在客观上能够侵害多少人，这一点是不特定的。

这里的"不特定"，是说一次行为所危及的人数，在行为实施当时，客观上难以准确控制，主观上也不可能精确预料（但要求至少行为当时有可能威胁 3 人以上；最终结果可能只侵害到 1 个人，也可能是几十人）。符合这种特征的行为，才属于严格意义上的危害公共安全的行为。需要注意的是，不特定并不意味着行为人没有特定的侵害对象或目标，在有些案件中，行为人主观上有特定的侵害目标,但是对于行为同时可能波及其他人存在放任的态度,而这种侵害行为本身也具有难以控制损害范围的特点,在这种情况下,也应被认定为"不特定"。

此外,本案还涉及"危险方法"的认定。立法论上的批评意见认为,"其他危险方法"的规定缺乏明确性,有违罪刑法定原则的要求。司法实践中常常将危害公共安全但不构成其他具体犯罪的行为,均认定为以危险方法危害公共安全罪,这容易使本罪沦为整个危害公共安全罪"口袋罪"的危险。

但是,这种批评值得进一步研究。将以危险方法危害公共安全罪与杀人罪进行对比会发现,前者其实比后者在构成要件上似乎更加明确,因为前者至少明文列出放火、爆炸、投毒等三种典型行为作为参照系,由此来解释其他的危害公共安全的危险方法。相比之下,杀人罪没有任何"刀捅、枪击"之类的列举,举凡故意缩短他人生命进程的行为,都可能是杀人。这样看来,以危险方法危害公共安全罪的明确性之处,并不在于危险方法本身没有具体的规定,而是在于公共安全的界定,以及危害后果与危险方法之间的因果关系以及客观归责。同时,也要注意,作为犯罪对象的公共安全与作为犯罪行为的"危险方法"之间的关系,要注意到不特定多数人与一次性危及的行为特性。[①]

司法实践中,在高速公路上逆向高速行驶的,以矿石砸击高速行驶的列车的,在具有瓦斯爆炸高度危险的情形下令多人下井采煤的,在稻田或果园等有人通行的场所私设电网的,盗窃公路

[①] 关于危害公共安全罪中诸多问题的理论探讨,可参见林亚刚:《危害公共安全罪新论》,武汉大学出版社2001年版。实务方面的资料,可参见鲍遂献、雷东生:《危害公共安全罪》,中国人民公安大学出版社2003年版;左坚卫、黄娜、周加海:《危害公共安全罪司法适用》,法律出版社2007年版。

上的下水井盖的①，在公路上开车互相追逐挤撞的，在城市主干路或高速路驾驶机动车"碰瓷"的，在煤矿存在重大安全隐患并被要求停工整改的情况下强行组织工人下井的，公交司机在驾驶途中离开驾驶席与他人殴斗的，通常被认定为以危险方法危害公共安全罪。本案考查的驾车在公共场合冲撞不特定的他人，实践中也早有认定为"危险方法"的先例。

在本案中，尽管甲实际上只撞到某私家车主 D 一个人，但是，地下停车场通常都会有多辆车停放，而且有不特定的人出入，因而存在需要保护的公共安全。甲加足油门在地下停车场里横冲直撞，这种行为性质本身已经超出了针对特定财物的故意损坏，而是足以直接威胁到不特定多数人的人身和财产安全，因而涉嫌构成以危险方法危害公共安全罪。

---

① 例如，薛振江、康振彬盗窃公路上的下水井盖危害公共安全案的裁判理由，"二被告人共同盗窃下水井盖的行为，既触犯了刑法第一百五十一条规定的盗窃罪，又触犯了刑法第一百零五条规定的以其他危险方法危害公共安全罪，即一行为触犯两个不同的罪名，这在刑法理论上称为想象竞合犯，应按其中法定刑较重的罪名，即以其他危险方法危害公共安全罪定罪判刑。公路上设置的下水井盖，不是一般的国家财产，而是维护公共安全的设施，用以防止过路行人或车辆跌入下水井中。二被告人明知盗走这些井盖可能发生行人或行车事故，造成人身伤亡或财产损失，而他们为了贪图不法利益，对这种危害后果持放任态度，竟然在一夜之间连续盗走 9 个下水井盖。其行为虽然尚未造成严重后果，但已足以威胁不特定多人的人身和财产安全，完全符合刑法第一百零五条规定的以其他危险方法危害公共安全罪的特征"。刑法理论上对这个判例存在争议。一些学者认为该案件不应该按照以危险方法危害公共安全罪论处。本书认为，此类行为要视具体案情而定，就一个下水井盖直接造成的危险来看，是行人或车辆跌入井中，一般而言一次只可能跌落一个人或一辆车。但是，在高速公路或繁华路段上，一个行人或车辆的沦陷，有非常高的可能性会带来连锁反应，导致一连串的交通事故。因此，在这个意义上，客观上是危及到了不特定多数人。法院的判决是有道理的。

五、甲出国考察后逃离的行为

难度系数　★☆☆☆☆

涉嫌罪名　叛逃罪

> 《刑法》第109条第1款规定:"国家机关工作人员在履行公务期间,擅离岗位,叛逃境外或者在境外叛逃的,处五年以下有期徒刑、拘役、管制或者剥夺政治权利;情节严重的,处五年以上十年以下有期徒刑。"[①]

考查要点　(1)交警的国家工作人员身份。(2)出国考察是否属于"履行公务"。特别要注意,对《刑法》第109条规定的"履行公务期间"的含义存在争议。有的观点认为是指执行职务或者某项工作任务期间[②],有的观点认为从被任职起至被解职止的期间[③],还有的观点认为是指代表国家履行职务期间[④]。行为人在境外叛逃,完全可能是在具体的公务执行完毕如下班时间叛逃的,因此,应当对"履行公务期间"作较为宽泛的解释。此外,必须是"擅离岗位"的叛逃,没有离开自己工作岗位的,不可能成为叛逃行为。这里的"擅离"是指未经批准私自离开代表国家履行职务的岗位。

[①] 本条被2011年2月25日全国人大常委会《中华人民共和国刑法修正案(八)》第21条修订。本次修订删除了原条文第1款中"危害中华人民共和国国家安全"的规定,并将原条文第2款"掌握国家秘密的国家工作人员犯前款罪的"修改为"掌握国家秘密的国家工作人员叛逃境外或者在境外叛逃的"。

[②] 参见高铭暄、马克昌主编:《刑法学》(第九版),北京大学出版社2019年版,第324页。

[③] 参见赵秉志主编:《〈刑法修正案(八)〉理解与适用》,中国法制出版社2011年版,第174页。

[④] 参见黄太云:《〈中华人民共和国刑法修正案(八)〉内容解读》,载彭东主编:《刑事司法指南》(总第46集),法律出版社2011年版;王作富主编:《刑法分则实务研究(上)》(第五版),中国方正出版社2013年版,第15页。

六、 甲向 X 国 Y 市的警察局局长行贿的行为

难度系数　★★☆☆☆

涉嫌罪名　对外国公职人员行贿罪

> 《刑法》第 164 条第 1 款、第 2 款规定："为谋取不正当利益，给予公司、企业或者其他单位的工作人员以财物，数额较大的，处三年以下有期徒刑或者拘役，并处罚金；数额巨大的，处三年以上十年以下有期徒刑，并处罚金。为谋取不正当商业利益，给予外国公职人员或者国际公共组织官员以财物的，依照前款的规定处罚。"

考查要点　（1）X 国 Y 市的警察局局长属于《刑法》第 164 条第 1 款中的"其他单位的工作人员"，还是第 164 条第 2 款中的"外国公职人员"？第 164 条第 1 款的罪名是"对非国家工作人员行贿罪"，这里的国家工作人员，显然是指我国的国家工作人员，按此，X 国 Y 市的警察局局长也属于"非国家工作人员"。但是，考虑到第 2 款已经明确了"外国公职人员"，因此从体系解释的角度来说，第 1 款的其他单位的工作人员，不包括外国公职人员。而且，从《刑法》第 30 条规定的"单位"范围来看，"机关"应当是指我国的国家机关。因此，针对 X 国 Y 市的警察局局长行贿，应当适用《刑法》第 164 条第 2 款。

（2）对外国公职人员行贿罪所要求的"不正当商业利益"，是否应该根据本罪处在"破坏社会主义市场经济秩序罪"之下，而解释为仅限于与我国商业秩序相关的利益？这是一个很有趣的问题。如何判定行为人所要谋取的商业利益是否"正当"，只能根据本国的法秩序和经济秩序来认定，因此，在国外对

他国（甚至敌国）公职人员行贿，但是所谋取商业利益的正当性不在我国法秩序评价范围之内，与社会主义市场经济秩序无关的，不存在"破坏社会主义市场经济秩序"的问题，也不应当认定为本罪。此外，也要注意对外国公职人员行贿罪系2011年《刑法修正案（八）》新增，涉及从旧兼从轻原则。

七、甲在X国令手下王五在房间内释放煤气致乙、丙昏迷的行为

难度系数 ★★☆☆☆

涉嫌罪名 故意杀人罪[①]、爆炸罪

> 《刑法》第114条规定："放火、决水、爆炸以及投放毒害性、放射性、传染病病原体等物质或者以其他危险方法危害公共安全，尚未造成严重后果的，处三年以上十年以下有期徒刑。"

考查要点 （1）释放煤气的行为本身就存在致人死亡的可能性，甲和王五都应当知道行为的危险性。事实上，乙及其孩子丙也陷入深度昏迷，濒临死亡，但在此一阶段尚未出现死亡结果。就此而言，释放煤气行为本身具有杀人罪的性质。

（2）按照犯罪计划，释放煤气是为了之后的爆炸。从这一点来看，释放煤气的行为也可以被评价为爆炸罪的预备犯。在这里可能会出现数罪并罚或者按照牵连犯从一重处罚的答案。

（3）甲与王五构成共同犯罪。案情中虽然交代甲成为黑白两道通吃的"大佬"，但是并没有说明甲成立了黑社会组织，因此

[①] 《刑法》第232条，见本书第12页。

甲对王五的命令,并不必然涉及间接正犯中的组织支配理论,只要答出一般的共同犯罪即可。①

(4)甲误以为丙是乙与张三的孩子而杀之,谁知竟是自己的骨肉,此种错误是否影响归责? 行为人在实施犯罪当时,对犯罪对象的认识,不要求具体到被害人身份这个程度。 只要求认识到是"那一个人"就足够了。 在本案中,丙是甲的孩子还是张三的孩子,都不影响甲下令王五杀人以及王五释放煤气时,其脑海中存在的"那一个人"的形象。 就此而言,这个身份错误并不影响归责。

八、 张三引爆煤气致使本人及乙、丙和邻居 E 死亡的行为

难度系数 ★★★☆☆

涉嫌罪名 爆炸罪

> 《刑法》第 115 条第 1 款规定:"放火、决水、爆炸以及投放毒害性、放射性、传染病病原体等物质或者以其他危险方法致人重伤、死亡或者使公私财产遭受重大损失的,处十年以上有期徒刑、无期徒刑或者死刑。"

考查要点 一般情况下,特定房间内的煤气爆炸的影响不可能限于特定房间内,而是会波及不特定的对象,这也是一般人应当预见和认识到的。 因此,对行为危及不特定人的生命安全持一种放任的态度,应当按照爆炸罪论处。 这里主要涉及间接正犯的问

---

① 关于"正犯后正犯"及组织支配理论,参见陈毅坚:《作为组织支配的正犯后正犯:支配型共谋的德国理解》,载《云南大学学报(法学版)》2010 年第 3 期;Schünemann, Die Rechtsfigur des „Täters hinter dem Täter" und das Prinzip der Tatherrschaftsstufen, ZIS 7/2006, S. 305。

题。间接正犯是相对于直接正犯而言的,是指不亲自实行危害行为而利用他人之手达成犯罪目的。间接正犯虽然没有亲自实施犯罪行为,但其正犯性体现在对他人的意思支配而实现了构成要件。就犯罪支配性而言,与具有行为支配的直接正犯是一样的。

德国学者罗克辛将支配犯的间接正犯归纳为三种情形:其一,通过强制达成的意思支配,即幕后者迫使直接实施者实施符合构成要件的行为;其二,通过错误达成的意思支配,即幕后者通过欺骗直接实施者并且诱使对真相缺乏认知的实施者实现幕后者的犯罪计划;其三,通过权力组织的支配,即幕后者通过有组织的权力机构将实施者作为可替换的机器部件而操纵,进而达成对犯罪事实的支配。① 就本案中的情况而言,爆炸罪的着手时点,应当认定为是张三叼着烟推门进屋的时刻。张三的行为直接引起了爆炸,属于爆炸罪构成要件的直接实施者,但其对风险毫无认识,是被王五利用的工具。王五构成爆炸罪的间接正犯。此外,还要注意到甲与王五属于共同犯罪。

九、甲将公司注册资金 8 000 多万元抽出的行为

难度系数 ★★☆☆☆

涉嫌罪名 抽逃出资罪

> 《刑法》第 159 条第 1 款规定:"公司发起人、股东违反公司法的规定未交付货币、实物或者未转移财产权,虚假出资,或者在公司成立后又抽逃其出资,数额巨大、后果严重或

---

① 参见〔德〕克劳斯·罗克辛:《德国刑法学 总论》(第 2 卷),王世洲等译,法律出版社 2013 年版,第 20 页以下。

者有其他严重情节的,处五年以下有期徒刑或者拘役,并处或者单处虚假出资金额或者抽逃出资金额百分之二以上百分之十以下罚金。"

考查要点 这里与前面提到的对外国公职人员行贿罪的问题一样,抽逃出资罪属于"破坏社会主义市场经济秩序罪",甲在 X 国抽逃该国公司的注册资金,是否会侵犯到抽逃出资罪所要保护的"社会主义市场经济秩序"? 若认为构成本罪,则又涉及《刑法》第 7 条,关于本国公民在国外犯罪的管辖原则。

十、 甲收受小和尚 H 赠送的书画的行为

难度系数① ★★★★☆

涉嫌罪名 非国家工作人员受贿罪

《刑法》第 163 条第 1 款规定:"公司、企业或者其他单位的工作人员,利用职务上的便利,索取他人财物或者非法收受他人财物,为他人谋取利益,数额较大的,处三年以下有期徒刑或者拘役,并处罚金;数额巨大或者有其他严重情节的,处三年以上十年以下有期徒刑,并处罚金;数额特别巨大或者有其他特别严重情节的,处十年以上有期徒刑或者无期徒刑,并处罚金。"

考查要点 (1) 寺庙的法律地位以及方丈的身份。 宗教团体是社会团体的一类。 社会团体的主要特征是民间性、非政府性、非

---

① 说明: 这里需要答题者纵观全题和甲的一生,考虑具体罪名的体系性位置,顾及人性以及出家人与世俗标准之别,要求较高,难度最大。

营利性。宗教团体不是政府的下设机构,也不是由政府发起组织的。在这个意义上,可以将寺庙评价为国家机关、企事业单位之外的其他单位,进而将寺庙方丈认定为《刑法》第163条中的"其他单位的工作人员"。①

(2)非国家工作人员受贿罪属于"破坏社会主义市场经济秩序罪"。虽然宗教团体的活动仍然要受到法律秩序的约束,并不是在法律之外的超然物。但出家人和寺庙的日常活动,通常被认为是"跳出三界外,不在五行中",至少不应该属于社会主义市场经济领域中的商业活动。而《刑法》第163条俗称"商业贿赂",该罪的上位类罪名是"破坏社会主义市场经济秩序罪"。那么,寺庙方丈收受本寺僧侣的财物,能否被认为是破坏"社会主义市场经济秩序"而适用第163条?

(3)《刑法》第163条要求收受贿赂与谋取利益之间存在对价性的因果关系,但是,题目文字表述是"为该小和尚引荐去其他大寺修行或佛学研究院深造",而非"为此引荐该小和尚去其他大寺修行或佛学研究院深造"。因此,严格地讲,题目本身并未提供信息说,甲是由于或为了收受贿赂而引荐小和尚修行。对此,值得期待的分析是,一方面,受贿类犯罪的动机终究是贪恋财物和利益,由此才亵渎了职务的不可收买性,因而无法证明因果性的对价关系时,即使行为人为对方谋取利益,也不能认定为

---

① 根据2003年1月13日最高人民检察院《关于佛教协会工作人员能否构成受贿罪或者公司、企业人员受贿罪主体问题的答复》,佛教协会属于社会团体,其工作人员除符合《刑法》第93条第2款的规定属于受委托从事公务的人员外,既不属于国家工作人员,也不属于公司、企业人员。根据《刑法》的规定,对非受委托从事公务的佛教协会的工作人员利用职务之便收受他人财物,为他人谋取利益的行为,不能按受贿罪或者公司、企业人员受贿罪追究刑事责任。但是,这个答复发布于2003年。2006年《刑法修正案(六)》第7条修订了公司、企业人员受贿罪。按照现行《刑法》,佛教协会人员符合非国家工作人员受贿罪的主体条件。

受贿罪。另一方面，纵观甲经历跌宕的一生，其看破红尘后将8 000多万元捐出，是否还会由于贪恋5万元的利益而引荐他人？5万元的财物，在出家人尤其是像甲这样的出家人眼中，能否按照世俗的数额标准去衡量其经济价值？对于甲而言，小和尚赠送其价值5万元的书画与赠送其自己手抄的《金刚经》，是否有差别？当然，这些都是更进一步的引申性的分析了。

（4）与上述所说的因果性对价关系相关的，是受贿类犯罪中应存在具体的请托事项。甲引荐小和尚去其他大寺修行或佛学研究院深造，是否属于小和尚提出的具体的请托事项？题目未给出信息。进一步地，即使该小和尚提出请求，该请求是被认定为具体的请托事项还是交往中的关照？（毕竟，无论在哪，愿意学习和深造都是值得鼓励的。）

北京大学法学院　2011级本科生
"刑法分论"期末考题

第二试　甲的一生前传
最悲情之"被嫌弃的少女郭芳的一生"

考试对象：2011级本科生
考查范围：《刑法》分则
考试时间：四小时
考试方式：开卷
试题分值：100分

答题要求：

简要说明案中人涉嫌的犯罪及理由，分析争议之处。题中时间系案情串联需要，答题时以现行《刑法》为依据，无须考虑实践合理性和刑法效力问题。

第二试　甲的一生前传
最悲情之"被嫌弃的少女郭芳的一生"

　　1975年5月5日下午4时,18岁的少女郭芳站在5楼楼顶,望着楼下的人群。自幼父母双亡的她因幼师毕业后一直未找到工作,心情郁结,要跳楼自杀。因众人围观致使交通堵塞,路过此地的张某对楼顶的郭芳大声起哄嘲讽,催促其快跳下来。郭芳受其刺激,脚又向前迈出了一步。在楼下一直不断劝慰郭芳的杨海(公务员,对郭芳暗恋已久)见状大惊,遂抄起砖头将正在起哄的张某砸晕(轻伤)。郭芳一下子清醒过来,放弃了自杀。

　　杨海劝说郭芳找个工作好好生活,郭芳说自己最渴望当幼师。此时,耿某因地产开发的事情有求于杨海,被其拒绝。事后杨海想起郭芳的愿望,又电话联系耿某,提出若地皮批准,应在小区中加建幼儿园,并愿意介绍师资。耿某接到电话喜出望外,满口应允,表示愿意承担一切建园费用,只要介绍一个园长即可。后在地皮审批过程中杨海为耿某提供了帮助,绿城小区于1977年1月顺利建成。杨海让耿某联系郭芳,但不要提自己。

　　1977年3月,郭芳担任"明天幼儿园"的园长,设立了接送孩子的校车,雇孙某为司机。5月7日,孙某驾驶时因闯红灯而与其他车相撞,车内两名幼童和一名老师当场死亡,孙某惊恐之余,拾起车内师生留下的财物,直接窜逃外地。消息传来,杨海担心郭芳受到牵连,遂为其提供财物让其在警方开始调查之前,就逃离A省。受此事影响,杨海入狱,从此与郭芳失去联系。

第二试 甲的一生前传

郭芳逃到 C 省后,找过几份工作均因常神思恍惚而被辞退,愈发对人生感到失望,开始在夜总会中卖淫。1979 年 4 月,郭芳与赵某相识。赵某提出将自己的一间小屋无偿借给郭芳供其卖淫,条件是郭芳要随时满足其性要求。郭芳答应。8 月 12 日晚,赵某酒后敲郭芳房门,郭芳不愿开门,赵某欺骗说是进屋取东西,待开门后,不顾郭芳反抗而强行与之发生关系。事后,郭芳哭称要告发,赵某提出双方早有约定,即使郭芳去告,自己也不怕。双方的争吵惊动了赵某的妻子余某,余某在屋外听到隐情,怒火中烧,决定伺机报复郭芳。

1979 年 9 月初,郭芳发现自己怀孕,又惊又喜,为了孩子,决定不再卖淫,靠做钟点工勉强维生。怀胎 8 个月左右,余某找到郭芳,暗示其有必要去做一个性病检查,并介绍郭芳去自己的表妹董某所在的医院。余某与董某商议,为郭芳开出一份虚假的艾滋病感染的检验报告。郭芳拿到报告后大惊,问询董某后得知艾滋病患者的产婴基本上也是病毒携带者。万念俱灰之下,郭芳失去继续生活的勇气,打算与腹中的孩子同赴黄泉。

1980 年 5 月 2 日,郭芳在家中猛击自己腹部并吞服了大量安眠药。碰巧赵某又来找郭芳,见其倒在血泊中,大惊失色,赶紧送医院急救。经过抢救,郭芳生还,胎儿早产,但医生告诉郭芳,胎儿因受外力和药物损害而引起身体畸形,长大后会跛足。经过这一番死里回生,郭芳决定不管未来怎样,眼下都要努力把这个孩子抚养长大。因不知其生父为谁,故未赋其姓,只名之为甲。

郭芳出院后,搬离赵某住处,并决意重新在夜总会卖淫,通过这种方式将艾滋病毒传播给那些寻花问柳者。1981 年 7 月,郭芳结识了冯某。冯某对郭芳痴迷不已,提出要与郭芳长期交往。郭芳正想将艾滋病传染给这类男人,遂答应冯某的请求。1981年9月,两人开始同居。此后一年,冯某对郭芳照顾有加,郭芳逐渐被其感动。

此时,余某出现,以将其得艾滋病之事告诉冯某相威胁,向郭芳索要5 000元,郭芳非常害怕,但是自己又没有钱,于是对冯某撒谎说自己老家亲戚得了重病,急需用钱,冯某拿出5 000元送给郭芳救急并表示无须再还。郭芳大为感动,将钱给余某后,又去医院重做检查,结果发现没有任何艾滋病问题。郭芳又燃起了对生活的热情,决定以后好好对待冯某。

1981年12月,郭芳去商场返回时经过赵某家,见室内无人,桌子上放着一部手机,遂进屋将手机取走,打算以此向余某索回5 000元。余某追出,双方争执,郭芳取出刚从商场购买的钳子威胁余某,将手机带走。余某大怒,便在网络上发布关于郭芳之前卖淫的帖子。冯某见邻居们都知道了郭芳的往事,于是对郭芳渐生厌意,整日殴打郭芳,甚至常常采用冻、饿的方式虐待甲。郭芳由于对冯某心有愧疚,从一系列事件中也已猜到当年艾滋病的事情可能是余某与董某坑害自己,但希望给甲一个完整安稳的家,故一直忍耐克制。

转眼十几年过去,甲长大到14岁。由于经常遭冯某打骂,且被同学嘲笑跛足,逐渐混迹街头。1994年3月2日,甲去洗浴城洗澡,看到高某将75号衣柜钥匙牌放在茶几上,遂将之取走。甲到更衣室后对服务员李某自称是高某朋友,受其所托来取东西,让李某开第一道锁,然后甲用钥匙打开第二道锁,取得钱包后,将钥匙放回原处。从洗浴中心出来,甲用高某钱包中的信用卡到超市购物花费2 000元,又去ATM机取款,欲插卡时,发现有他人的卡未取出。于是按"继续服务"键,再按"取款"键,从该卡里取出3 000元人民币后离开。

1994年8月,杨海离婚后与女儿乙搬到C省,联系亲戚冯某时,意外与郭芳重逢。两人见面后互诉衷肠,郭芳才知杨海对自己的一片痴心。甲在屋外听到两人谈话,得知冯某并非自己生父,联想到这些年冯某对自己的虐待,遂起杀心。郭芳无意中发现了甲的意图,百般劝说无效后,向冯某提出分手,希望由此消祸。但冯某不同意,反而痛打郭芳。心灰意冷之下,郭芳决定将以往所有恩怨做个了结。

1994年10月1日,郭芳将赵某、余某、董某和冯某都约至家中吃饭,将甲和乙支开外出。之后,杨海在酒中下毒,郭芳向每人敬酒一杯,除杨海外,在场人均中毒倒地。郭芳请求杨海帮她尽快结束生命,两人来生再聚。杨海拿着刀,看着在地上痛苦挣扎的郭芳,仿佛看到了20年前要跳楼的少女,但他知道一切都已经无法回头。

就在杨海用刀刺向郭芳胸口的一刹那,甲、乙正好回来,及时推开杨海。几人被送到医院抢救后被警方带走。甲看到郭芳的遗书,才明白郭芳是希望由她来了结过往所有恩怨,让甲能放下一切怨念,走上正路,与乙在一起好好生活。甲理解了母亲的所有苦难和对自己的爱,大恸之后,再也不做街头混混,回到学校拼命读书,与乙相依为命。转眼两年过去,1996年考上P大。2000年毕业后,放弃留在大城市的机会,回到郭芳的家乡A省B市。女友乙在B市幼儿园成为一名幼师,甲则进入公安系统,誓做一名守护校车安全的交警。

问案中人的刑事责任。

答案①

一、郭芳的刑事责任

（一）郭芳在家中猛击自己腹部并吞服大量安眠药的行为

难度系数　★★★★☆

涉嫌罪名　故意杀人罪、故意伤害罪

> 《刑法》第232条规定："故意杀人的，处死刑、无期徒刑或者十年以上有期徒刑；情节较轻的，处三年以上十年以下有期徒刑。"
>
> 《刑法》第234条规定："故意伤害他人身体的，处三年以下有期徒刑、拘役或者管制。犯前款罪，致人重伤的，处三年以上十年以下有期徒刑；致人死亡或者以特别残忍手段致人重伤造成严重残疾的，处十年以上有期徒刑、无期徒刑或者死刑。本法另有规定的，依照规定。"

考查要点　（1）刑法上的胎儿与"人"的关系。胎儿的生物学形态也应该被包括进"人的生命"的表述之中，特别是在晚近的生物医学和伦理学发展中被广泛使用，但是并不属于杀人罪构成要件的保护范围。在刑法理论上，杀人罪中的"人"最早可包括

---

① 说明：卷面分数为100分，根据考点难度差异来分布分数。打分时以考查要点作为参考标准，但是不以结论为给分与否及多少的决定因素，而是会考虑论述说理的程度。与我给定的考查要点不同，但有自己观点且说理有力的，也得分。为了人物年龄的需要，时间被一直推回到二十世纪七八十年代，但是，答题时对人、物和事的分析，仍然按照现行《刑法》规定、在当代背景下作答，不必受时空穿越的困扰。

分娩开始,最迟可至呼吸心跳全部停止。 国外刑法理论对于生命起点,多采取分娩开始(而非完成)的观点。① 即分娩程序开始时,就成为有生命的人②,就可以成为杀人罪或伤害罪的对象,而与母体的生死无关。 至于该婴儿是否有存活能力在所不问,即使因先天原因,脱离母体一定时间后就会死亡,在其死亡之前,也属于有生命的人。 这种观点的理由,主要是在一些设有堕胎罪的国家,认为如果把对人的认定时点推后到分娩开始之后的一段时间(例如从部分露出或独立呼吸为起点),那么,就会在堕胎罪与杀人罪之间出现惩罚漏洞或者保护空隙。 但是,在我国司法实践中,对"人"生命的认定一般从母体分离出来能够独立呼吸(较分娩说为晚)开始。③

(2)根据着手时点与实行行为分离的理论④,意在伤害胎儿而攻击母体的行为,可以构成针对胎儿的伤害罪。 按此理论,意在杀死胎儿的攻击母体的行为,应当构成针对胎儿的故意杀人未遂。 问题在于,如果攻击母体的行为直接造成胎死腹中,则刑法上的"人"的形态始终未出现,结论应当是不构成针对胎儿的任何犯罪。 这就产生了悖论:一方面,按分离理论,如果攻击行为至少是没有消除胎儿出生为人的机会,尚且构成针对胎儿的故意伤害或故意杀人的未遂;但另一方面,直接消除胎儿出生为人的机会的攻击行为,应当是更加严重的行为,却不构成针对胎儿的任何犯罪。 这会出现罚轻不罚重的现象。 为了解决上述矛盾,出路之一,就是认为所有的意在杀伤胎儿的攻击母体的行

---

① Schönke/Schröder, Strafgesetzbuch, 2019, vor §211, Rn. 13.
② NK-Kindhäuser/Neumann/Paeffgen, 2017, vor §211, Rn. 1.
③ 参见周道鸾、张军主编:《刑法罪名精释(上)》(第四版),人民法院出版社2013年版,第505页。
④ 参见〔日〕山口厚:《刑法各论(第2版)》,王昭武译,中国人民大学出版社2011年版,第27—29页。

为，无论结果如何，都不构成针对胎儿的犯罪，而是构成针对母体的故意伤害罪。

（3）在针对母体犯罪的情况下，郭芳的行为属于与自杀性质等同的自伤行为。无论是针对《刑法》第234条中的"他人"的解释，还是基于对自我决定权的尊重，自伤行为不构成伤害罪。

（二）郭芳基于将艾滋病传播给他人的故意而与冯某发生性关系的行为

难度系数　★★★☆☆

涉嫌罪名　故意杀人罪①、故意伤害罪②、传播性病罪

> 《刑法》第360条规定："明知自己患有梅毒、淋病等严重性病卖淫、嫖娼的，处五年以下有期徒刑、拘役或者管制，并处罚金。"

考查要点　（1）《刑法》第360条规定的传播性病罪，在明确规定了梅毒和淋病之后，又规定了"等严重性病"。根据卫生部的《性病防治管理办法》，艾滋病也属于严重性病的一种。司法实践中对故意传播艾滋病毒者，也有按传播性病罪论处的判例。此外，根据具体案情，也可以同时认定为故意伤害罪甚至故意杀人罪。考虑按照想象竞合犯处理。

（2）根据案情交代，事实上郭芳并未患有艾滋病，因而属于不能犯的未遂。不能犯的未遂应当赋予什么样的法律后果，刑法理论上存在争议。在德国刑法理论中，不能犯未遂属于未遂犯的

---

① 《刑法》第232条，见本书第32页。
② 《刑法》第234条，见本书第32页。

一种,"如果行为人的以实现犯罪构成要件为目的的行为,根据事实上的或者法律上的原因,在现有情况下不可能既遂的,是不能犯未遂,诸如客体不能犯、手段不能犯,或者主体不能犯"①,不能犯未遂同样要受到刑事处罚。我国传统的刑法理论与德国在这一问题上具有相似之处,以行为的实行能否达到既遂形态为标准,同样将犯罪未遂区分为能犯未遂与不能犯未遂。② 日本刑法理论界认为不能犯或不能犯未遂是与未遂犯相对立的概念,而不是未遂犯的一种,"所谓不能犯,就是行为人已经着手实施犯罪,由于不可能发生结果因而未得逞的场合,它不能作为未遂犯加以处罚,也被称为'不能未遂'"③。

在我国学界晚近的讨论中,往往把不能犯未遂问题作为结果无价值论与行为无价值论相区分的分水岭之一。如果考虑行为人的主观不法,那么即使最后不能出现损害后果,也应当认定为未遂犯。相反,如果不考虑行为人的主观不法,而只是强调由于手段、客体方面的原因,使得行为从一开始就不可能产生损害后果,因而把结果不法作为评价不法成立的唯一标准,那么就会得出无罪和不惩罚的结论。④ 学生作答时,无论持哪种观点,只要言之成理即可。

---

① 〔德〕汉斯·海因里希·耶赛克、〔德〕托马斯·魏根特:《德国刑法教科书(上)》,徐久生译,中国法制出版社2017年版,第710—711页。
② 参见高铭暄、马克昌主编:《刑法学》(第九版),北京大学出版社2019年版,第152—153页。
③ 〔日〕曾根威彦:《刑法学基础》,黎宏译,法律出版社2005年版,第126—127页。
④ 参见张明楷:《刑法学(上)》(第五版),法律出版社2016年版,第357—359页;周光权:《刑法总论》(第三版),中国人民大学出版社2016年版,第284—285页。

（三）郭芳对冯某撒谎说亲戚得病从冯某处借钱的行为

难度系数 ★★★★☆

涉嫌罪名　诈骗罪

> 《刑法》第 266 条规定："诈骗公私财物，数额较大的，处三年以下有期徒刑、拘役或者管制，并处或者单处罚金；数额巨大或者有其他严重情节的，处三年以上十年以下有期徒刑，并处罚金；数额特别巨大或者有其他特别严重情节的，处十年以上有期徒刑或者无期徒刑，并处罚金或者没收财产。本法另有规定的，依照规定。"

考查要点　郭芳谎称用钱为亲属治病，冯某也陷入了错误，并基于错误处分了财产，整体财产总量也损失了 5 000 元。就此而言，诈骗罪的构成要件似乎已经齐备。但是，诈骗罪的基本特征是"无意识的自我损害"，即被害人对于自己遭受财产损失必须是处于无意识的状态。如果被害人对于自己的财产损失存在认识，则不能构成诈骗罪。[①] 在本案中，冯某对于将 5 000 元无对价、无回报地处分给郭芳，是有明确认识的，因而不符合"无意识的自我损害"的特征，不能构成诈骗罪。此外，也有学者认为诈骗罪客观构成要件中的"错误"应当限于法益相关的错误。即被害人只有对财产自身的特征存在错误认识时，才构成诈骗罪意义上的错误；相反，对财产自身及增减情况没有错误认识，而仅仅是在处分动机或财产去向上有错误，尚不足以构成诈骗罪意义

[①] Schönke/Schröder, Strafgesetzbuch, 2019, §263, Rn. 41, 101f; Maurach/Schröder/Maiwald, Strafrecht BT I, 2009, §41, Rn. 121f.

上的"错误"。① 按此,本案也不构成诈骗罪。

(四) 郭芳在赵某家取走手机的行为

难度系数 ★★★★☆

涉嫌罪名 盗窃罪

《刑法》第 264 条规定:"盗窃公私财物,数额较大的,或者多次盗窃、入户盗窃、携带凶器盗窃、扒窃的,处三年以下有期徒刑、拘役或者管制,并处或者单处罚金;数额巨大或者有其他严重情节的,处三年以上十年以下有期徒刑,并处罚金;数额特别巨大或者有其他特别严重情节的,处十年以上有期徒刑或者无期徒刑,并处罚金或者没收财产。"

考查要点 (1) 本案涉及入户盗窃的规定。《刑法修正案(八)》对第 264 条进行修订,增加了"入户盗窃、携带凶器盗窃、扒窃"成立盗窃罪的规定。

(2) 本案涉及携带凶器盗窃的规定。首先,需要考虑的是,如何理解"凶器"?"凶器"可以分为国家禁止个人携带的凶器和国家禁止个人携带的器械以外的器械两种。② 携带前者进行抢夺或者为抢夺而携带后者,都属于"携带凶器抢夺"。钳子不同于刀具,不是自然性质上的凶器,而是属于用法上的"凶器"。

其次,如何理解"携带"?"携带"这个概念,包括时间和空

---

① 这种在"错误"环节对诈骗罪成立范围进行限缩的观点,主要见于日本学者。参见〔日〕山口厚:《刑法各论(第 2 版)》,王昭武译,中国人民大学出版社 2011 年版,第 312 页。
② 最高人民法院《关于审理抢劫、抢夺刑事案件适用法律若干问题的意见》将"携带凶器抢夺"中的凶器进行了这两种区分。也可以适用于盗窃罪的场合。

间两个要素。行为人所带来的凶器处在行为人的支配之下，也就是在空间上处于一个他随时可取的范围之内，这里的随时可取，是指行为人不需要花费值得重视的时间消耗，也没有特别的困难，就能使凶器服务于己。① 此外，应当限制地解释为主观上是为了盗窃而携带，缺乏这种目的关联性的，不宜认定为携带凶器盗窃。郭芳随身携带的钳子是在路过余某家之前，去商场购物时购买的，题目并未说明郭芳是为了盗窃而购买和携带。

（3）题目交代，郭芳取走手机是为了"打算以此向余某索回5 000元"（余某曾向郭芳勒索5 000元），因此，郭芳打算用该手机换回5 000元，应认定为其实施客观行为当时，对该手机因具有返还意思而排除剥夺意思②，因而也没有非法占有目的，不构成盗窃罪。

（五）郭芳用钳子威胁余某的行为

难度系数　★★★☆☆

涉嫌罪名　抢劫罪、侵占罪

>《刑法》第269条规定："犯盗窃、诈骗、抢夺罪，为窝藏赃物、抗拒抓捕或者毁灭罪证而当场使用暴力或者以暴力相威胁的，依照本法第二百六十三条的规定定罪处罚。"
>
>《刑法》第270条第1款规定："将代为保管的他人财物非法占为己有，数额较大，拒不退还的，处二年以下有期徒刑、拘役或者罚金；数额巨大或者有其他严重情节的，处二年以上五年以下有期徒刑，并处罚金。"

---

① Maurach/Schroeder/Maiwald, BT1, 2009, §33, Rn. 121. 按照德国联邦最高法院的说法，行为人与他留下的凶器距离200米，"明显超出了携带所必须的那种空间关系"。（BGHSt 31,105,108）

② 关于返还意思对剥夺意思的否定功能，可参见 Mitsch, Strafrecht BT II, 2015, S.45。

考查要点 （1）如果认为郭芳之前的行为不构成盗窃罪，那么接下来就难以适用《刑法》第269条的规定，不能认定为转化抢劫。（2）根据案情描述，郭芳对他人手机建立占有状态之后，余某追上来双方发生争执，郭芳持钳子威胁对方而将手机带走。这说明，此时郭芳对处于自己占有状态下的手机，主观上已经产生了非法据为己有的意思，符合侵占罪的构成要件。

（3）如果认为郭芳之前的行为构成盗窃罪，则在本段情节中，可能会涉及的问题是，《刑法》第269条的成立，是否以盗窃、抢夺、诈骗的既遂为前提条件，还是未遂状态也可以？进而引出关于《刑法》第263条和第269条之关系的分析，对此也会酌情给分。

（六）郭芳将毒酒敬给赵某、余某、董某和冯某等人的行为

难度系数 ★☆☆☆☆

涉嫌罪名 故意杀人罪[①]、投放危险物质罪

> 《刑法》第115条第1款规定："放火、决水、爆炸以及投放毒害性、放射性、传染病病原体等物质或者以其他危险方法致人重伤、死亡或者使公私财产遭受重大损失的，处十年以上有期徒刑、无期徒刑或者死刑。"

考查要点 （1）与杨海构成故意杀人罪的共同犯罪。根据案情，"杨海在酒中下毒，郭芳向每人敬酒一杯"，两人构成杀人罪的共同犯罪。（2）是否属于投放危险物质罪？涉及对本罪"公

[①] 《刑法》第232条，见本书第32页。

共安全"的理解,参见第一试"甲的一生"中关于甲在地下停车场横冲直撞毁财伤人的行为的理论分析部分。

二、杨海的刑事责任

(一)杨海抄起砖头将正在起哄的张某砸晕的行为

难度系数 ★★★☆☆

涉嫌罪名 故意伤害罪[①]

> 《刑法》第 20 条规定:"为了使国家、公共利益、本人或者他人的人身、财产和其他权利免受正在进行的不法侵害,而采取的制止不法侵害的行为,对不法侵害人造成损害的,属于正当防卫,不负刑事责任。 正当防卫明显超过必要限度造成重大损害的,应当负刑事责任,但是应当减轻或者免除处罚。 对正在进行行凶、杀人、抢劫、强奸、绑架以及其他严重危及人身安全的暴力犯罪,采取防卫行为,造成不法侵害人伤亡的,不属于防卫过当,不负刑事责任。"
>
> 《刑法》第 21 条规定:"为了使国家、公共利益、本人或者他人的人身、财产和其他权利免受正在发生的危险,不得已采取的紧急避险行为,造成损害的,不负刑事责任。 紧急避险超过必要限度造成不应有的损害的,应当负刑事责任,但是应当减轻或者免除处罚。 第一款中关于避免本人危险的规定,不适用于职务上、业务上负有特定责任的人。"

考查要点 轻伤结果符合伤害罪的构成要件。 为了避免郭芳受张某刺激而自杀,杨海对张某实施的故意伤害行为,涉及可否适用

[①] 《刑法》第 234 条,见本书第 32 页。

正当防卫或紧急避险的问题。需要考虑的问题包括，张某的行为是否属于"不法侵害"或"危险"，以及杨海的行为是否符合防卫手段或避险手段的紧迫性及相称性等要件。

第一，张某对站在楼顶准备自杀的郭芳大声起哄嘲讽，催促其快跳下来，客观上对郭芳形成了刺激。但是这种刺激不是从无到有地激发了其自杀的决意，而是进一步增强了其自杀意愿。因此，应当评价为是对自杀行为的精神帮助，而不是教唆自杀。

第二，教唆或帮助自杀的违法性问题，目前在理论上存在争议①，司法实务中也见解不一。从故意杀人罪的对象来看，只能是他人，不包括自己。如果认为自杀也是故意杀人，那么对于因为阻碍自杀而造成自杀者死亡的情况评价为正当防卫，难以为人们接受。而且，一个被评价为违法性质的行为，在法秩序中却无法赋予其相应的法律后果，这在法理上有困难。因此，出于对自我决定权的尊重，否定自杀行为的违法性。在这一前提下，再认定教唆和帮助自杀的行为具有刑事违法性，就面临逻辑上的障碍。

但是，需要注意的是，正当防卫中的"不法侵害"，不限于刑事不法或犯罪行为，也包括民事违法与行政违法。张某刺激准备跳楼自杀的郭芳，加剧人群围观，涉嫌对治安秩序的扰乱。在这个意义上可以被评价为不法侵害。但是，就该不法侵害指向的、受法律保护的道路交通秩序而言，杨海用砖头将张某拍伤的行为，显然是防卫过当了。同时，在解释杨海的防卫意图时，也会遭遇一些困难。当然，如果学生认为张某帮助自杀的行为具有针

---

① 参见周光权:《教唆、帮助自杀行为的定性——"法外空间说"的展开》，载《中外法学》2014年第5期；王钢:《自杀的认定及其相关行为的刑法评价》，载《法学研究》2012年第4期；钱叶六:《参与自杀的可罚性研究》，载《中国法学》2012年第4期。

对郭芳本人的刑事违法性,将之评价为故意杀人,那么杨海的行为就构成正当防卫。只要言之成理,皆给分。

第三,能否将张某的行为认定为《刑法》第 21 条中的"危险"进而主张紧急避险? 这也是一种思路。 回避了对张某行为的"不法性"的判断,将郭芳受张某刺激而准备跳楼的行为评价为一种"危险",为了使郭芳的生命权免受这种正在发生的危险,而将张某砸晕,事实上也确实起到了让郭芳从张某的鼓动中清醒过来、避免危险现实化的效果。 可以评价为紧急避险。

(二)杨海帮助耿某批下地皮并提出加盖幼儿园和推荐园长的行为

难度系数 ★★★☆☆

涉嫌罪名 受贿罪

> 《刑法》第 385 条规定:"国家工作人员利用职务上的便利,索取他人财物的,或者非法收受他人财物,为他人谋取利益的,是受贿罪。 国家工作人员在经济往来中,违反国家规定,收受各种名义的回扣、手续费,归个人所有的,以受贿论处。"

考查要点 本考点的关键在于"贿赂"的认定。 (1) 介绍郭芳去当幼儿园园长是否属于"贿赂"? 根据最高人民法院、最高人民检察院《关于办理受贿刑事案件适用法律若干问题的意见》第 6 条的规定,"国家工作人员利用职务上的便利为请托人谋取利益,要求或者接受请托人以给特定关系人安排工作为名,使特定关系人不实际工作却获取所谓薪酬的,以受贿论处"。 从反向解释的角度可知,特定关系人通过实际工作获取薪酬的,不能按受贿罪论处。本案中，郭芳实际上在幼儿园有管理工作，就这一点而言，不能构成受贿罪。（2）杨海为了郭芳的工作而建议耿某加建幼儿园，此幼儿园的建设费用是否属于"贿赂"？考虑到幼儿园的产权并未发生移转，且让郭芳担任幼儿园园长的性质，也与司法解释中规定的未变更权属登记的长期借用汽车、房屋的情形不同，因此，幼儿园在本案中属于为了行贿（如果郭芳没有实际工作而领取薪酬则属于行贿）而做出的前期准备，本身不宜认定为"贿赂"。（3）本案中题目未交代杨海批地是否属于"滥用职权"，因而不涉嫌滥用职权罪。

（三）杨海为郭芳提供财物让其在警方开始调查之前逃离 A 省的行为

难度系数 ★★☆☆☆

涉嫌罪名 窝藏罪

> 《刑法》第 310 条规定："明知是犯罪的人而为其提供隐藏处所、财物，帮助其逃匿或者作假证明包庇的，处三年以下有期徒刑、拘役或者管制；情节严重的，处三年以上十年以下有期徒刑。犯前款罪，事前通谋的，以共同犯罪论处。"

考查要点 《刑法》第 310 条实际上规定了两个罪名，即窝藏罪和包庇罪。所谓窝藏罪，是指明知是犯罪的人而为其提供隐藏处所、财物，帮助其逃匿的行为。而包庇罪则是指明知是犯罪的人而作假证明予以包庇的行为。本案中，杨海有帮助郭芳逃往外地的窝藏行为。但关键在于，郭芳是否属于"犯罪的人"？一般认为，所谓"犯罪的人"，不限于法律上已经认定为犯罪者，也包括犯罪嫌疑人，以及事实上实施了犯罪行为的人。从题目交代的案情来看，郭芳不能对司机孙某的行为承担责任，既不涉及共犯，也不涉及安全事故方面的刑事责任，因此不宜认定为"犯罪的人"。①

（四）杨海在郭芳敬给赵某等人的酒中下毒的行为

难度系数 ★☆☆☆☆

涉嫌罪名 故意杀人罪②

考查要点 （1）从案情叙述来看，杨海与郭芳对酒中下毒一事显然有事前通谋，因而构成故意杀人罪的共同犯罪。（2）在多人参加的酒席上往酒中下毒，是否构成投放危险物质罪？ 这里涉及对本罪"公共安全"的理解。 如果从不特定多数人的角度来把握公共安全，那么在本案中，郭芳宴请的赵某、余某、董某和冯某均是与其有恩怨的人，且把甲和乙支开外出，杨海在酒中下毒就是针对这特定的四个人。 就此而言，不符合投放危险物质罪针对"不特定多数人"的要求，而是针对特定的人员，因此应当按照杀人罪论处。

（五）杨海用刀刺向郭芳胸口的行为

难度系数 ★★☆☆☆

涉嫌罪名 故意杀人罪③

考查要点 根据案情交代，"郭芳请求杨海帮她尽快结束生

---

① 在《刑法修正案（九）》之后，可能还会涉及讨论司机危险驾驶校车而校车管理人为此负责的问题。 可能有同学会疑惑，那为什么题目中说"受此事影响，杨海入狱"呢？ 这显然是迷惑性叙述。 一方面，受此事影响，可能牵扯出幼儿园的问题，进而涉及杨海涉嫌受贿的问题。 另一方面，我国司法实践中错判的情形所在多有，并不值得惊奇，由此反而更突出杨海的可怜。
② 《刑法》第232条，见本书第32页。
③ 同上注。

命",杨海的行为是应郭芳的请求而实施,因而涉及被害人同意的问题。一般认为,在涉及生命的场合,被害人同意的出罪功能要受到限制。问题是限制的理由是什么?有的观点认为是生命权优先于自我决定权。但是,这并不是生命不可同意的根本原因。因为按照这种逻辑,自杀也应被禁止乃至构成犯罪。其疑问在于,将具有因果联系、先后顺序的两个事项置于同一层次进行考虑。虽然无生命则无自主决定权,但在生命存续期间作出的及于未来的自主决定无疑是有效的。也有的观点认为是利益衡量。但是,能够用来对抗包含个人自我决定权与个人生命的利益,仅仅用社会风尚来说明是不具有说服力的。利益衡量的观点也好,生命优越于自治权也好,从更高的层面上来看,都是一种法律从被害人角度替代其思考的家长主义立场,因此应该从刑法家长主义的立场,基于保护被害人的刑事政策的角度出发,考虑这个问题。①

生命的确属于个人法益,但是生命的断绝是不可逆的过程,这就使得借助他人之手来结束自己生命的行为,难以为家长主义立场的法秩序所容忍。一种仓促进行的,或者说可能在精神不稳定而自身又不觉察的情况下作出的关于生命的同意,能够引起无法弥补的损害。因此,从保护同意人本身的角度,禁止同意也是为了避免其遭到自己的侵害。被害人对自己生命作出的自我决定,当被害人死亡之后,最多只能毫无怀疑地表现在自我实施的自杀案件中,而对于他杀案件则很难考证同意的真实性和有效性。本文认为,这里表现出了一定的家长主义立场,考虑到生命的极端重要和不可逆转,这种干涉是可以理解和接受的。此

---

① 参见车浩:《自我决定权与刑法家长主义》,载《中国法学》2012年第1期。

外，对他人的生命保持一种原则上的禁忌也是一个很好的理由，从中可以推出预防滥用同意杀人。综上，得被害人同意而杀人的行为，在刑法没有规定专门罪名的情况下，可按照故意杀人罪论处，但是考虑到毕竟有被害人同意，因此可适用"情节较轻"。

三、张某的刑事责任

张某起哄嘲讽郭芳自杀的打算并催促其跳楼的行为

难度系数　★★☆☆☆

涉嫌罪名　故意杀人罪①

考查要点　这里涉及得同意杀人与教唆帮助他人自杀的区分问题。前者构成故意杀人罪，后者不构成犯罪。按照对故意杀人罪的构成要件的通常解释，杀人指的是杀死他人的生命，因此自杀行为不符合杀人罪的构成要件。就此而言，参与他人的自杀也不具备可罚性，这一点从自我决定和自我答责的原理中可以得到理解。另外，一个杀死他人的行为本身是可罚的，即使行为人得到被害人的同意甚至央求。对于行为的可罚性而言，关键性的问题在于，该行为究竟仅仅是对自杀行为的帮助，还是属于得到他人同意后所实施的杀人行为。进一步而言，如果把得到他人同意而杀之的行为，视作是行为人与被害人一起实施的共同正犯的行为，那么帮助自杀行为与得同意杀人行为的标准，就落在了是按照什么理论来区分共犯与正犯的问题上面。

有的观点认为，按照主观标准来区分正犯与共犯，同样适用于区分得同意杀人与帮助自杀的行为。② 也有观点认为，在整个

---

① 《刑法》第232条，见本书第32页。
② Baumann/Weber/Mitsch, Strafrecht AT, 2003, §29, Rn. 70.

致人死亡的事件中起到事实性支配功能的人,是得同意而杀人的行为人,具体的标准要看整个事件的计划和行为的贡献。① 比较合理妥当的标准应该是,区分的界限取决于在走向死亡的最后时刻,谁控制着局面。 如果在迈向死亡的最危急的关头,也就是在迈出再也无法挽回的那一步时,对于生存还是死亡的决定仍然握于自己之手,那么这就是死者自己超越了生命的界限,行为人最多属于帮助自杀。 相反,如果死者把最后这个不可逆转的行为交由他人之手实施,那么这就是得同意而杀人。 本案中,虽然张某的起哄嘲讽,在客观上提升了郭芳进一步向前跳楼自杀的风险,但是,这个作用,还远远没有达到在郭芳跳下的那一刻控制局面的程度。 因此,至多认定为是帮助自杀的行为,而非得同意杀人。

四、耿某的刑事责任

耿某求杨海帮助其批下地皮,并满足杨海加盖幼儿园和推荐园长的请求的行为

难度系数　★☆☆☆☆

涉嫌罪名　行贿罪

> 《刑法》第389条规定:"为谋取不正当利益,给予国家工作人员以财物的,是行贿罪。 在经济往来中,违反国家规定,给予国家工作人员以财物,数额较大的,或者违反国家规定,给予国家工作人员以各种名义的回扣、手续费的,以行贿论处。 因被勒索给予国家工作人员以财物,没有获得不正当利益的,不是行贿。"

---

① Herzberg, Täterschaft und Teilnahme, 1977, S. 79.

考查要点 行贿罪与受贿罪是对合犯。 如前所述,如果认为杨海不构成受贿罪,加盖幼儿园和推荐园长不属于"贿赂",那么耿某当然也没有行贿。 若认定杨海构成受贿罪,则属于索贿型受贿罪。 对于索贿的,根据《刑法》第 389 条第 3 款的规定:"因被勒索给予国家工作人员以财物,没有获得不正当利益的,不是行贿。"本案中耿某获批土地是否属于"不正当利益",又涉及对"不正当利益"的认定。 根据 2012 年最高人民法院、最高人民检察院《关于办理行贿刑事案件具体应用法律若干问题的解释》第 12 条的规定,行贿犯罪中的"谋取不正当利益",是指行贿人谋取的利益违反法律、法规、规章、政策规定,或者要求国家工作人员违反法律、法规、规章、政策、行业规范的规定,为自己提供帮助或者方便条件。 此外,违背公平、公正原则,在经济、组织人事管理等活动中,谋取竞争优势的,也应当认定为"谋取不正当利益"。

五、 孙某的刑事责任

(一) 孙某闯红灯与其他车相撞,造成车内三人当场死亡后逃离的行为

难度系数 ★☆☆☆☆

涉嫌罪名 交通肇事罪

> 《刑法》第 133 条规定:"违反交通运输管理法规,因而发生重大事故,致人重伤、死亡或者使公私财产遭受重大损失的,处三年以下有期徒刑或者拘役;交通运输肇事后逃逸或者有其他特别恶劣情节的,处三年以上七年以下有期徒刑;因逃逸致人死亡的,处七年以上有期徒刑。"

考查要点　根据交通肇事罪的司法解释，本案中有 3 人死亡，且因孙某闯红灯引起，显然构成交通肇事罪。死者身份是行为人所驾驶车辆内的乘客，对本罪认定没有影响。题目交代，3 人均是当场死亡，因而本案适用"交通运输肇事后逃逸"的规定，不适用"因逃逸致人死亡"的规定。

（二）孙某肇事后拾起车内师生留下的财物窜逃外地的行为

难度系数　★★★☆☆

涉嫌罪名　侵占罪

> 《刑法》第 270 条规定："将代为保管的他人财物非法占为己有，数额较大，拒不退还的，处二年以下有期徒刑、拘役或者罚金；数额巨大或者有其他严重情节的，处二年以上五年以下有期徒刑，并处罚金。将他人的遗忘物或者埋藏物非法占为己有，数额较大，拒不交出的，依照前款的规定处罚。本条罪，告诉的才处理。"

考查要点　根据案情，孙某取走的系死者之物。死者之物能否以及如何成为侵占罪的对象？

有的观点认为，死者的财产在其死后就已经转移至其继承人占有，因此取走死者财物的行为，实际上是侵犯了继承人对死者财物的占有。① 但是，作为生物体的人死亡之后，对任何财物都不可能再享有事实上的控制力和支配力，由于事实因素为零，占有已经不复存在。

---

① 参见褚剑鸿：《刑法分则释论》（下），台北商务印书馆 1998 年版，第 1086 页。

有的观点认为,可以将死者之物解释为《刑法》第270条第2款中的"遗忘物"。《刑法》第270条第2款规定的"遗忘物",在文字用语上与《物权法》第109—114条规定的"遗失物"存在差异。在刑法理论上,也存在遗忘物与遗失物是否应当区分的争论。① 我赞成区分遗失物与遗忘物。根据日常用语的可能文义来理解,遗忘物通常是指忘记把财物从离开地点带走,而遗失物一般则是指忘记了财物所处的地点。这两种"忘记"不仅仅是形式上的不同,而且意味着,原占有人对财物的事实控制力存在重大差异。② 在遗忘物的场合,原物主忘记的内容仅仅是没有将财物随身带走,但是正如本文所述,随身携带并不是维持占有的必要条件,原物主因忘记带走财物而导致与财物的空间距离越来越远这一点,并不会直接导致占有的脱离。只有在财物处于公共空间(例如马路、商场、地铁、公交车)而又经过时间的消磨之后,原物主才会逐渐丧失对该遗忘物的占有,此时,该遗忘物已经变为彻底失去控制力的遗失物。在此之前,取走该遗忘物的,客观上属于打破他人的占有,应构成盗窃罪。但是,根据《刑法》第270条第2款的规定,此种情形按侵占罪论处。对此应当如何理解?

依我之见,《刑法》第270条第2款规定的"将他人的遗忘物或者埋藏物非法占为己有,数额较大,拒不交出的,依照前款的规定处罚"属于法律拟制。换言之,若没有该款规定,则将他人

---

① 主张区分两者的,参见周道鸾、张军主编:《刑法罪名精释(下)》(第四版),人民法院出版社2013年版,第657页。主张不区分两者的,参见陈兴良、周光权:《刑法学的现代展开Ⅰ》(第二版),中国人民大学出版社2015年版,第540—541页。还有的观点主张区分"侵占遗忘物与盗窃遗忘物",参见王作富主编:《刑法分则实务研究(中)》(第五版),中国方正出版社2013年版,第999页。
② 因而不能简单地将此批评为根据原物主的记忆力好坏来甄别定罪。并且,如后所述,两者实际上最终都是定侵占罪,并不会影响定罪结论,只是法律适用依据不同而已。

的遗忘物或者埋藏物非法占为己有的,本应按盗窃罪论处。在我看来,该款中的"埋藏物"与"遗忘物"一样,都属于没有脱离占有的财物。① 因为在汉语语境中,没有人会把无意中遗落在地上并最终被泥沙埋没的东西称作"埋藏物";"埋藏物"应当是指被人因某种原因而故意埋藏于某处的财物;也不会有人认为故意埋藏财物就是为了要忘记财物埋藏于何处。因此,对于埋藏物而言,它完全符合本文界定占有时所说的故意被放置于某个物理空间之内的财物,埋藏人对于埋藏物的事实控制力客观存在,也能够得到社会一般观念认同。所以,埋藏物属于处在埋藏人占有之下的财物,尽管这种占有可能很弱。因此,对于这种本来没有脱离占有的遗忘物和埋藏物非法占为己有的,本均应构成盗窃罪。但是,在刑事政策上应当考虑到,从生活经验来看,行为人通常未必会认识到这在客观上是仍然处于他人占有之下的财物,而是会当作无人占有之物而占为己有。对于这种以主观上的侵占故意而客观上实现了盗窃罪构成要件的行为②,一般也会依错误理论按照处罚较轻的侵占罪论处。因此,以法律拟制的方式,对于此类行为统一性地规定在

---

① 与本文观点相反,有的学者认为,《刑法》第 270 条第 2 款属于侵占"脱离占有物",参见张明楷:《刑法学(下)》(第五版),法律出版社 2016 年版,第 970 页。
② 梁丽案就是一个典型的以侵占故意实施盗窃行为的例子。根据深圳市公安局起诉意见书(深公预诉字 2009〔076〕),金龙珠宝公司的员工王某在深圳机场 B 号候机楼二楼 19 号值机口办理登记和托运手续时,安检人员以黄金属于贵重物品为由拒绝托运,王某遂跑到距离 19 号值机口 22 米远的 10 号值机主任处咨询。当时,装有金饰小纸箱的手推车仍放在 19 号值机台前黄线处。梁丽手推清洁车经过,将小纸箱搬到了自己的清洁车上,后与同事将箱中黄金私分。从案情来看,该纸箱显然当时仍属于王某占有之下的财物,因此,梁丽最后被认定为侵占罪,较为合理的解释是由于构成要件事实错误,即以侵占的故意犯了盗窃之罪(当然前提是梁丽主观上认为是遗失物这一点被查证属实),遂排除盗窃罪而按侵占罪处理。(http://www.dahe.cn/xwzx/sz/t20091019_1673570.htm,访问日期:2014 年 6 月 8 日。)

《刑法》第 270 条第 2 款中按照侵占罪论处，就是一种合理且效果良好的立法技术的展现。

不同于"遗忘物"是指忘记被带走的财物，"遗失物"则是指忘记了处于何地的财物。没有人能够在事实上控制一个根本不知处于何地的财物，因此在"遗失物"的情形下，原占有人已经丧失了对财物的事实控制力，当事实因素为零时，占有亦随之消失。将这种无人占有的财物据为己有而拒不退还的，应当按照《刑法》第 270 条第 1 款处理。这涉及如何理解第 270 条第 1 款中"代为保管的他人财物"的含义。

按照我的观点，不宜将"代为保管"缺乏根据地限制解释为受他人委托而归行为人占有的状态，而应当将其解释为对财物的法律性质的界定，即该财物对于行为人而言，只能是属于一种"代为保管"的状态而不能僭居所有人地位。无论是受委托存管的财物，还是无因管理的财物，也无论是死者的遗留物，还是他人的遗失物，就其在法律性质上对行为人而言只能属于"代为保管"而不能僭居所有人这一点而言，都是相同的。这样一来，侵占罪的对象既包括自己实际占有的财物，也包括无人占有的财物（遗失物和死者遗留物）。如果行为人对这些代为保管的财物以所有人僭居（非法据为己有），则构成侵占罪。[1] 综上，死者遗留的财物属于《刑法》第 270 条第 1 款中的"代为保管的财物"，孙某将死者遗留物非法据为己有，依《刑法》第 270 条第 1 款构成侵占罪。

---

[1] 参见车浩：《占有概念的二重性：事实与规范》，载《中外法学》2014 年第 5 期。

六、赵某的刑事责任

(一) 赵某将自己的小屋无偿借给郭芳供其卖淫的行为

难度系数 ★☆☆☆☆

涉嫌罪名 容留卖淫罪

> 《刑法》第359条第1款规定:"引诱、容留、介绍他人卖淫的,处五年以下有期徒刑、拘役或者管制,并处罚金;情节严重的,处五年以上有期徒刑,并处罚金。"

考查要点 根据《刑法》第359条的规定。容留就是允许他人使用自己有权支配的空间,赵某将其自己的小屋借给郭芳供其卖淫,无论是否有偿,都属于容留。

(二) 赵某骗取郭芳同意而进入其房间的行为

难度系数 ★★☆☆☆

涉嫌罪名 非法侵入住宅罪

> 《刑法》第245条第1款规定:"非法搜查他人身体、住宅,或者非法侵入他人住宅的,处三年以下有期徒刑或者拘役。"

考查要点 (1) 尽管赵某是房屋所有人,但是在将房屋借用给郭芳后,也不能任意进入该房屋。未得到郭芳同意而进入的,也属于对他人住宅安宁的侵扰。(2) 按照案情描述,"赵某酒后敲郭芳房门,郭芳不愿开门,赵某欺骗说是进屋取东西",这里涉及一个判断郭芳的同意是否有效的问题。允许他人进入房间,这件事情本身就意味着住宅安宁状态的改变。如果居住者对这件事情本身（也就是他人在物理空间上进入自己的房间）没有错误认识，也就是对非法侵入住宅罪的法益没有错误认识，就此而言，同意是有效的。至于行为人进入房间的动机是什么，居住者是不是对此有错误认识，并不影响同意的效力。在这个意义上，只要得到自然意义上的事实性的住户同意，就可以排除非法侵入住宅罪。例如，张三谎称修理工，房主受骗而允许其入户的，张三不构成非法侵入住宅罪。但是，如果当房主发觉受骗后要求对方离开而拒不离开的，构成本罪。

（三）赵某强行与郭芳发生性关系的行为

难度系数 ★★☆☆☆

涉嫌罪名 强奸罪

> 《刑法》第236条第1款规定："以暴力、胁迫或者其他手段强奸妇女的，处三年以上十年以下有期徒刑。"

考查要点 按照案情描述，"赵某提出将自己的一间小屋无偿借给郭芳供其卖淫，条件是郭芳要随时满足其性要求。郭芳答应"，可见，郭芳曾经同意过随时满足赵某的性要求，但是在事发当晚，郭芳是拒绝的，赵某是在违反郭芳意愿的情况下强行与之发生关系。这就涉及同意的时间限制问题。一般认为，同意必须存在于符合构成要件的行为实施之时。① 同意的声明必须早于或最晚不迟于行为开始实施时。事后又补充的同意不具有正当化

---

① 参见张明楷：《刑法格言的展开》（第三版），北京大学出版社2013年版，第321页；王政勋：《正当行为论》，法律出版社2000年版，第463页；冯军：《被害人承诺的刑法涵义》，载赵秉志主编：《刑法评论》（第1卷），法律出版社2002年版。

功能。从理论上说，只要时间长度没有消除同意的有效性，那么一个同意甚至可以在行为的几年前做出宣告。尽管如此，对于与同意相关的现实情况的变动不能绝对保持置之不理。毫无疑问的是，如果同意在行为前撤销，那么当然就丧失其效力。撤销可以随时作出，并被合法地承认，对此不需要任何特殊理由。同意的宣示对法益所有人来说，不意味着任何必须承担的义务，他不必被此困住，而是可以自由地撤销的。

对于撤销方式来说，有的学者认为，不能允许那种纯粹的内心意志改变就足够了，而是必须要向外界宣告。① 有的学者则认为，宣告性的撤销，并不是撤销同意的唯一方式。也就是说，使得同意失效的撤销方式不以明示宣告为必要。如果在作出同意表示和采取行为之间间隔比较长的时间，那么行为人必须在采取行动的时候提醒法益持有者，他是否还愿意承受该行为，是否没有撤回同意，并且在这段时间里没有发生任何可能导致法益持有者撤回同意的情况。如果行为人对于同意是否继续有效存在疑问，他应该去询问法益持有者，是否该行为仍然符合他的心意。当然，在这种询问不太可能的情况下，只要没有任何可能撤回同意的迹象，那么行为人就可以依照原来的同意行为即可。②

就本案案情来看，郭芳的确曾经作出过可以随时与赵某发生性关系的承诺，但是在事发当晚，赵某"不顾郭芳反抗而强行与之发生关系"，说明郭芳明确拒绝了赵某的性要求，相当于是撤销了之前的同意。在这种同意撤销明确表达出来之后，赵某再强

---

① 参见〔德〕克劳斯·罗克辛：《德国刑法学总论》（第1卷），王世洲译，法律出版社2005年版，第370页。
② Baumann/Weber/Mitsch, Strafrecht AT, 2003, §17, Rn. 102.

行与郭芳发生关系，就是在对方不同意的情况下的强制性行为，构成强奸罪。

七、余某的刑事责任

（一）余某与董某商议后为郭芳开出虚假的艾滋病感染的检验报告的行为

难度系数 ★★★☆☆

涉嫌罪名 故意杀人罪①

考查要点 本案中，余某伙同董某为郭芳出具一份虚假的艾滋病检验报告，导致郭芳"失去继续生活的勇气，打算与腹中的孩子同赴黄泉"并付诸行动，最后结果是郭芳自杀未遂，胎儿出生后因外部刺激而残疾。这里当然首先要考虑余某出具虚假报告的意图以及客观上的因果关系。在客观归责问题上，需要考虑的是，余某欺骗他人的行为，是否满足故意杀人罪的客观要件。问题的关键在于，余某的行为究竟是一般的共犯意义上的教唆他人自杀，还是达到杀人罪的间接正犯程度的支配性欺骗？若是前者，则不构成故意杀人罪（也有观点认为构成，参见张某的刑事责任部分）。若是后者，则构成杀人罪。对此，判断的标准应当结合案情具体情况以及社会一般观念进行综合判断。一方面，要考虑郭芳本人的具体情况；另一方面，也要考虑社会一般人在受此欺骗时的一般反应。

（二）余某以将郭芳得艾滋病之事告诉冯某相威胁，向郭芳索要5 000元的行为

难度系数 ★★★☆☆

---

① 《刑法》第232条，见本书第32页。

涉嫌罪名　敲诈勒索罪、诈骗罪①

> 《刑法》第 274 条规定:"敲诈勒索公私财物,数额较大或者多次敲诈勒索的,处三年以下有期徒刑、拘役或者管制,并处或者单处罚金;数额巨大或者有其他严重情节的,处三年以上十年以下有期徒刑,并处罚金;数额特别巨大或者有其他特别严重情节的,处十年以上有期徒刑,并处罚金。"

考查要点　敲诈勒索罪,是指行为人以将要实施的恶害告知对方,造成对方处于被胁迫的状态,不得已处分财产。根据案情,余某"以将其得艾滋病之事告诉冯某相威胁,向郭芳索要5 000元",符合敲诈勒索罪的构成要件。需要讨论的是,余某明知艾滋病一事纯系欺骗,以此虚假信息敲诈勒索郭芳,是否另构成诈骗罪?

在构成要件结构上,敲诈勒索罪与诈骗罪之间有着高度的"家族相似性"。从行为人利用被害人法益支配自由的瑕疵这一点来看,两罪属于同一类犯罪类型。因此,两罪之间经常出现竞合问题的讨论。特别是由于行为人的行为,被害人既产生了恐惧心理,又陷入了一定的错误认识的时候,如何认定行为人的行为,就是一个值得深入研究的问题。对此,存在着三种不同情况。

第一种情况是,仅成立敲诈勒索罪。从欺诈与威胁的关系来看,欺诈实质上是威胁的一部分。欺骗在实质上仅仅是一种辅助手段,欺骗的目的是为了使作为威胁接收者的被害人陷入错误认识,从而认为行为人发出的是一种"可置信的威胁"。简言

---

① 《刑法》第266条,见本书第36页。

之，欺诈作为手段服务于威胁，仅仅是为了支撑威胁的可信性，欺诈本身并没有独立的不法内涵。① 甚至还有学者认为，这种欺骗本质上也不是什么"威胁行为的一部分"，而仅仅是对被害人意志处于屈服状态这个核心问题的一种证明。② 此外，从诈骗罪的构成要件的角度来看，被害人在处分财产时连表象上的自由也没有，也不存在诈骗罪所要求的那种无意识的自我损害，因此不存在适用诈骗罪的空间。

第二种情况是，威胁手段与欺骗手段之间是互相独立的。对于被害人财产处分而言，既是受到威胁的影响，也是受到欺骗的影响。换言之，行为人的欺骗除了用来发挥威胁的强制力量之外，还有一种使被害人自我损害的意义，或者说，被害人处分自己的财产，同时也是根据一种与强制力无关的错误判断。此时，就应该把敲诈勒索的行为与诈骗行为看作同一个行为。此时，两罪成立想象竞合犯的关系。在这种情况下，欺骗行为中包含了独立的不法内容，被害人在诈骗罪意义上的意思自由还是足够充分的，对此就不能再将其仅仅作为威胁行为的一部分，而是独立出来，从而构成敲诈勒索罪与诈骗罪的想象竞合犯。③

例如，行为人拍摄了一张被害人的不雅照，用这张照片向被害人勒索了2 000元钱，但是按照行为人一开始的计划，无论被害人是否支付，最终行为人都会将照片公开。再如，劫匪向人质的亲属索要赎金，声称见钱放人，但是他从一开始就打算拿到钱后"撕票"。在这种情况下，行为人就构成敲诈勒索罪（绑架

---

① Rengier, Strafrecht BT II, 2020, §11, Rn. 75; Kindhäuser/Böse, Strafrecht BT II, 2019, §17, Rn. 66.
② Wessels/Hillenkamp/Schuhr, Strafrecht BT II, 2020, Rn. 723.
③ Rengier, Strafrecht BT II, 2020, §11, Rn. 76.

罪）与诈骗罪的想象竞合犯。①

第三种情况是，仅成立诈骗罪。例如，行为人欺骗被害人说，有另外的侵害者将会实施危及被害人或相关人的生命和健康的侵害，而自己愿意也能够提供帮助来抵御或防止这种侵害，但是被害人必须为此支付一定的财物报酬。在这种场合，不存在敲诈勒索罪所要求的那种被行为人逼迫恐吓的问题。被害人面对行为人，并不是害怕或受胁迫的心情，相反，倒可能是感谢对方帮助自己排除那个让他感到恐惧的侵害。但实际上，这个侵害是行为人虚构出来欺诈被害人的，此时，应对此单独认定为诈骗罪。

在本案中，余某隐瞒郭芳实际上未得艾滋病的真相，用这一欺骗手段来支撑其胁迫，使胁迫内容可信并可能实现，因而该欺诈不具有单独的不法内涵，只认定为敲诈勒索罪即可。

（三）余某在网络上发布郭芳卖淫的信息的行为

难度系数 ★★☆☆☆

涉嫌罪名 侮辱罪

> 《刑法》第246条第1款规定："以暴力或者其他方法公然侮辱他人或者捏造事实诽谤他人，情节严重的，处三年以下有期徒刑、拘役、管制或者剥夺政治权利。"

考查要点 根据案情描述，"余某大怒，便在网络上发布关于郭芳

---

① 实务判例可参见"陈宗发故意杀人、敲诈勒索案"，中华人民共和国最高人民法院刑事审判第一、二、三、四、五庭主办：《中国刑事审判指导案例》（4），法律出版社2012年版，第560页。

之前卖淫的帖子"，题目只交代余某发布了郭芳曾经卖淫的信息，但是并没有说明有其他夸张性、攻击性的语言。刑法上的侮辱罪，是指使用暴力或者其他方法，公然败坏他人名誉，情节严重的行为。作为侮辱罪保护法益的名誉，主要是指外部的名誉（社会对人的价值评判），而不是内部的名誉（客观存在的人的内部价值），也不是人的名誉情感（主观的名誉）。就此而言，个人隐私并不是侮辱罪的保护对象，因此单纯披露他人隐私的行为，可能涉及民法上的侵权，严重者涉及侵犯公民个人信息的犯罪，但是并不构成侮辱罪。侮辱通常是指对他人予以轻蔑的价值判断的表示，如果行为人所表示的内容是纯粹的客观事实而不涉及价值判断，即使这一事实信息被披露出来之后，会造成他人的外部名誉的下降，也不宜认定为侮辱。

八、董某的刑事责任

董某与余某商议后为郭芳开出虚假的艾滋病感染的检验报告的行为

难度系数 ★★★☆☆

涉嫌罪名 故意杀人罪[①]

考查要点 参见前文关于余某故意杀人罪刑事责任的分析。

九、冯某的刑事责任

冯某经常殴打郭芳并冻、饿甲的行为

难度系数 ★★☆☆☆

[①] 《刑法》第232条，见本书第32页。

第二试 甲的一生前传

涉嫌罪名　虐待罪

　　《刑法》第 260 条规定:"虐待家庭成员,情节恶劣的,处二年以下有期徒刑、拘役或者管制。犯前款罪,致使被害人重伤、死亡的,处二年以上七年以下有期徒刑。第一款罪,告诉的才处理,但被害人没有能力告诉,或者因受到强制、威吓无法告诉的除外。"

考查要点　根据案情描述,冯某"整日殴打郭芳,甚至常常采用冻、饿的方式虐待甲",这里涉嫌构成虐待罪。本案中需要讨论的,一是郭芳、甲是否属于冯某的家庭成员;二是是否达到情节恶劣的程度。《刑法》第 260 条规定虐待罪的对象是"家庭成员",关于"家庭成员"的范围,学界较通行的观点认为其必须与被害人有一定的血亲关系、婚姻关系或收养关系,并在一个家庭中共同生活,包括祖父母、外祖父母、父母子女、兄弟姐妹等,也包括自愿承担抚养义务的与其共同生活的其他亲友等。[①]

　　但是,随着社会发展,家庭形态也发生了变化,家庭成员的概念内涵也应当相应地扩张。有的学者考查了现代社会中实然存在的各种家庭形态,建议将虐待罪中的"家庭成员"定义为,基于婚姻、血亲关系或非血亲的赡养关系以及非婚同居关系在同一家庭中一起长期共同生活的人。[②] 这种观点有一定道理。应当认为,虐待罪中的"家庭成员"不限于婚姻法意义上的夫妻以及由此联结的血缘关系。事实婚姻或长期的同居关系,也应认定为

---

① 参见高铭暄、马克昌主编:《刑法学》(第九版),北京大学出版社 2013 年版,第 321 页。
② 参见高仕银:《传统与现代之间:虐待罪"家庭成员"概念新论》,载《浙江工商大学学报》2011 年第 4 期。

本罪中的"家庭成员"。从题目可知，郭芳与冯某长期同居，冯某与甲形成了事实上的养父子关系，因此，郭芳与甲均能成为冯某虐待罪的对象。

十、甲的刑事责任

（一）甲利用高某的钥匙并骗得服务员配合开柜取走高某钱包的行为

难度系数 ★★★★☆

涉嫌罪名 盗窃罪①、诈骗罪②

考查要点 本案中首先要明确的问题是，谁是75号衣柜中钱包的占有人？钱包的主人高某无疑是占有人，但是衣柜有两道锁，高某凭借钥匙打开衣柜第二道锁取走钱包之前，需要洗浴中心的服务员李某先打开衣柜的第一道锁。因此，75号衣柜中的财物由高某与洗浴中心（李某）共同占有。对于共同占有的财物，必须要取得所有占有人的同意，才可以排除盗窃罪客观构成要件中的"打破占有"。③换言之，共同占有人与其他无关的第三人一样，也只有在得到其他共同占有人同意的情况下，才能将财物脱离共同占有关系。④（例外的情况是，即使多人共同占有，但当行为人是财物的唯一所有人的时候，能够排除盗窃罪的成立。）甲虽然欺骗服务员李某打开第一道锁，但是其用钥匙打开第二道锁并未得到高某同意，因此，由于并未得到所有的共同占有人同意，原占有关系并未解除，故其取走75号衣柜中的钱

---

① 《刑法》第264条，见本书第37页。
② 《刑法》第266条，见本书第36页。
③ SK-Hoyer, 2019, §242, Rn. 46; MK-Schmitz, 2017, §242, Rn. 79f.
④ NK‐Kindhäuser, 2017, §242, Rn. 62; Wessels/Hillenkamp/Schuhr, Strafrecht BT II, 2020, Rn. 96.

包,属于"打破"他人占有关系,构成盗窃罪。①

还要考虑的问题是,甲针对服务员李某的欺骗行为如何定性? 这里涉及财产处分的"直接性"要求。 在诈骗罪的场合,财产处分必须对财产发生直接的影响。 如果受骗人在错误引导下所实施的行为对于财产减少而言,不是直接引起的,而是仅仅还是处在一个预备和准备阶段,那么,即使最终引起了财产损失的结果,行为人的行为也不是一个诈骗罪意义上的欺诈行为。换言之,处分行为必须能够直接转移物或财产性利益。 如果是为了取得物的占有,还必须再实施占有转移行为的,就不足以称之为处分行为。 财产处分的直接性要求,具有突出和强调诈骗罪作为自我损害型犯罪的功能。 受骗者在错误影响下的行为必须是在没有额外、追加、补充的犯罪性的中间步骤的情况下,进行财产处分。 如果行为人的欺诈行为仅仅是为其接下来行为引起财产损失创设了一个事实上的可能性,那么,就应当认定这种场合下并没有导致直接的财产处分。

财产处分的直接性要求,有利于在某些情况下区分诈骗罪与盗窃罪(及抢夺罪)。 欺骗他人使得其对财物的占有松弛(离开房屋、抽屉未锁即离开、显示密码、打开保险箱、让顾客试衣或检验商品等),从而试图以非法占有为目的将财物带走的行为,不构成诈骗罪,而构成盗窃罪(或抢夺罪)(所谓的诡计盗窃、抢夺)。 这些情形下,被害人因被骗而作出的各种表示,仅仅是影响到财物占有的松弛,但是并不会影响到财产的直接性减少。 至于占有的打破,则是通过之后的行为人进一步的行为完成的,因而构成盗窃罪(及抢夺罪)。

---

① 参见车浩:《盗窃罪中的被害人同意》,载《法学研究》2012年第2期。

依照上述观点,在本案中,高某钱包的占有关系在仅仅得到部分占有人同意的情况下并没有解除,李某打开第一道锁的行为并未造成占有关系的转移,而仅仅是占有关系的松懈,接下来的占有转移,是甲又实施了另外一个具有法律意义的独立行为来完成的——用从高某处得来的钥匙开第二道锁。所以,这里不符合诈骗罪意义上的"处分财产"的直接性要求,故不构成诈骗罪。

对此可能会有不同的思路和观点。可能会有人认为,李某明知甲持有第二道锁的钥匙且是来取高某财物的,只要李某打开第一道锁,即相当于处分了高某的财物。这既是客观情况,李某对此也很清楚。因此,在这种情况下,李某打开第一道锁,关系到究竟是三角诈骗还是盗窃罪的间接正犯的工具的认定。① 从这个角度来理解题目的,也都酌情给分。最后,请注意甲的年龄。

(二) 甲使用高某信用卡在超市购物花费 2 000 元的行为

难度系数 ★★★☆☆

涉嫌罪名 盗窃罪②、诈骗罪③

考查要点 (1)若答题者认定之前取走高某信用卡(信用卡在钱包里)的行为是盗窃,则这里涉及对盗窃的信用卡又使用的情形。根据《刑法》第196条第3款的规定,"盗窃信用卡并使用的",按照盗窃罪论处。(2)若答题者认为之前的行为系诈骗,则涉及对《刑法》第196条的理解,是注意规定还是法律拟制。如果认为是注意规定,则意味着针对信用卡的犯罪成立之后,使用行为属于事后不可罚的行为。那么,"诈骗信用卡并

---

① 此处涉及阵营理论、客观权限理论以及审核义务等观点的争论和应用。参见车浩:《盗窃罪中的被害人同意》,载《法学研究》2012年第2期。
② 《刑法》第264条,见本书第37页。
③ 《刑法》第266条,见本书第36页。

使用的",也应按照诈骗罪处理。如果认为第 196 条是法律拟制,则诈骗信用卡与冒用他人信用卡购物的行为应当分别评价,按诈骗罪与信用卡诈骗罪并罚。但是由于信用卡本身价值低微,难以满足诈骗罪的数额要求,因此最后结论是只构成信用卡诈骗罪。(3)注意甲的年龄和信用卡诈骗罪的追诉标准。

(三)甲在 ATM 机上使用他人遗留的信用卡取走 3 000 元的行为

难度系数 ★★☆☆☆

涉嫌罪名 盗窃罪[①]、信用卡诈骗罪

> 《刑法》第 196 条规定:"有下列情形之一,进行信用卡诈骗活动,数额较大的,处五年以下有期徒刑或者拘役,并处二万元以上二十万元以下罚金;数额巨大或者有其他严重情节的,处五年以上十年以下有期徒刑,并处五万元以上五十万元以下罚金;数额特别巨大或者有其他特别严重情节的,处十年以上有期徒刑或者无期徒刑,并处五万元以上五十万元以下罚金或者没收财产:(一)使用伪造的信用卡,或者使用以虚假的身份证明骗领的信用卡的;(二)使用作废的信用卡的;(三)冒用他人信用卡的;(四)恶意透支的。前款所称恶意透支,是指持卡人以非法占有为目的,超过规定限额或者规定期限透支,并且经发卡银行催收后仍不归还的行为。盗窃信用卡并使用的,依照本法第二百六十四条的规定定罪处罚。"

考查要点 这里涉及的问题是,在 ATM 机上无权或非法使用他人

---

① 《刑法》第 264 条,见本书第 37 页。

信用卡的行为如何定性？ 从国外学界的状况看，绝大多数学者均拒绝承认这种行为构成盗窃罪。 在我国学界，认为这种行为构成盗窃罪的观点，由于张明楷教授等学者的主张而成为一种有力的意见①，不过，目前司法实践的主流观点还是认为构成信用卡诈骗罪，这也得到刘明祥教授、刘宪权教授等学者的支持。②

本书不赞成构成盗窃罪的观点。 首先，我认为按照信用卡诈骗罪或侵占罪处理更为合适。 银行是 ATM 机内现金的占有人，银行同意现金占有转移的客观条件中并不包括取款者的身份，只要使用者插入真卡并且输入正确密码，银行就同意现金的转移。 由于存在一个现金占有转移的同意，因此就排除了盗窃罪客观构成要件中的"打破占有"。 主张构成信用卡诈骗罪的观点具有一定合理性，但是说服力仍有待补充，需要在学理上重新阐释信用卡诈骗罪与诈骗罪的关系。 其次，至少可以考虑侵占罪。既然 ATM 机吐出的现金属于无人占有（既不属于银行占有也不属于储户占有）的状态，那么行为人取走该现金就可以按照侵占罪处理。 不过，这仅仅是在行为人操作 ATM 机使之向外吐钱的行为确实在刑法上难以评价（既不构成盗窃罪也不构成信用卡诈骗罪）的时候所采取的下策，因为毕竟侵占罪的法定刑较之盗窃罪和信用卡诈骗罪尚有差距，而且之前的行为不予评价，也容易导致在刑事政策上的误导。 总之，对非法使用他人信用卡在 ATM

---

① 参见张明楷：《也论用拾得的信用卡在 ATM 机上取款的行为性质——与刘明祥教授商榷》，载《清华法学》2008 年第 1 期；《非法使用信用卡在 ATM 机取款的行为构成盗窃罪——再与刘明祥教授商榷》，载《清华法学》2009 年第 1 期。

② 参见刘宪权：《信用卡诈骗罪的司法认定》，载《政法论坛》2003 年第 3 期；刘明祥：《用拾得的信用卡在 ATM 机上取款行为之定性》，载《清华法学》2007 年第 4 期；刘明祥：《再论用信用卡在 ATM 机上恶意取款的行为性质——与张明楷教授商榷》，载《清华法学》2009 年第 1 期。

机上取款的行为如何准确定性的问题,理论上还有争议。① 对此,只要答题者能够对自己所持观点言之成理,就能得分。 最后,注意甲的年龄和信用卡诈骗罪的追诉标准。

---

① 详细讨论,参见车浩:《盗窃罪中的被害人同意》,载《法学研究》2012年第2期。

北京大学法学院 2013级本科生
"刑法分论"期中考题

第三试 爱的春夏秋冬

最宫斗之"继承者们的互撕大战"

考试对象：2013级本科生
考查范围：《刑法》分则前四章
考试时间：三小时
考试方式：开卷
试题分值：100分

答题要求：

简要说明案中人涉嫌的犯罪及理由，分析争议之处。题中时间系案情串联需要，答题时以现行《刑法》为依据，无须考虑实践合理性和刑法效力问题。

第三试　爱的春夏秋冬
最宫斗之"继承者们的互撕大战"

A市富豪陈大山于1997年创立经营大山集团,并育有两子两女。大女儿陈春,二女儿陈夏,大儿子陈秋,小儿子陈冬。陈春大学毕业后即进入大山集团,深得陈大山的信任,被任命为总经理。陈冬作为公司副总,协助陈春处理集团事务。陈夏自高中起即被陈大山送去美国留学。陈秋在A市国企顺达商贸公司采购部工作。

大山集团以水果起家,但陈大山希望集团能够实现多元化经营,为此,陈春从2003年开始努力拓展医药市场,投入巨额资金研发治疗头疼的新药"真灵"。由于技术底子薄弱,屡试不灵,为了避免前期投入打水漂,又考虑到虽然成分不符但试验结果对人体无害,于是,陈春同意了技术部门的建议,将试验的失败品包装成治疗脚臭的"真香"出售。万万没想到,"真香"的市场反应出奇的好,实效远远超出了一般的脚臭药。陈大山大喜,决定成立专门的制药厂,由陈冬负责,扩大生产。

为了筹措资金,陈冬决定以投资入股的方式向集团内部员工集资。在说明大会上,陈冬并没有披露技术部门尚未搞清楚为何本来用于治疗头疼的"真灵"会对于治疗脚臭有奇效这一秘密。由于市场热卖、前景可观,公司员工纷纷出资并介绍亲友加入,陈冬对此乐见其成,制药厂筹得巨款后购入国外生产线进行生产。

2005年3月,陈大山决定由陈春负责将企业上市。期间,出现了个别患者怀疑因服用"真香"而出现脚部萎缩的问题,但是陈春认为这只是个例,在招股说明书中回避了"真香"面临的药理风险问题,公司顺利上市。两年后,关于"真香"的投诉越来越多。

2007年6月,某国际公共卫生组织官员何番带队到大山集团调查,发现公司秘书米兰竟是昔日同窗。陈春了解两人关系后,向米兰开出当月10倍工资奖金,要求米兰与何番发生关系,米兰为了帮助男友还清赌债而同意。何番与米兰春风一度后,又提出长期保持性关系的要求。米兰拒绝,何番恼怒,表示要深查大山集团。陈冬找到米兰,以偷拍的米兰与何番的床照曝光相威胁,逼迫米兰满足何番的要求。无奈之下,米兰又多次与何番发生关系,终因觉得对不住男友而服毒自杀。何番于2007年8月离开大山集团,调查中止。

米兰的男友贺石得知女友自杀后大恸,深夜借酒浇愁,大醉后驾驶摩托在环路上高速飙车,与刚刚回国驾车的陈夏相撞后受轻伤,被陈夏送进医院。陈夏为贺石的颓废气质所迷,整日纠缠,并提出可介绍贺石进入大山集团。贺石假意接受陈夏表白,并加入大山集团,其实是想找到米兰自杀的真实原因。陈夏回国后发现,因为陈大山信任陈春让其主持集团业务,导致陈秋与陈春一直关系不和。陈夏劝说陈秋应该努力运用在国企采购部门的权力,帮助家族企业发展,以取得父亲的信任。陈秋深以为然。

在陈夏的建议下,2007年10月,陈秋代表顺达公司以高价从大山集团订购了1 000吨水果。12月,在对"真香"的药理风险毫不知情的情况下,陈秋又与大山集团签订了大批量的"真香"采购合同,准备外销。由于顺达公司从大山集团采购的水果进价太高,销路阻滞,大部分水果烂在仓库中。而"真香"被出口到非洲后,部分黑人短跑健将因服用该药而脚部萎缩,严重影响了比赛成绩,顺达公司为此支付大额赔款。2008年11月,陈秋被国企开除,回到大山集团。

陈春、陈夏、陈秋和陈冬兄弟姐妹四人,在公司内部展开各种明争暗斗。陈春为了报复陈夏和陈秋的结盟,遂主动勾引贺石。贺石自己在外开设了一家大通公司,想通过陈春与大山集团签订合同。陈春怀疑大通公司的实力,贺石伪造了虚假的产权证明作为担保,合同签订后贺石又将业务转手给他人,虽然最后完成了订单,但是陈春发现产权证明为假,不想再与大通合作。然而,此时的陈春已经在与贺石的感情中难以自拔,在贺石表示要自残的威胁下,陈春只得同意继续与大通公司签单。

陈夏发现贺石与陈春的关系后大受打击,决定报复陈春。2009年5月,陈夏将陈春带回家的公司核心技术信息外泄给与大山集团有竞争关系的其他公司。陈大山发现陈春与缺乏实力的大通公司签约,加之商业秘密外泄,对陈春非常失望,暂停陈春在公司的职务。贺石渐渐喜欢上了陈夏,遂向陈春提出分手。陈春急于挽留,向贺石透露大山集团正在与外资合作准备资产重组的消息。2010年4月,贺石在大山集团的股票停牌前买入500万元。

2011年2月,大山集团重组计划失败,股票复牌后不涨反跌,大山集团开始走下坡路。陈春酒后说出了"真香"的药理风险和米兰自杀的真相。贺石联系何番,以米兰之死相威胁,要求何番重新调查"真香"。

2012年5月,何番再次回到大山集团,深入调查后表示,"真香"危及人体健康的风险不是偶然性的,而是对神经系统带有难以逆转的伤害。陈大山得知调查结论后极为震惊,一方面以提供给何番1%的大山集团的"干股"为代价,要求何番不公布调查结论,另一方面重新起用陈春,让其加大"真香"的销售速度,打算在该品牌破产前最后敛财。

陈春掌权后,再次提出与贺石复合。贺石想到米兰的死,决定报复陈春,在灌醉陈春后唆使何番冒充自己与陈春上床,陈春在醉酒状态下误以为何番是贺石,于是与何番发生关系。陈春酒醒后悔恨不已,贺石对其嘲弄挖苦,陈春冲动之下跳楼,未死但摔成植物人状态。

2013年8月,贺石到医院看望陈春时心生悔意,觉得不如让陈春早日结束这种虽生犹死的状态,于是拔掉陈春的输液管。恰好此时,陈大山和陈冬到医院看望陈春,发现后赶紧制止。陈大山、陈冬与贺石三人厮打在一起,陈大山被贺石击中鼻部后流血,昏倒在地,经抢救无效死亡。(鉴定结论:"陈大山存在高血压性并冠状动脉粥样硬化性心脏病,因纠纷后情绪激动、头面部受外力作用等导致机体应激反应,促发有病变的心脏骤停而死亡。")陈冬冲出医院追打贺石,贺石跑到马路对面出言辱骂陈冬,大叫"有种就追过来"。陈冬被激怒,不顾红灯横穿马路时发生车祸,被撞成重伤。(经交管部门认定,司机对此事故不负任何责任。)

2013年12月,陈秋主掌大山集团,聘请何番担任顾问。贺石召开新闻发布会,将"真香"的药物风险全部公开。大山集团四面楚歌。2014年3月,陈秋不得已申请企业破产,清算组进驻期间,陈秋与何番合谋,伪造了一份大山集团亏欠某国际公共卫生组织500万元的债务。事发后陈秋、何番被警方带走。

贺石得知陈夏要出国,遂购买同航班机票,在飞机上向陈夏忏悔和表白。但是,因家破人亡而心灰意冷的陈夏,觉得一切因果皆出于贺石与自己的相遇,万念俱灰之下临时起意,谎称身上有炸药,逼迫机长飞往太平洋上某个小岛。飞机改线后失联。

问案中人的刑事责任。

答案①

一、陈春的刑事责任

（一）陈春将治疗头疼试验失败的药品包装成治疗脚臭的"真香"出售

难度系数 ★☆☆☆☆

涉嫌罪名 生产、销售假药罪

> 《刑法》第141条规定："生产、销售假药的，处三年以下有期徒刑或者拘役，并处罚金；对人体健康造成严重危害或者有其他严重情节的，处三年以上十年以下有期徒刑，并处罚金；致人死亡或者有其他特别严重情节的，处十年以上有期徒刑、无期徒刑或者死刑，并处罚金或者没收财产。

考查要点 （1）《刑法》第141条中"假药"的界定。根据《药品管理法》第48条的规定，药品所含成分与国家药品标准规定的成分不符的，属于"假药"。在本案中，陈春将本来用于治疗头

---

① 说明：（1）出题形式服务于出题目的。一方面是为了考查同学们对于刑法分论的体系性把握和发现法律问题的敏感性，因此设计了较多考点藏在案情中，但开卷考试，可以自己找法；另一方面是为了训练大家判断问题重要性的能力，因此各个考点的分值不一且未注明，由大家自己判断，自行分配考试时间展开区分详略的论述。阅卷时亦会根据不同难度系数下的不同分值进行打分。（2）鉴于刑法总论部分的学习差异，答题时使用哪一种犯罪论体系均可，关键是答出要点。（3）不以结论为给分的决定性标准，而是会考虑论述说理的程度，鼓励开放式讨论。（4）考查要点仅作为参考。与我给定的考查要点不同，但有自己观点且说理有力的，也得分。（5）竞合或罪数、管辖或效力等问题，以及总论中的一般性问题，不是本次分论考试的重点。（6）为方便阅卷，考前已经建议同学统一采用按照主体来安排答题顺序的方式。共犯问题可分别作答。

疼但试验失败的"真灵",包装成治疗脚臭的"真香"出售,虽然都是用于人体,但"成分不符",客观上也是以头疼药冒充治脚药,因而可以被认定为假药。(2)假药的危害性不是成立本罪的必要条件。《刑法修正案(八)》删除了原来法条中的"足以严重危害人体健康"的要求,使得本罪由具体危险犯变为抽象危险犯。因此,尽管一开始"真香"的市场反应不错,也不影响本罪的构成要件认定。(3)主观上只要求明知是假药即可,对药品的实际危害性缺乏认识不影响故意。所以,陈春等人看到市场效果后才投入大规模生产,不影响主观方面的认定。(4)根据《刑法》第150条的规定,生产、销售假药罪存在单位犯罪。因此,本案可能被认定为是大山集团的单位犯罪,陈春、陈大山以及陈冬等人,可以被认定为是直接负责的主管人员。

(二)陈春在招股说明书中回避了"真香"面临的药理风险问题

难度系数　★★☆☆☆

涉嫌罪名　欺诈发行股票罪

> 《刑法》第160条规定:"在招股说明书、认股书、公司、企业债券募集办法等发行文件中隐瞒重要事实或者编造重大虚假内容,发行股票或者公司、企业债券、存托凭证或者国务院依法认定的其他证券,数额巨大、后果严重或者有其他严重情节的,处五年以下有期徒刑或者拘役,并处或者单处罚金;数额特别巨大、后果特别严重或者有其他特别严重情节的,处五年以上有期徒刑,并处罚金。
>
> 控股股东、实际控制人组织、指使实施前款行为的,处五年以下有期徒刑或者拘役,并处或者单处非法募集资金金额

百分之二十以上一倍以下罚金;数额特别巨大、后果特别严重或者有其他特别严重情节的,处五年以上有期徒刑,并处非法募集资金金额百分之二十以上一倍以下罚金。

单位犯前两款罪的,对单位判处非法募集资金金额百分之二十以上一倍以下罚金,并对其直接负责的主管人员和其他直接责任人员,依照第一款的规定处罚。"

考查要点 (1) 关于《刑法》第 160 条中"隐瞒重要事实或者编造重大虚假内容"的界定。个别患者怀疑是因服用"真香"出现脚部萎缩,这一情形,在因果关系上能否被证明和评价为是"真香"面临的药理风险? 只有在得出肯定结论的基础上,才能进而认为,该风险属于发行股票时应予说明的"重要事实"。(2)陈春主观上"认为这只是个例",这涉及是否存在掩盖重要事实进行欺诈的故意。(3)欺诈发行股票罪可以成立单位犯罪。本案可能被认定为大山集团的单位犯罪。

(三) 陈春向米兰支付高酬,要求其与何番发生性关系

难度系数 ★★★☆☆

涉嫌罪名 对国际公共组织官员行贿罪

《刑法》第 164 条第 2 款规定:"为谋取不正当商业利益,给予外国公职人员或者国际公共组织官员以财物的,依照前款的规定处罚。"

考查要点 (1)《刑法》第 164 条中"为谋取不正当商业利益"的界定。如果何番调查得出不利结论,显然就会影响到药品的销

售利润。为了避免这一可能出现的损失后果,是否属于"为谋取不正当商业利益"? 该问题值得说明和讨论。(2)《刑法》第164条中"给予财物"的认定。以性关系本身作为交易砝码的,目前尚不能被认定为是贿赂犯罪中的"贿赂"。不过,若直接向卖淫女支付嫖资,令其向对方提供性服务,相当于是代付本应由国家工作人员自己支付的嫖资,可认定为行贿罪。本案中陈春向米兰支付的"10倍工资",能否被认定为是相当于替何番向米兰支付的"嫖资",也就是间接给予何番的财物? 此处值得说明讨论。一般来说,代为支付的嫖资能够被认定为给予国家工作人员的贿赂,是由于卖淫女的性服务存在某种市场价格,这是以承认卖淫作为一种行当和涉案女性属于性工作者的身份为前提的。但是,向不具有卖淫女身份的所谓"良家妇女"支付财物,唆使其与国家工作人员发生关系,该财物能否被认定为是代替国家工作人员支付的"嫖资",恐怕是存在疑问的。(3) 在贿赂犯罪的场合,受贿人通常都是认识到自己收受了他人的贿赂。因此,即使认为米兰收受的"10倍工资"属于贿赂,但是何番很可能并不知道米兰是因收钱而与自己发生关系,在这种情况下,能否认定为是对何番的行贿? 此处也值得说明和讨论。

(四) 陈春在关于"真香"的投诉越来越多且引起调查的情况下,继续生产销售

难度系数 ★★★☆☆

涉嫌罪名 故意(过失)以危险方法危害公共安全罪

> 《刑法》第114条规定:"放火、决水、爆炸以及投放毒害性、放射性、传染病病原体等物质或者以其他危险方法危害公共安全,尚未造成严重后果的,处三年以上十年以下有期徒刑。"

第三试　爱的春夏秋冬

> 《刑法》第 115 条规定："放火、决水、爆炸以及投放毒害性、放射性、传染病病原体等物质或者以其他危险方法致人重伤、死亡或者使公私财产遭受重大损失的，处十年以上有期徒刑、无期徒刑或者死刑。过失犯前款罪的，处三年以上七年以下有期徒刑；情节较轻的，处三年以下有期徒刑或者拘役。"

考查要点　（1）题目中交代，出现了个别怀疑是因"真香"导致脚部萎缩的案例，药品的投诉增多，且引起外部调查。到这一阶段为止，能否在客观上认定"真香"确实存在确定性的、普遍性的药理风险？应当考虑到，任何药物都不可能保证毫无风险，很多药物的说明书中，都有关于服药后的不良反应和严重后果的概率的提示。因此，此处的因果关系值得讨论，这直接影响到认定大山集团是否在生产和销售一种超出可容许风险范围的药物[①]，涉及这种生产和销售行为是否属于"以危险方法危害公共安全"的问题。（2）若前一点回答为肯定，则对于不召回药品的行为性质，又涉及产品责任中不作为的问题，也就是生产商的保证人地位的认定。这一问题比较复杂[②]，学生只需要点出后简要说明即可。（3）若客观要件均已经满足，进一步仍须检验：在这一阶段，陈春主观上是否认识到或者应当认识到"真香"的生产销售，是一种危害公共安全的危险方法。（4）大山集团可能被认定为单位犯罪。

[①] 关于风险的"可允许性"，可参见〔德〕克劳斯·罗克辛：《德国刑法学　总论》（第 1 卷），王世洲译，法律出版社 2005 年版，第 251 页。

[②] 参见徐凌波：《皮革喷雾剂案与刑法上的产品责任》，载陈兴良主编：《刑事法判解》（第 14 卷），人民法院出版社 2013 年版。

（五）陈春向贺石透露大山集团正在与外资合作准备资产重组的消息

难度系数 ★☆☆☆☆

涉嫌罪名 泄露内幕信息罪

《刑法》第 180 条规定："证券、期货交易内幕信息的知情人员或者非法获取证券、期货交易内幕信息的人员，在涉及证券的发行，证券、期货交易或者其他对证券、期货交易价格有重大影响的信息尚未公开前，买入或者卖出该证券，或者从事与该内幕信息有关的期货交易，或者泄露该信息，或者明示、暗示他人从事上述交易活动，情节严重的，处五年以下有期徒刑或者拘役，并处或者单处违法所得一倍以上五倍以下罚金；情节特别严重的，处五年以上十年以下有期徒刑，并处违法所得一倍以上五倍以下罚金。单位犯前款罪的，对单位判处罚金，并对其直接负责的主管人员和其他直接责任人员，处五年以下有期徒刑或者拘役。内幕信息、知情人员的范围，依照法律、行政法规的规定确定。证券交易所、期货交易所、证券公司、期货经纪公司、基金管理公司、商业银行、保险公司等金融机构的从业人员以及有关监管部门或者行业协会的工作人员，利用因职务便利获取的内幕信息以外的其他未公开的信息，违反规定，从事与该信息相关的证券、期货交易活动，或者明示、暗示他人从事相关交易活动，情节严重的，依照第一款的规定处罚。"

考查要点 《刑法》第 180 条泄露内幕信息罪的认定。陈春属于内幕信息的知情人员，"大山集团正在与外资合作准备资产重组"

属于较为典型的上市公司的内幕信息。

（六）陈春酒后向贺石说出了"真香"存在的药理风险

难度系数 ★☆☆☆☆

涉嫌罪名 侵犯商业秘密罪

> 《刑法》第219条规定："有下列侵犯商业秘密行为之一，情节严重的，处三年以下有期徒刑，并处或者单处罚金；情节特别严重的，处三年以上十年以下有期徒刑，并处罚金：
>
> （一）以盗窃、贿赂、欺诈、胁迫、电子侵入或者其他不正当手段获取权利人的商业秘密的；
>
> （二）披露、使用或者允许他人使用以前项手段获取的权利人的商业秘密的；
>
> （三）违反保密义务或者违反权利人有关保守商业秘密的要求，披露、使用或者允许他人使用其所掌握的商业秘密的。
>
> 明知前款所列行为，获取、披露、使用或者允许他人使用该商业秘密的，以侵犯商业秘密论。
>
> 本条所称权利人，是指商业秘密的所有人和经商业秘密所有人许可的商业秘密使用人。"

考查要点 《刑法》第219条侵犯商业秘密罪的认定。"真香"存在的药理风险，是否属于商业秘密，还是本应对外公开的信息？即便是一个本应公开的信息，在权利人未公开之前，是否可以由非权利人擅自公开？陈春在已经被陈大山停职的情况下，是否还属于大山集团的商业秘密的"权利人"？

二、陈夏的刑事责任

(一)陈夏将陈春带回家的公司核心技术信息外泄给与大山集团有竞争关系的其他公司

难度系数 ★☆☆☆☆

涉嫌罪名 侵犯商业秘密罪[①]

考查要点 《刑法》第219条侵犯商业秘密罪的认定。一是公司核心技术信息是否属于商业秘密;二是陈夏获取秘密的手段;三是外泄给与大山集团有竞争关系的其他公司,较可能符合造成重大损失的要件。

(二)陈夏谎称身上有炸药,逼迫机长飞往太平洋上某个小岛

难度系数 ★☆☆☆☆

涉嫌罪名 劫持航空器罪

> 《刑法》第121条规定:"以暴力、胁迫或者其他方法劫持航空器的,处十年以上有期徒刑或者无期徒刑;致人重伤、死亡或者使航空器遭受严重破坏的,处死刑。"

考查要点 (1)《刑法》第121条中的"胁迫",可以参照抢劫罪中的胁迫,要求达到足以压制对方意思自由或者压制其反抗的程度。成立胁迫,不以威胁的内容本身有无实现可能性为必要,而是取决于客观上是否对他人的意思决定自由形成压迫。因此,即使是虚假的、不可能实现的威胁,也不影响"胁迫"的成立。在本案中,陈夏"谎称有炸药",客观上对机长形成威胁和

[①] 《刑法》第219条,见本书第81页。

逼迫，符合本罪中胁迫的要求。（2）《刑法》第 121 条中的"劫持"，既包括犯罪人直接驾驶或者操作航空器（直接正犯），也包括强迫航空器驾驶、操作人员按照自己的意志驾驶、操作，从而控制航空器的起飞、航行线路、速度与降落地点。① 本案中陈夏以炸药相威胁，"逼迫机长飞往太平洋上某个小岛"，构成劫持。

（三）陈夏建议陈秋代表顺达公司从大山集团高价订购了 1 000 吨水果

难度系数　★☆☆☆☆

涉嫌罪名　为亲友非法牟利罪

> 《刑法》第 166 条规定："国有公司、企业、事业单位的工作人员，利用职务便利，有下列情形之一，使国家利益遭受重大损失的，处三年以下有期徒刑或者拘役，并处或者单处罚金；致使国家利益遭受特别重大损失的，处三年以上七年以下有期徒刑，并处罚金：（一）将本单位的盈利业务交由自己的亲友进行经营的；（二）以明显高于市场的价格向自己的亲友经营管理的单位采购商品或者以明显低于市场的价格向自己的亲友经营管理的单位销售商品的；（三）向自己的亲友经营管理的单位采购不合格商品的。"

考查要点　在认定陈秋构成为亲友非法牟利罪的前提下，陈夏涉嫌构成教唆犯。

---

① 参见张明楷：《刑法学（下）》（第五版），法律出版社 2016 年版，第 708—709 页。

三、陈秋的刑事责任

（一）陈秋代表顺达公司以高价从大山集团订购了 1 000 吨水果

难度系数 ★☆☆☆☆

涉嫌罪名 为亲友非法牟利罪①

考查要点 为亲友非法牟利罪的行为主体以及行为方式。陈秋属于国企工作人员，利用职务便利，以高价从大山集团订购了 1 000 吨水果，符合"以明显高于市场的价格向自己的亲友经营管理的单位采购商品"的要件。

（二）陈秋在对"真香"风险缺乏认知的情况下，与大山集团签订了"真香"采购合同

难度系数 ★★☆☆☆

涉嫌罪名 签订、履行合同失职被骗罪

> 《刑法》第167条规定："国有公司、企业、事业单位直接负责的主管人员，在签订、履行合同过程中，因严重不负责任被诈骗，致使国家利益遭受重大损失的，处三年以下有期徒刑或者拘役；致使国家利益遭受特别重大损失的，处三年以上七年以下有期徒刑。"

考查要点 （1）在当时的情况下，陈秋对"真香"药理风险的不知情而与大山集团签订合同，是否属于"严重不负责任"。（2）认定《刑法》第167条中的"被诈骗"，并不以大山集团构成诈骗罪为前提。因为对方一般性的隐瞒信息的欺诈或者不诚信

---

① 《刑法》第166条，见本书第83页。

而陷入错误,涉嫌诈骗犯罪的,也可以被认定为本罪的"被诈骗"。① 最高人民检察院、公安部《关于公安机关管辖的刑事案件立案追诉标准的规定(二)》第 14 条规定:"本条规定的'诈骗',是指对方当事人的行为已经涉嫌诈骗犯罪,不以对方当事人已经被人民法院判决构成诈骗犯罪作为立案追诉为前提。"因此,销售"真香"的大山集团,此时是否明确认识到"真香"的重大危害性,也不是成立本罪的必要条件。

(三)陈秋与何番合谋,伪造了一份大山集团对某国际公共卫生组织的 500 万元债务

难度系数 ★☆☆☆☆

涉嫌罪名 妨害清算罪

> 《刑法》第 162 条规定:"公司、企业进行清算时,隐匿财产,对资产负债表或者财产清单作虚伪记载或者在未清偿债务前分配公司、企业财产,严重损害债权人或者其他人利益的,对其直接负责的主管人员和其他直接责任人员,处五年以下有期徒刑或者拘役,并处或者单处二万元以上二十万元以下罚金。"

考查要点 (1)妨害清算罪的主体认定。 有的观点认为,由于单位进行清算前已被宣告破产,企业破产清算组成员由人民法院从企业上级主管部门、政府部门等有关部门和专业人员中指定,其原来的代表人已不能进行有法律意义的活动。 因此,构成妨害清算罪的犯罪行为实际上是由清算组代表单位所实施,承担

---

① 参见王作富主编:《刑法分则实务研究(上)》(第五版),中国方正出版社 2013 年版,第 342 页。

刑事责任的主体只能是清算组成员中直接负责的主管人员和其他直接责任人员。但是，这种观点并不妥当。在破产清算中，很多人是利用原职务的影响和便利，趁公司进入破产清算期间转移资产的，如仅把妨害清算罪主体局限于清算组人员，显然对保护债权人和其他人的合法权益不利，亦不符合《刑法》确认妨害清算罪的立法本意。在本案中，"陈秋与何番合谋，伪造了一份大山集团亏欠某国际公共卫生组织 500 万元的债务"，对大山集团的清算活动有妨害作用，可以认定为本罪的主体。（2）妨害清算罪与虚假破产罪有时候会被混淆。要以是否进入清算程序来区分两者。（3）虚假负债的行为，属于《刑法》第 162 条规定的妨害清算罪的构成要件行为。

四、陈冬的刑事责任

（一）陈冬以投资入股的方式向集团内部员工集资，并在员工介绍亲友加入时乐见其成

难度系数 ★★☆☆☆

涉嫌罪名 非法吸收公众存款罪

> 《刑法》第 176 条规定："非法吸收公众存款或者变相吸收公众存款，扰乱金融秩序的，处三年以下有期徒刑或者拘役，并处或者单处罚金；数额巨大或者有其他严重情节的，处三年以上十年以下有期徒刑，并处罚金；数额特别巨大或者有其他特别严重情节的，处十年以上有期徒刑，并处罚金。
>
> 单位犯前款罪的，对单位判处罚金，并对其直接负责的主管人员和其他直接责任人员，依照前款的规定处罚。
>
> 有前两款行为，在提起公诉前积极退赃退赔，减少损害结果发生的，可以从轻或者减轻处罚。"

考查要点 （1）关于"向社会公众吸收资金"。最高人民法院《关于审理非法集资刑事案件具体应用法律若干问题的解释》第1条第2款规定："未向社会公开宣传，在亲友或者单位内部针对特定对象吸收资金的，不属于非法吸收或者变相吸收公众存款。"但是，最高人民法院、最高人民检察院、公安部《关于办理非法集资刑事案件适用法律若干问题的意见》第3条规定，"在向亲友或者单位内部人员吸收资金的过程中，明知亲友或者单位内部人员向不特定对象吸收资金而予以放任的"，不属于针对特定对象吸收资金，而是应当认定为向社会公众吸收资金。在本案中，虽然陈冬一开始仅仅是向大山集团内部员工集资，但是在"公司员工纷纷出资并介绍亲友加入"时，也"乐见其成"，这就属于"明知亲友或单位内部人员向不特定对象吸收资金而予以放任"。

（2）关于变相吸收公众资金的方式。最高人民法院《关于审理非法集资刑事案件具体应用法律若干问题的解释》第2条规定，"以投资入股的方式非法吸收资金的"，涉嫌非法吸收公众存款。本案就属于投资入股的情形。

（3）上述司法解释规定，"非法吸收或者变相吸收公众存款，主要用于正常的生产经营活动，能够及时清退所吸收资金，可以免予刑事处罚；情节显著轻微的，不作为犯罪处理"。根据本案情况，可以考虑这一点。

（二）陈冬以偷拍的床照曝光相威胁，逼迫米兰满足何番的性要求

难度系数 ★★★☆☆

涉嫌罪名 强奸罪

《刑法》第 236 条规定:"以暴力、胁迫或者其他手段强奸妇女的,处三年以上十年以下有期徒刑。奸淫不满十四周岁的幼女的,以强奸论,从重处罚。强奸妇女、奸淫幼女,有下列情形之一的,处十年以上有期徒刑、无期徒刑或者死刑:(一)强奸妇女、奸淫幼女情节恶劣的;(二)强奸妇女、奸淫幼女多人的;(三)在公共场所当众强奸妇女、奸淫幼女的;(四)二人以上轮奸的;(五)奸淫不满十周岁的幼女或者造成幼女伤害的;(六)致使被害人重伤、死亡或者造成其他严重后果的。"

考查要点 (1)以曝光他人的床照相威胁,强度上是否足以被认定为强奸罪中的"胁迫"?这取决于对胁迫程度设定什么样的标准。有的观点认为,强奸罪中的胁迫,与抢劫罪中的胁迫一样,要达到压制被害人无法反抗或"反抗明显困难"[1]的程度,这显然是要超出敲诈勒索罪中的胁迫的强度标准。不同的观点认为,以妇女不能反抗作为违背妇女意志的标准,是对妇女提出了过苛的要求,忽略了妇女不反抗原因的复杂性。[2]

(2)陈冬是否与何番构成共同犯罪的问题。此处题目中未详细交代。若两人有意思联络,则涉嫌构成共同正犯(胁迫行为也是强奸罪构成要件行为的一部分)。若陈冬与何番无意思联络,何番误以为米兰自愿,则陈冬构成强奸罪的间接正犯。

---

[1] 〔日〕山口厚:《刑法各论(第2版)》,王昭武译,中国人民大学出版社 2011 年版,第 124 页。
[2] 参见王作富主编:《刑法分则实务研究(中)》(第五版),中国方正出版社 2013 年版,第 756 页。类似的观点认为,关键是行为人意图使被害人不能反抗,"至于现实是否得到该种效果,在所不问"。参见高铭暄、马克昌主编:《刑法学》(第九版),北京大学出版社 2019 年版,第 461 页。

（3）《刑法》第236条的加重情节包括"致使被害人重伤、死亡或者造成其他严重后果的"，这里的"致使"，是指强奸行为与被害人重伤、死亡之间，必须具有直接的因果关系。强奸既遂后，被害人离开现场时神思恍惚遭遇车祸的，以及被害人因羞愤自杀的，不应适用本款。但是，目前司法实践中有将本项扩大适用的倾向。在本案中，"米兰又多次与何番发生关系，终因觉得对不住男友而服毒自杀"。这种情形，不宜认定为强奸罪中致人伤亡的加重情节。

五、陈大山的刑事责任

（一）陈大山给何番1%的大山集团的干股，要求何番不公布调查结论

难度系数 ★☆☆☆☆

涉嫌罪名 对国际公共组织官员行贿罪[①]

考查要点 （1）《刑法》第164条中"为谋取不正当商业利益"的界定。若何番调查得出不利结论，就会影响药品的销售利润，为了避免这一可能出现的损失后果，是否属于"为谋取不正当商业利益"。（2）《刑法》第164条中"给予财物"的认定。理论和实践对此已达成共识，本罪中的"财物"可以包含包括干股在内的财产性利益。最高人民法院、最高人民检察院《关于办理受贿刑事案件适用法律若干问题的意见》第2条规定："干股是指未出资而获得的股份。国家工作人员利用职务上的便利为请托人谋取利益，收受请托人提供的干股的，以受贿论处。进行了股权转让登记，或者相关证据证明股份发生了实际转让的，受贿数

[①] 《刑法》第164条第2款，见本书第77页。

额按转让行为时股份价值计算,所分红利按受贿孳息处理。股份未实际转让,以股份分红名义获取利益的,实际获利数额应当认定为受贿数额。"

(二)陈大山在得知"真香"的危害性后,反而下令加快"真香"的销售速度

难度系数　★★☆☆☆

涉嫌罪名　生产、销售假药罪①,以危险方法危害公共安全罪②

考查要点　(1)根据何番的调查结论,"真香"危及人体健康的风险不是偶然性的,而是对神经系统带有难以逆转的伤害。事件发展到这一阶段,"真香"的危害性以及对脚部萎缩病例的因果关系已经基本确定。这就不仅仅是生产、销售假药的问题,而是生产、销售一种对人体带有必然性毒害作用的物质,已经涉嫌以危险方法危害公共安全罪。(2)陈大山在明知"真香"具有这种危害性后,仍然下令加快销售速度,认定其主观上的犯罪故意应无疑义。

(3)涉及生产、销售假药罪与以危险方法危害公共安全罪的关系。判例认为,当生产者或销售者明知生产的假药有致人伤亡的危险而继续生产销售时,同时构成以危险方法危害公共安全罪,属于想象竞合犯,从一重罪处断。③

---

① 《刑法》第141条,见本书第75页。
② 《刑法》第114条,见本书第78页。
③ 参见"白武松以制售假药的危险方法致人死亡案",最高人民法院中国应用法学研究所编:《人民法院案例选(上)》(1992—1999年合订本)[刑事卷],中国法制出版社2000年版。

（三）陈大山在得知"真香"的危害性后，没有向公众披露信息

难度系数 ★☆☆☆☆

涉嫌罪名 违规不披露重要信息罪

《刑法》第 161 条规定："依法负有信息披露义务的公司、企业向股东和社会公众提供虚假的或者隐瞒重要事实的财务会计报告，或者对依法应当披露的其他重要信息不按照规定披露，严重损害股东或者其他人利益，或者有其他严重情节的，对其直接负责的主管人员和其他直接责任人员，处五年以下有期徒刑或者拘役，并处或者单处罚金；情节特别严重的，处五年以上十年以下有期徒刑，并处罚金。

前款规定的公司、企业的控股股东、实际控制人实施或者组织、指使实施前款行为的，或者隐瞒相关事项导致前款规定的情形发生的，依照前款的规定处罚。

犯前款罪的控股股东、实际控制人是单位的，对单位判处罚金，并对其直接负责的主管人员和其他直接责任人员，依照第一款的规定处罚。"

考查要点 （1）关于"重要信息"的认定。根据调查结论，"真香"危及人体健康的风险不是偶然性的，而是对神经系统带有难以逆转的伤害。这对于已经上市的大山集团而言，是否属于应当披露的重要信息？从"真香"对于大山集团的盈利重要性来看，答案应当是肯定的。与后面的问题有关的是，对于这一本应披露的重要信息，还能否将其认定为是"商业秘密"。（2）本罪主体是大山集团。直接负责的主管人员可能涉及陈大山、陈春以及陈秋等。

六、何番的刑事责任

(一) 何番与受陈冬胁迫的米兰发生性关系

难度系数 ★★☆☆☆

涉嫌罪名 强奸罪①

考查要点 (1) 如果何番与陈冬有意思联络,对米兰受陈冬胁迫与自己发生关系这一点知情,则何番与陈冬构成强奸罪的共同正犯。如果何番对米兰受胁迫这一点知情,但其之前与陈冬并无意思联络,也就意味着,米兰虽然不情愿与何番发生关系,但是这种强制力既不是直接来自何番,也不是来自何番的合谋者,在这种情况下,何番不构成犯罪。如果何番对米兰受胁迫完全不知情,则其属于陈冬的强奸罪(间接正犯)的工具,也不构成犯罪。(2) 米兰服毒自杀是否能够作为强奸罪的加重情节,也需要说明。

(二) 何番在陈春被灌醉的情况下冒充贺石与陈春发生性关系

难度系数 ★★☆☆☆

涉嫌罪名 强奸罪②

考查要点 (1) 陈春在醉酒情况下误以为何番是贺石而自愿与之发生关系,该认识错误属于针对熟人的主体身份认识错误,这是对性的自我决定权本身的法益认识错误。该错误导致同意无效,不能作为排除强奸罪的理由。③ (2) 何番受贺石唆使而实

---

① 《刑法》第236条,见本书第87—88页。
② 《刑法》第236条,见本书第87—88页。
③ 早期的美国法院判例认为,冒充情人而非丈夫的身份与妇女发生性关系的,同意有效,不成立强奸罪。参见储槐植、江溯:《美国刑法》(第四版),北京大学出版社2012年版,第192页。

施上述行为，其与贺石构成强奸罪的共同犯罪。（3）性行为本身能否被认定是导致陈春最终跳楼的原因？值得注意的是，题目中有贺石在何番与陈春发生关系后嘲讽刺激陈春的情节，在性关系与跳楼之间介入了有独立性的行为。

（三）何番与陈秋合谋伪造500万元债务

难度系数 ★☆☆☆☆

涉嫌罪名 妨害清算罪①

考查要点 （1）本罪主体的认定。何番不具有本罪的正犯身份，但是可以与陈秋构成共同犯罪。（2）以是否进入清算程序，来区分妨害清算罪与虚假破产罪。（3）虚假负债的行为，属于《刑法》第162条规定的妨害清算罪的构成要件行为。

七、贺石的刑事责任

（一）贺石大醉后驾驶摩托在环路上高速飙车，与陈夏相撞后自己受轻伤

难度系数 ★★☆☆☆

涉嫌罪名 危险驾驶罪、交通肇事罪、以危险方法危害公共安全罪②

> 《刑法》第133条之一规定："在道路上驾驶机动车，有下列情形之一的，处拘役，并处罚金：（一）追逐竞驶，情节恶劣的；（二）醉酒驾驶机动车的；（三）从事校车业务或者旅客运输，严重超过额定乘员载客，或者严重超过规定时速行驶的；

---

① 《刑法》第162条，见本书第85页。
② 《刑法》第114条，见本书第78页。

（四）违反危险化学品安全管理规定运输危险化学品，危及公共安全的。机动车所有人、管理人对前款第三项、第四项行为负有直接责任的，依照前款的规定处罚。有前两款行为，同时构成其他犯罪的，依照处罚较重的规定定罪处罚。"

《刑法》第 133 条规定："违反交通运输管理法规，因而发生重大事故，致人重伤、死亡或者使公私财产遭受重大损失的，处三年以下有期徒刑或者拘役；交通运输肇事后逃逸或者有其他特别恶劣情节的，处三年以上七年以下有期徒刑；因逃逸致人死亡的，处七年以上有期徒刑。"

考查要点 （1）根据案情，贺石醉驾且飙车，符合危险驾驶罪的构成要件。（2）贺石危险驾驶"与刚刚回国驾车的陈夏相撞后受轻伤"。危险驾驶后造成的交通事故，究竟是按照《刑法》第 114 条规定的以危险方法危害公共安全罪论处，还是按照《刑法》第 133 条交通肇事罪论处，实践中存在争议。最高人民法院《关于印发醉酒驾车犯罪法律适用问题指导意见及相关典型案例的通知》中规定，"行为人明知酒后驾车违法、醉酒驾车会危害公共安全，却无视法律醉酒驾车，特别是在肇事后继续驾车冲撞，造成重大伤亡，说明行为人主观上对持续发生的危害结果持放任态度，具有危害公共安全的故意。对此类醉酒驾车造成重大伤亡的，应依法以以危险方法危害公共安全罪定罪"。当然，这一认定是以行为人对危害后果持故意心态为前提的。① 如果是按《刑法》第 133 条认定，则根据司法解释，一人轻伤尚不够立案标

---

① 也有学者认为，过失造成他人伤亡后果的，按照交通肇事罪论处。参见张明楷：《刑法学（下）》（第五版），法律出版社 2016 年版，第 728 页。

准。如果是按照《刑法》第114条认定，则出现一人轻伤的情况，已经可以评价为足以危害公共安全的具体危险（尚未造成严重后果）。不过，需要注意的是，题目中的一人轻伤不是造成他人轻伤，而是驾驶者贺石自己受轻伤，对此如何评价，值得说明和讨论。

（二）贺石伪造了虚假的产权证明作为担保，与大山集团签订合同

难度系数 ★★☆☆☆

涉嫌罪名 合同诈骗罪

《刑法》第224条规定："有下列情形之一，以非法占有为目的，在签订、履行合同过程中，骗取对方当事人财物，数额较大的，处三年以下有期徒刑或者拘役，并处或者单处罚金；数额巨大或者有其他严重情节的，处三年以上十年以下有期徒刑，并处罚金；数额特别巨大或者有其他特别严重情节的，处十年以上有期徒刑或者无期徒刑，并处罚金或者没收财产：（一）以虚构的单位或者冒用他人名义签订合同的；（二）以伪造、变造、作废的票据或者其他虚假的产权证明作担保的；（三）没有实际履行能力，以先履行小额合同或者部分履行合同的方法，诱骗对方当事人继续签订和履行合同的；（四）收受对方当事人给付的货物、货款、预付款或者担保财产后逃匿的；（五）以其他方法骗取对方当事人财物的。"

考查要点 题目中交代，贺石"伪造了虚假的产权证明作为担保"，这一点看起来完全符合《刑法》第224条合同诈骗罪的要件。但是，需要注意的是，作为诈骗罪的一种特殊类型，合同诈

骗罪的成立也要符合诈骗罪的一般原理。在解释欺诈行为这个构成要件要素的时候，必须考虑到，诈骗罪是一种财产犯罪，规范的目的仅仅在于保护财产。因此，并非所有和任意的错误决定都会受到诈骗罪的保护。换言之，诈骗罪并非直接地、一般性地保护个人的支配自由，而是保护他的财产。因此，仅仅是产生了与财产相关的意思瑕疵，才会被标定为诈骗罪的被害人。

一个人，如果仅仅是对与财产无关的、不是由财产所激发出来的某种状态有错误认识，但是对于与财产相关的、对财产而言有重要意义的所有细节都没有错误认识，那么他就不属于诈骗罪保护状态中的被害人。[1] 所以，关于欺诈的内容上存在一个重要的界限：日常生活中的欺诈含义广泛，但是诈骗罪意义上的欺诈，是这样一种行为，这种行为使得被害人对于某个举止动作所带来的对于财产损失的影响，在认识上模糊不清出现偏差。[2] 由此可见，并非所有的伪造担保文书的行为，都能够被认定为是刑法上的诈骗犯罪，这种行为必须要包含导致受骗者财产遭受损失的风险。从案情来看，贺石伪造产权证明，只是为了换得陈春对其实力的信任，这种欺骗本身，并不包含导致陈春财产遭受损失的风险。最后贺石"完成了订单"这一点足以说明，其主观上并无骗取对方财产而不支付对价的非法占有目的。因此，不能以合同诈骗罪论处。

（三）贺石以自残相威胁，要求陈春与之签订合同

难度系数 ★★☆☆☆

涉嫌罪名 强迫交易罪

---

[1] Wessels/Hillenkamp/Schuhr, Strafrecht BT II, 2020, Rn. 554.
[2] Schönke/Schröder, Strafgesetzbuch, 2019, §263, Rn. 11, 41.

《刑法》第 226 条规定:"以暴力、威胁手段,实施下列行为之一,情节严重的,处三年以下有期徒刑或者拘役,并处或者单处罚金;情节特别严重的,处三年以上七年以下有期徒刑,并处罚金:(一)强买强卖商品的;(二)强迫他人提供或者接受服务的;(三)强迫他人参与或者退出投标、拍卖的;(四)强迫他人转让或者收购公司、企业的股份、债券或者其他资产的;(五)强迫他人参与或者退出特定的经营活动的。"[1]

考查要点 （1）强迫他人与自己签订合同,符合《刑法》第226条中强迫他人买卖商品或接受服务的要件。（2）自残,能否被认定为是强迫交易罪中的"威胁手段",值得讨论。作为威胁内容的恶害,既可能指向被勒索者或者第三人,也可能指向行为人自身。容易理解的是,某些自我损害的行为,至少对行为人亲近的人而言,算是一种严重的恶害。例如,在自己的女朋友李四面前,张三用刀划伤自己,张三希望通过这种方式,使得李四答应帮助其偿还赌债。行为人采用一种指向自身的暴力手段,想让被害人被迫去实施一个处分财产的行为。有意义的是,通过这样一种暴力或者威胁,的确对其他人关于财产处分的意思自由造成了压力和挟持。

特别是在有亲近的人的场合,指向自身的暴力威胁比指向第三人的暴力威胁,可能更容易对受到胁迫的被害人造成一种心理压

---

[1] 本条为2011年2月25日全国人大常委会《刑法修正案（八）》第36条所修改。1997年《刑法》原条文为:"以暴力、威胁手段强买强卖商品、强迫他人提供服务或者强迫他人接受服务,情节严重的,处三年以下有期徒刑或者拘役,并处或者单处罚金。"

力。所以，它通过以自身为侵害对象，达到胁迫被害人的目的。①

就对被害人的意思自由施加压力这一点而言，原则上这种行为能够满足敲诈勒索罪的构成要件。因此，当行为人的暴力、威胁指向被胁迫者之外的第三人或者行为人自身时，需要从社会一般观念来判断，具体语境下的被胁迫者，其心理是否受到了足够的压力。现实生活中，有些人自残以向他人勒索财物，如乞讨者当有行人从其身边经过时，便走上去拉住行人的衣服或背包，用拳头砸自己的脸和脑袋，或用头猛撞地面或其他硬物，逼迫行人向其施舍钱物。如果这样的行为实施多次，可以构成敲诈勒索罪。

（四）贺石利用陈春泄露的内幕信息，在停牌之前买入 500 万元的大山集团的股票

难度系数　★★☆☆☆

涉嫌罪名　内幕交易罪②、泄露内幕信息罪③

考查要点　从题目交代的情况来看，在陈春向其泄露信息之前，贺石与陈春似无获取内幕信息的预谋。由此会得出如下结论：

（1）贺石不是内幕交易罪的正犯。一个被动地从知情人处知悉内幕信息而从事交易者，不应被认定为《刑法》第 180 条中的"非法获取信息"的人，这不仅是对"非法获取"进行文义解释和体系解释的结果，也是针对证券市场的刑事政策的考虑。（2）贺石也难以成为内幕交易罪或者泄露内幕信息罪的帮助犯。

---

① Mitsch, Strafrecht BT II, 2015, S. 586.
② 《刑法》第 180 条，见本书第 80 页。
③ 同上注。

内幕交易罪的正犯行为是买卖证券,泄露内幕信息罪的正犯行为是泄露。而根据知悉的内幕信息去交易的行为,难以被评价为对正犯的买卖行为或泄露行为的帮助。① (3) 大山集团股票复牌后不涨反跌,因而导致贺石未能从中获利这一点,是否算作未达到"情节严重",并据此认为陈春不构成泄露内幕信息罪,也值得说明和讨论。

(五) 贺石灌醉陈春并唆使何番冒充自己与陈春上床

难度系数 ★★☆☆☆

涉嫌罪名 强奸罪②

考查要点 此处题中未具体说明,可能存在各种情形:(1) 贺石灌醉陈春当时就与何番有犯意联络,两人构成共同正犯。(2) 贺石灌醉陈春当时与何番没有犯意联络,何番不知道是贺石将陈春灌醉,则贺石构成何番的强奸罪的片面帮助犯和教唆犯。(3) 贺石灌醉陈春当时与何番没有犯意联络,但是何番知道是贺石灌醉,两人构成承继性的共同犯罪。③ (4) 陈春的认识错误属于法益认识错误,同意无效。

(六) 贺石对陈春嘲讽挖苦,陈春冲动之下跳楼摔成植物人

难度系数 ★★☆☆☆

涉嫌罪名 故意杀人罪、侮辱罪

---

① 关于内幕交易罪的正犯与共犯关系,可参见车浩:《从间接正犯到直接正犯——评〈刑法修正案(七)〉关于内幕交易罪的修改》,载《政法论坛》2009年第3期。
② 《刑法》第236条,见本书第87—88页。
③ 关于承继性共犯,参见〔日〕西田典之:《日本刑法总论(第2版)》,刘明祥、王昭武译,法律出版社2013年版,第326页。

《刑法》第 232 条规定:"故意杀人的,处死刑、无期徒刑或者十年以上有期徒刑;情节较轻的,处三年以上十年以下有期徒刑。"

《刑法》第 246 条第 1 款规定:"以暴力或者其他方法公然侮辱他人或者捏造事实诽谤他人,情节严重的,处三年以下有期徒刑、拘役、管制或者剥夺政治权利。"

考查要点 (1) 如果贺石的嘲讽对陈春的跳楼有支配性的作用,应视作故意杀人,否则,仅仅是教唆他人自杀,一般认为不应当处罚。

(2) 如果将贺石的嘲讽视作一种对陈春的侮辱,则跳楼或可视作成立侮辱罪所必备的"情节严重"。但是,此处还需要考虑侮辱的公然性。

(七)贺石拔掉陈春的输液管后被他人制止

难度系数 ★☆☆☆☆

涉嫌罪名 故意杀人罪①

考查要点 植物人身上的输液管一般是起到维持生命存续的重要作用,拔掉输液管,极可能会导致陈春死亡。客观行为和主观意图都很明显。被他人制止属于未遂犯。

(八)贺石与陈大山厮打时击中其鼻部,陈大山昏倒在地后不治身亡

难度系数 ★★☆☆☆

---

① 《刑法》第 232 条,见本页。

涉嫌罪名　故意伤害罪、过失致人死亡罪

《刑法》第 234 条规定:"故意伤害他人身体的,处三年以下有期徒刑、拘役或者管制。犯前款罪,致人重伤的,处三年以上十年以下有期徒刑;致人死亡或者以特别残忍手段致人重伤造成严重残疾的,处十年以上有期徒刑、无期徒刑或者死刑。本法另有规定的,依照规定。"

《刑法》第 233 条规定,"过失致人死亡的,处三年以上七年以下有期徒刑;情节较轻的,处三年以下有期徒刑。本法另有规定的,依照规定。"

考查要点　贺石与陈大山厮打时击打其鼻部的行为,应属于故意的攻击行为,但是鼻部流血本身尚不足以构成轻伤,因此,不能按照故意伤害罪论处。在考虑是否适用过失致人死亡罪时,关键的问题是,能否将陈大山最后的死亡结果算在贺石的行为上面?从鉴定结论来看,死亡原因是心脏病和外力作用等综合作用,促发有病变的心脏骤停。这里涉及被害人特殊体质对于因果关系认定的影响①,涉及过失犯的客观归责的内容,值得说明和讨论。

(九) 贺石激怒陈冬,刺激其横穿马路被撞成重伤

难度系数　★★☆☆☆

涉嫌罪名　过失致人重伤罪、故意伤害罪②

《刑法》第 235 条规定:"过失伤害他人致人重伤的,处三年以下有期徒刑或者拘役。本法另有规定的,依照规定。"

---

① 参见周光权:《刑法总论》(第三版),中国人民大学出版社 2016 年版,第 125—126 页。
② 《刑法》第 234 条,见本页。

考查要点 贺石的言语刺激，与陈冬横穿马路出现事故之间，存在"若无前者，必无后者"的条件说意义上的因果关系。但是，在这个因果链条之中，存在着一个被害人的独立介入行为，可能会导致链条中断。从客观归责的角度来看，这里是一个有自我决定能力的被害人自陷风险的问题。此外，还需要注意的是，贺石故意刺激陈冬的故意，与导致陈冬被撞成重伤的故意之间不能画等号。

（十）贺石公布"真香"的药理风险及危害性

难度系数 ★☆☆☆☆

涉嫌罪名 侵犯商业秘密罪[①]

考查要点 （1）《刑法》第219条的"商业秘密"，"是指不为公众所知悉，能为权利人带来经济利益，具有实用性并经权利人采取保密措施的技术信息和经营信息"。这一规定本身，是否应当被理解为中性的表述，还是带有不包含危害性的价值判断，需要解释说明。在此基础上，再来认定"真香"的问题是否属于大山集团的商业秘密。（2）题目中没有交代，贺石对于"真香"的最终调查结论是如何得知的。是从作为权利人的陈春处得知，还是从非权利人的何番处得知，也会直接影响到贺石是否侵犯商业秘密的结论。

[①] 《刑法》第219条，见本书第81页。

北京大学法学院　2013级本科生
"刑法分论"期末考题

第四试　西京风云

最史诗之"跨越三十年的阴谋与爱情"

考试对象：2013级本科生
考查范围：《刑法》分则
考试时间：四小时
考试方式：开卷
试题分值：100分

答题要求：

简要说明案中人涉嫌的犯罪及理由，分析争议之处。题中时间系案情串联需要，答题时以现行《刑法》为依据，无须考虑实践合理性和刑法效力问题。

第四试 西京风云
最史诗之"跨越三十年的阴谋与爱情"

1977年冬天,中国恢复高考。周小东、吴小南、郑小西和王小北经过激烈竞争,考入西京大学法律系。1978年春天入校,被分至同一宿舍。四人志向各异,但都珍惜机遇,发奋读书,同窗四载,互相砥砺,结下了深厚友谊。1982年大学毕业,周小东被分配至西京省政府办公厅调研室工作,郑小西留校任教,王小北被分配至市检察院,吴小南则阴差阳错进入国有钢厂。四人约定各自努力奋斗,每十年一相聚。

转眼几年过去,吴小南成为钢厂副厂长。1986年3月,西京著名"倒爷"苏三找到吴小南,请其帮忙以统配价格批100吨钢材,吴小南看在发小儿的情面上,为其弄到批条。一个月后,苏三到吴小南家中塞给其2万元表示感谢,吴小南感到意外,几番推辞后收下,由此开始不满于稳定的收入,希望改变现状。1987年,全国兴起承包制。吴小南帮助苏三取得钢厂承包权,协定每年上交国家200万元,超额利润国家与承包商五五分成。一年之后,企业盈利400万元。苏三与吴小南商议,谎称盈利300万元,上交200万元后再分给国家50万元。实际余利由两人均分。在吴小南的支持下,苏三以此方法顺利承包钢厂5年。

1992年2月,邓小平发表南方谈话。国发印务公司试点股份制改革,吴小南调任该公司经理。上任伊始,即以苏三名义另成立一家印刷厂,将国发公司的一部分业务转介给该印刷厂,吴获利数十万元。半年后,吴小南对国企再无留恋,辞去公职,下海创业。凭借多年经验和人脉,迅速建立起多元化业务的小南集团。1992年12月,意气风发的吴小南召集大学同学十年聚会。在聚会上,吴小南见到了毕业时分手的大学恋人莫小君,知悉莫小君已嫁给郑小西,但因性格不合常年冷战。此次聚会使得吴、莫两人旧情复燃,也让一直暗恋莫小君的王小北黯然神伤。

1993年1月,莫小君向郑小西提出离婚,郑不同意。莫小君决然离开,搬至吴小南住处,两人开始同居。郑小西深受刺激,认为莫是嫌自己清贫,此时正值海南房地产大热,遂决定也下海实践一把,于是找到调任市发改委主任的周小东,谎称父母手术需要钱,向周借款。2月,周小东从单位转出30万元给郑,嘱其3个月内归还。郑小西携款赴海南炒楼花。1993年6月,海南房地产泡沫破灭,郑小西全部赔光。无奈之下,只得向周小东谎称自己原已备好还款,但遭遇窃贼被洗劫一空。周看出郑撒谎,但基于多年同学感情不忍揭穿。吴小南得知此事,主动找到周小东还款解围,但叮嘱周对郑保密。

1997年香港回归。时任副市长的周小东赴港参访,结识了"亚洲小姐"季军乐菲并为之倾倒。乐菲的真实身份是P国间谍,与周小东春风一度后,以帮助家族企业去内地投资为由,向周小东索求关于西京省改革的国家秘密。周小东百依百顺,向其提供。1997年10月,乐菲随周小东回到西京后,周小东介绍乐菲到小南集团工作,虽不上班但仍领取薪酬。半年后,周小东始发觉乐菲身份,吃惊之下找吴小南商量,吴建议周除掉乐菲,消除仕途隐患。1998年6月,周小东在递给乐菲的酒中下毒,乐菲昏迷后,周误以为乐菲已死,遂找来吴小南处理后事。吴小南开车将乐菲拉到郊外埋尸,乐菲最终因为窒息而死。吴小南的埋尸过程,碰巧被和检察院同事一起郊游的王小北发现,但他没有惊动吴小南,反而编借口劝同事换了路线,离开此地。

此事过后,周小东不近女色,全心工作,很快升任市长。2001年中国加入世界贸易组织,一系列改革措施出台,周小东第一时间为吴小南提供信息,助其抢得与海外企业合作先机。在周的帮助下,吴用集团大厦作抵押,虽超出价值向数家银行重复担保,仍取得数十亿元贷款,偿清借贷后企业加速发展,成为西京商界巨头。2002年12月,吴小南再次召集毕业二十年聚会。自海南事件后回归高校,已成为学界名流的郑小西,见到吴小南与莫小君一起出席,心情郁闷,借酒浇愁。吴小南也感到难以面对昔日好友。王小北提议,让两人像大学时那样打架出气。吴小南表示,只要郑小西能原谅自己,甘愿被打。郑小西借着酒劲,痛殴吴小南,吴不还手被打成骨折(轻伤)。郑小西却声称绝不宽恕。周看不下去,遂道出吴当年帮郑还款一事。郑小西懊恼离去,放言再不参加同学聚会。

2003年3月,SARS惊现西京城。吴小南决定联合另一商界巨头陈大山,开发研制抗SARS新药。小南集团和大山集团联手入主已经上市的某医药企业,分别为第一大和第二大股东。后因争夺董事会席位,双方翻脸成仇。吴小南通过媒体,夸大甚至捏造大山集团生产的"真香"药品存在致命风险的消息。陈大山请示市委书记赵丰收(大山集团的后台)后,抛出小南集团为周小东代持部分股权的重磅炸弹。2008年1月,吴小南被立案调查并采取强制措施。莫小君找到周小东求助。周小东决定兵行险着,设计扳倒赵丰收。

第四试 西京风云

2008年5月,莫小君委托律师黄九以辩护人身份会见吴小南,暗示其可暂作出不利于周小东的口供,伺机再翻供。同时,周小东授意莫小君带着录音笔亲自去找赵丰收,佯言吴愿意倒戈出卖周小东,并以奥运场馆附近的豪宅相赠,作为投靠赵丰收的"投名状"。赵丰收已经通过公安局了解到吴小南的口供变化,遂信以为真,接受了房间钥匙,又为莫小君姿色吸引,遂以保吴小南平安为砝码,向莫提出性要求。莫小君逼不得已只好答应,并订好了一家酒店。赵丰收与莫小君发生关系后颇为得意,夸耀自己在西京的势力范围,以及陈大山为其在P国购买别墅等隐私。整个过程被周小东事前布置好的摄像机录下。莫小君将录音和视频寄到西京省纪委。2010年1月,赵丰收被"双规"后移交检察院,由于赵丰收供述反复,已经成为副检察长的王小北指令下属用手铐将赵的手和脚铐在一起,保持该姿势一夜之后,赵丰收全部招供。

王小北明知吴小南可能涉嫌犯罪,但基于同学感情,决定对吴小南作不起诉处理。2012年5月,周小东升任西京省副省长。作为赵丰收的老领导,西京省委书记孙天宇知道赵的落马与周有关,且听闻周昔日与某"亚洲小姐"的交往,决定通过吴小南彻查周小东。2012年10月,小南集团被人举报卷入"地沟油"事件,吴小南再次被捕。公安局刑警李大和王二奉命到吴小南家搜查。因西京堵车,两人坐地铁前往,不料被4号线上的惯偷钱四盯上,李大放在衣服里的200元钱和搜查证被偷走。两人到了吴家后,莫小君要求其出示证件,两人这才发现搜查证丢失,莫小君怀疑其身份,遂取水果刀进行威胁和阻拦。李大强行制服莫小君,王二进入屋内搜查,最后取走莫小君的笔记本电脑等物品。

莫小君找到在公安局的朋友江五,想将扣押财物取回。江五疏通关系未成功,只得将部分扣押物品偷出,准备第二天交给莫。回家后,江五又临时起意,将笔记本留给儿子江小五使用,把其他物品交给莫小君时,声称笔记本暂未发现。江小五在将笔记本拿给邻居侯六修理时,被侯六发现了电脑内隐藏的赵丰收和莫小君的性爱视频。侯六查到该视频的男女身份后,给莫小君打电话,要求莫小君带5万元现金换回视频。莫小君被迫答应,带钱到侯六家后,却被人从背后打昏后强奸。

莫小君醒后报案,案件被移送至检察院。王小北闻知莫小君受辱,又见侯六拒不承认,难耐怒火,在讯问侯六过程中使用暴力,致侯死亡。检察长曹明向来器重王小北,为了保护他,让法医白七开了侯六心梗突发的假证明,按照一般违纪行为对王小北予以降职处分。两个月后,网上忽现当年莫小君与赵丰收的性爱视频。经查,系江小五放到色情网站"天国乐土"上,且已通过会员收费获利数万元。江小五在被捕讯问中,坦白自己当初打昏并强奸莫小君的经过。王小北这才知道冤枉了侯六,心灰意冷,自觉在机关内再难容身,遂辞去公职,下海做了律师。莫小君亦在视频流出后失踪。

2013年,中国掀起反腐风暴。西京省委书记孙天宇退休。郑小西在西京省检察院挂职结束后继续留任,被委派为吴小南专案组成员之一。案件调查进入深水区,但吴始终不肯供认与周小东相关的情况。周小东希望救出吴小南,也为自己的仕途担忧,他认为破局的关键在于刚刚退休但仍对西京有重大影响力的孙天宇。周小东从孙天宇原秘书罗八处了解到,孙退休后痴迷德州扑克,但遍访高手不得。2014年9月,周小东经人引介,认识了一个刚从海外归来的面容已毁但牌技高超的"赌王"石贺,遂组局邀请罗八打牌,期间石贺利用千术骗取罗八5万元。罗八懊恼之余,将石贺引荐给孙天宇。石贺时输时赢,按周小东计划自然地输给孙天宇百万余元。孙已通过罗八知悉石贺的背后是周小东,对此心领神会。

2014年10月,周小东拜访孙天宇,请孙在吴小南案上帮忙,孙天宇允诺。11月20日,周小东接到郑小西电话,得知吴小南知道莫小君受辱失踪后受到刺激,精神濒临崩溃,开始供出为周小东代持的股份系"干股"等问题。周小东闻讯后半晌无语,明白大势已去。12月29日,周小东、王小北和郑小西突然接到失踪两年的莫小君的短信。信息中表示,当年对不起郑小西,也明白王小北的心意,但与吴小南确系真心相爱。一系列事件让自己身心俱疲,本已无颜再面对吴小南和众同学,可是人生不能总是逃避。莫小君祈求三人念在同学一场,协力救出吴小南。同时向三人发出聚会邀请,相约一起跨年夜,以纪念毕业三十二年。

2014年12月31日下午,准备会后赴约的周小东,在会议上被纪委人员当场带走。当晚23时许,莫小君站在西京广场观景台上,静静地等待灯光秀和昔日同窗的到来……

问案中人的刑事责任。

答 案①

一、周小东的刑事责任

（一）关于周小东将单位公款借给郑小西的行为分析

难度系数 ★★★★☆

涉嫌罪名 挪用公款罪

《刑法》第 384 条第 1 款规定："国家工作人员利用职务上的便利，挪用公款归个人使用，进行非法活动的，或者挪用公款数额较大、进行营利活动的，或者挪用公款数额较大、超过三个月未还的，是挪用公款罪，处五年以下有期徒刑或者拘役；情节严重的，处五年以上有期徒刑。挪用公款数额巨大不退还的，处十年以上有期徒刑或者无期徒刑。"

考查要点 在本案中，国家工作人员的主体要求以及利用职务便利的特征，显然不是考查重点。就设定的案情来看，主要涉及以下两个争点。

（1）行为人对款项用途有错误认识，影响到对不同的挪用类型（期限和数额）的适用。挪用公款有三种类型，进行非法活动

---

① 说明：（1）这是一份完整版的参考答案，实际阅卷时的评分标准要相对简单很多。（2）考虑到刑法总论部分的学习差异，答题时无论使用哪一种犯罪论体系均可。（3）结论不是最重要的，鼓励说理和开放式讨论。实际阅卷时与参考答案不同，但有自己观点且说理有力的，也得分。（4）总论问题不是本次分论考试的重点。竞合或罪数、管辖或效力等问题，不在评分范围之内。（5）不考查刑法解题方法。共犯问题也可以按照主体分别作答。

的挪用、进行营利活动的挪用以及进行其他活动的一般性挪用。前两种挪用，不受数额较大和挪用时间的限制，最后一种进行其他活动的挪用，需要同时满足"数额较大"和"超过三个月未还"的条件。

全国人民代表大会常务委员会《关于〈中华人民共和国刑法〉第三百八十四条第一款的解释》规定："有下列情形之一的，属于挪用公款'归个人使用'：（一）将公款供本人、亲友或者其他自然人使用的；（二）以个人名义将公款供其他单位使用的；（三）个人决定以单位名义将公款供其他单位使用，谋取个人利益的。"在本案中，周小东将公款借给郑小西使用，属于"将公款供本人、亲友或者其他自然人使用"，符合挪用公款归个人使用的要求。郑小西向周小东借款的理由是"父母手术需要钱"，该理由既不是进行非法活动，也不是进行营利活动，应当属于一般性的挪用即"进行其他活动"。周小东基于该款项用途，将公款30万元借给郑小西。但是，郑小西实际上是将该款项用于去海南炒楼花，这属于"进行营利活动"的挪用类型。这里出现了周小东的主观认识与客观事实不一致的情形，根据主客观相一致原则和责任主义原则，应当按照周小东的主观认知即挪用公款"进行其他活动"加以认定。根据法律规定，挪用公款进行其他活动的，只有同时满足"数额较大"和"超过三个月未还"两个要求，才能认定为挪用公款罪。

（2）根据旧司法解释的规定，以挪用公款1万元至3万元为"数额较大"的起点。根据2016年最高人民法院、最高人民检察院《关于办理贪污贿赂刑事案件适用法律若干问题的解释》的规定，挪用公款"归个人使用进行营利活动或者超过三个月未还的"以5万元作为"数额较大"的起点。本案中"周小东从单位转出30万元给郑",显然已超过了"数额较大"的入罪门槛。从案情来看,周小东是1993年2月借款给郑小西,而郑小西于当年6月投资亏本后向周小东表示难以还款,之后吴小南得知后向周小东还款。"吴小南主动找到周小东还款解围"这一点,一方面排除了非法占有公款的定罪可能,另一方面该还款时间距离借款时间已经超过了3个月。因此,本案中客观上存在挪用公款数额较大、超过3个月未还的情形。

但是,可能存在争议的是,在犯罪认定的过程中,"超过三个月未还",到底应当处于一个什么样的体系性地位? ① 如果认为"超过三个月未还"属于构成要件要素且是必须被主观认识的对象,则由于周小东在借款当时已经"嘱其3个月内归还",说明其借款当时并没有借款超过3个月的意图,似乎可以因为缺乏故意而出罪。但是,从案情来看,郑小西借款超过了3个月之后,才向周小东表示无法归还,而周小东在此之前没有催还,对此可以理解为对于"超过3个月未还"有认识且放任。从学理上来看,"挪用"不应当限制解释为公款脱离单位那一时点的行为,而宜理解为公款脱离单位的一种持续状态。客观上的这种脱离状态,在达到3个月的时候,由于周小东的放任,而获得了作为主观要件的故意。因此,可以满足挪用公款罪的主客观要件。② 如果认为"超过三个月未还"属于构成要件要素,但是属于无须被主观认识的对象(客观的超过要素),那么,当这个客观要素得到满足时,即使行为人没有故意,也不影响犯罪的成立。③ 如果认为"超过三个月未还"不属于构成要件要素,而是属于罪量要件或者是客观处罚条件,那么即使行为人没有故意,也不影响犯罪的成立。

综上,周小东涉嫌构成"数额较大、超过三个月未还"型挪用公款罪。

（二）关于周小东向乐菲提供国家机密的行为分析

难度系数　★★☆☆☆

涉嫌罪名　为境外非法提供国家秘密、情报罪，故意泄露国家秘密罪

> 《刑法》第 111 条规定："为境外的机构、组织、人员窃取、刺探、收买、非法提供国家秘密或者情报的，处五年以上十年以下有期徒刑；情节特别严重的，处十年以上有期徒刑或者无期徒刑；情节较轻的，处五年以下有期徒刑、拘役、管制或者剥夺政治权利。"
>
> 《刑法》第 398 条第 1 款规定："国家机关工作人员违反保守国家秘密法的规定，故意或者过失泄露国家秘密，情节严重的，处三年以下有期徒刑或者拘役；情节特别严重的，处三年以上七年以下有期徒刑。"

考查要点　在本案中，客观方面和主观方面各有一个题点需要讨论。在客观方面，本案是否符合"境外的机构、组织、人员"的条件？一般认为，"境外机构"，是指中华人民共和国国（边）境以外的国家或者地区的机构，如政府、军队及其在中国境内的代表机构或者分支机构，如外国驻华使领馆。"境外组织"，是指中华人民共和国国（边）境以外的国家或者地区的政党、社会团体和其他企事业单位及其在中国境内的分支机构。"境外人员"，是指不隶属于任何境外机构、组织的外国公民或者无国籍人。① 就本案的情况来看，题目中关于乐菲的信息主要有与周小东在香港

---

① 参见周道鸾、张军主编：《刑法罪名精释（上）》（第四版），人民法院出版社 2013 年版，第 64 页。

认识,是"亚洲小姐"季军和 P 国间谍,但是并没有交代乐菲的国籍。因此,或许有人会围绕乐菲的国籍问题来讨论其是否属于"境外人员"。不过,这个落点可能并不合适。就乐菲属于 P 国间谍这一点来说,可以合理地认为,乐菲从周小东处获取信息是在执行其间谍任务,因此周小东提供信息的对象,并非不隶属于任何境外机构、组织的"境外人员",而是作为"境外机构"的 P 国。

在主观方面,题目中交代"半年后,周小东始发觉乐菲身份,吃惊之下找吴小南商量"。这一点足以说明,周小东在向乐菲提供国家秘密当时,并不知道乐菲系 P 国间谍的真实身份。换言之,周小东主观上没有认识到自己是在"为境外的机构、组织、人员"非法提供国家秘密。根据主客观相一致原则和责任主义原则,在欠缺故意的情况下,不能认定周小东构成为境外非法提供国家秘密、情报罪。

从题目交代的情况来看,周小东符合国家工作人员的身份,基于乐菲请求而向其提供国家秘密,主客观要件均齐备,构成故意泄露国家秘密罪。

(三)关于周小东介绍乐菲到小南集团不上班但领薪的行为分析

难度系数 ★☆☆☆☆

涉嫌罪名 受贿罪

《刑法》第 385 条规定:"国家工作人员利用职务上的便利,索取他人财物的,或者非法收受他人财物,为他人谋取利益的,是受贿罪。国家工作人员在经济往来中,违反国家规定,收受各种名义的回扣、手续费,归个人所有的,以受贿论处。"

考查要点　最高人民法院、最高人民检察院《关于办理受贿刑事案件适用法律若干问题的意见》第 6 条关于特定关系人"挂名"领取薪酬问题的规定:"国家工作人员利用职务上的便利为请托人谋取利益,要求或者接受请托人以给特定关系人安排工作为名,使特定关系人不实际工作却获取所谓薪酬的,以受贿论处。"在本案中,周小东符合受贿罪的主体身份,乐菲属于周小东的"特定关系人",周小东介绍乐菲到小南集团工作,"虽不上班但仍领取薪酬",属于司法解释规定的"使特定关系人不实际工作却获取所谓薪酬"。但是,从题目交代的情况来看,并未交代在此一阶段周小东与吴小南之间的具体关系,即两人之间是否存在具体请托事项,看不出周小东是否利用职务便利为吴小南谋取了利益。受贿罪的成立,要求行贿人和受贿人之间应当就具体请托事项存在权钱交易,这种对价交换关系,侵犯了国家工作人员的公务廉洁性和不可收买性,是我国刑法规定的受贿罪的保护法益和本质特征。根据现阶段的案情,在无法确定周小东的介绍是基于同学关系还是权钱交易关系的情况下,尚难认定周小东构成受贿罪。

(四) 关于周小东在递给乐菲的酒中下毒的行为分析

难度系数　★★★☆☆

涉嫌罪名　故意杀人罪

> 《刑法》第 232 条规定:"故意杀人的,处死刑、无期徒刑或者十年以上有期徒刑;情节较轻的,处三年以上十年以下有期徒刑。"

考查要点 根据给定案情,"(周小东)找吴小南商量,吴建议周除掉乐菲",周小东和吴小南涉嫌杀人罪的共同犯罪。考试要求答题时就共犯人的责任分别分析。这里先分析周小东。从吴小南给周小东的建议,以及周小东在酒中下毒的行为可知,周小东主观有希望乐菲死亡的故意,客观上也实施了包含致人死亡风险的下毒行为,认定其构成故意杀人罪应无疑义。不过,乐菲最后并非由于毒发身亡,而是中毒昏迷然后被当作尸体掩埋窒息而死。那么,周小东是构成故意杀人罪的未遂还是既遂?

为了论述清楚,这里先假定周小东下毒后又亲自去郊外埋尸。行为人基于杀人故意而下毒,然后又误以为被害人已死而埋尸,结果造成被害人窒息死亡。这就是学理上通常所谓复数行为或者多阶段行为。对此,理论上存在多种观点的竞争。有的学者主张概括的故意理论(a 理论),将前后两行为视作一个整体,按照杀人既遂论处。有的学者主张前行为决定说(b 理论),即第一个行为引起了第二个行为及其后果,只要实际发生的因果流程没有超出一般的预见可能性,因而与行为人的杀人决意大概一致,就可以将结果归责给前一个行为,按照故意杀人既遂处理。还有的学者主张相互独立的双行为理论(c 理论),前一个行为是故意杀人未遂,后一个行为是过失致人死亡,两罪并罚。①

先暂时搁置上述处理结论,再来看案情。案情不是说周小东自己去埋尸,而是说"周误以为乐菲已死,遂找来吴小南处理后事"。通常情况下,在杀人的后事处理方式中,(与碎尸、硫酸融化尸体等方式相比)埋尸算是比较普通的、一般性的处理方

---

① 学说争议归纳,可参见 Wessels/Beulke/Satzger, Strafrecht AT, 2020, Rn. 387ff.

式,因此,尽管题目没有明确说周小东让吴小南埋尸,但是埋尸的处理方式,可以认为包含在周小东希望的"处理后事"的范围之内,即周小东对于吴小南埋尸的行为,至少有放任程度的间接故意。

接下来的问题是,对"吴小南开车将乐菲拉到郊外埋尸"这一行为而言,周小东的角色究竟是教唆,还是达到支配程度的正犯?

(1)如果周小东仅仅是教唆,则在埋尸一事上,决定性的因果流程的发展,把握在吴小南手中,这与之前周小东所支配的下毒的因果流程,已经分叉了。换言之,就不能再认为下毒和埋尸两件事,处在周小东一人操控的、没有重大偏离的同一个因果流程的轨道之中。也就不能将乐菲窒息死亡的结果归给周小东,而只能按照故意杀人未遂论处。(2)如果周小东对于是否处理后事有着重要的、决定性的作用,那么就可以认为,周小东虽然没有亲自实施埋尸行为,但是该因果流程仍然处在其操控范围之内,这样一来,就可以视作之前的下毒行为的延续,是在同一因果流程轨道之内的发展。这就与前面假定的周小东本人既下毒又埋尸类似了。从一般情理推断,是周小东下毒后将吴小南找来帮助其处理后事,吴小南埋尸系为了周小东的利益,因此,将周小东视作一个决定因果流程的正犯性的角色,可能比将其视作对吴小南的教唆犯更为妥当。

在此基础上,如果主张 a 理论或者 b 理论,就可以认定周小东构成故意杀人既遂。如果主张 c 理论,则认为周小东的下毒行为构成故意杀人未遂,至于埋尸部分,需要另外讨论过失致人死亡罪。

(五)周小东让吴小南处理乐菲"尸体"而致乐死亡的行为

难度系数 ★★★☆☆

涉嫌罪名 过失致人死亡罪

> 《刑法》第 233 条规定:"过失致人死亡的,处三年以上七年以下有期徒刑;情节较轻的,处三年以下有期徒刑。本法另有规定的,依照规定。"

考查要点 如前所述,若主张周小东是故意杀人既遂,则本部分再无讨论必要。如果认为周小东是故意杀人未遂,才需要对埋"尸"致人死亡的行为进行分析。

根据给定案情,"周误以为乐菲已死,遂找来吴小南处理后事。吴小南开车将乐菲拉到郊外埋尸,乐菲最终因为窒息而死"。案情传递出三点信息,其一,周小东和吴小南均认为乐菲已经中毒死亡,所要处理的是"尸体"而已。其二,周小东与吴小南就处理"尸体"一事有共同的认知和意思联络。其三,吴小南处理"尸体"的行为,最后却导致了乐菲的窒息死亡。

如何在法律上分析上述信息? 首先,就吴小南的行为来看,将误以为是尸体的活人掩埋致乐菲窒息而死,属于因过失而致人死亡,并无疑问。但是,接下来的问题比较麻烦。吴小南是受到周小东的指使,并为了周的利益而处理尸体,那么,周小东能否因此与吴小南构成过失致人死亡的共同犯罪? 我国《刑法》第 25 条第 2 款规定,"二人以上共同过失犯罪,不以共同犯罪论处",通说认为该立法已经明确否认了共同过失犯罪的成立空间。但是,在现实生活中,多个人彼此认识到各自的行为均指向同一对象，只是对于自己和他人的行为会发生危害后果这一点存在过失（疏忽大意或过于自信），而行为最终也导致了危害后果的出现，这种情形并不鲜见。例如，多人共同追赶他人而使其落水身亡，多人共同将追赶者从车上推落而致其死亡等。对此，实践中也会按照过失犯罪处理，只是一般不使用共同犯罪理论，而是单独认定各人责任。

但是，拒绝共同过失犯罪理论，在以下两类案件中会显得捉襟见肘。第一类案件，是无法查明究竟是由哪个人的过失行为直接导致后果出现（例如，两人同时或轮流射击，或者向山下推石头，最后查不清被害人死于哪个行为人之手），如果否认共同过失犯罪，要么得出两人均无罪的结论（罪疑唯轻），但是这在法感情和刑事政策上难以接受；要么得出两人均对死亡结果负责的结论，但这又明显有悖正义（两人中必有一个人的子弹或石头是没有碰到被害人的，却要对死亡结果负责）。第二类案件，是在多人投票决定某项事务而过失地导致危害后果出现的场合。如果否认过失共同犯罪理论，每个投赞成票者的责任，就难以在刑法上得到说明。因为每个投赞成票者都可以主张，在没有自己这一票的情况下，也不会影响多数同意的结果，所以应当排除自己投票的因果力。基于这些理由，现在有越来越多的文献认为，应当承认过失共同犯罪理论。①

在赞成过失共同犯罪理论的观点中，比较有共识的是肯定过失共同正犯的可罚性。但是，对于过失的帮助犯和过失的教唆犯

---

① 国内外刑法学界均有一些学者支持过失共同犯罪理论。德国学者如 Dencker、Küpper、Otto、Lampe、Roxin 等。日本学者如平野龙一、西田典之、山口厚、福田平、佐伯千仞、浅田和茂等。我国学者李世阳的博士论文《共同过失犯罪研究》对此问题有较为深入的探讨。

的可罚性，理论上向来争议很大。①

在本案中，"（周小东）遂找来吴小南处理后事"，就案件事实本身来看，可能会有不同的看法，即周小东与吴小南的关系到底怎样？反映在法律问题上，就是周小东在共同犯罪中的地位，到底是正犯还是仅仅作为教唆犯的共犯？如果认定为正犯，则按照过失共同正犯处罚，进一步涉及的，是用共谋共同正犯的理论（日本刑法理论）还是用功能支配型共同正犯理论（德国刑法理论）来论证其可罚性。如果认定为教唆犯，则主要是说明过失的教唆犯可罚与否的问题。如前所述，认定周小东是正犯，似乎更符合一般的情理。

（六）关于周小东帮助吴小南用集团大厦作抵押，超出价值向银行重复担保的行为分析

难度系数 ★★☆☆☆

涉嫌罪名 骗取贷款罪

> 《刑法》第175条之一第1款规定："以欺骗手段取得银行或者其他金融机构贷款、票据承兑、信用证、保函等，给银行或者其他金融机构造成重大损失，处三年以下有期徒刑或者拘役，并处或者单处罚金；给银行或者其他金融机构造成特别重大损失或者有其他特别严重情节的，处三年以上七年以下有期徒刑，并处罚金。"

考查要点 从法条本身的文字表述来看，骗取贷款罪的骗取仅规

---

① 过失的教唆犯包括两种情形：一是过失教唆他人故意犯罪；二是过失教唆他人过失犯罪。有讨论价值的，主要是第二种情形。

定"以欺骗手段",没有更详细地规定具体欺骗手段。但是,从法条关系来看,骗取贷款罪与《刑法》第193条贷款诈骗罪的客观表现形式是一样的,差异仅仅在于后者要求主观上"以非法占有为目的"。而第193条贷款诈骗罪对于欺骗手段予以具体规定,其中之一即"使用虚假的产权证明作担保或者超出抵押物价值重复担保"。在本案中,"吴用集团大厦作抵押,虽超出价值向数家银行重复担保,仍取得数十亿元贷款",同时符合骗取贷款罪和贷款诈骗罪的客观要件,题目交代吴小南"偿清借贷",可以排除其非法占有目的。因此,吴小南涉嫌骗取贷款罪,而周小东对此提供了帮助,涉嫌构成骗取贷款罪的共犯。

但是,这仅仅是可能性之一。因为题目仅仅交代了"在周的帮助下",但是周具体提供了什么帮助,题目没有说明。如果周小东提供的帮助,是使得吴小南能够顺利欺骗银行,那么如上所述,周小东与吴小南构成骗取贷款罪的共同犯罪。但是,如果周小东提供的帮助,是利用自己的权力影响和干预了银行贷款,银行是在明知吴小南重复担保的情况下仍然提供贷款,在这种情况下,就不存在一个欺骗和受骗的问题。周小东有可能是滥用职权,但是滥用职权罪的成立需要"致使公共财产、国家和人民利益遭受重大损失",而本案中吴小南偿清贷款,并不符合这一要件。

(七)关于周小东授意莫小君去找赵丰收赠送豪宅的行为分析

难度系数 ★☆☆☆☆

涉嫌罪名 行贿罪

> 《刑法》第389条规定:"为谋取不正当利益,给予国家工作人员以财物的,是行贿罪。在经济往来中,违反国家规定,给

予国家工作人员以财物，数额较大的，或者违反国家规定，给予国家工作人员以各种名义的回扣、手续费的，以行贿论处。因被勒索给予国家工作人员以财物，没有获得不正当利益的，不是行贿。"

考查要点 行贿人给予国家工作人员财物，必须是为了谋取不正当利益。这里的不正当利益，不能是一种泛泛的、未指向具体事项的照顾或关照，也不能是仅仅为了拉近双方距离，形成一种超过正常交往或工作关系之外的亲密关系。行贿罪的成立与受贿罪一样，需要特定的请托事项。行贿人给予国家工作人员财物，其目的必须是为了从国家工作人员处换取对于某个特定事项的关照或帮助。这也是司法实践中区分贿赂犯罪与所谓"感情投资"的关键。

根据题中案情，周小东授意莫小君去找赵丰收，"佯言吴愿意倒戈出卖周小东，并以奥运场馆附近的豪宅相赠，作为投靠赵丰收的'投名状'"。按此，赠送豪宅的目的，是为了让赵丰收相信吴小南的背叛，以及对赵丰收收受财物进行录音留取证据（题中交代，"莫小君找到周小东求助。周小东决定兵行险着，设计扳倒赵丰收"。可以依此认为，在周小东的计划中，扳倒赵丰收是首要目的，赵丰收倒台之后自然就能救出吴小南）。如果认为周小东授意莫小君向赵丰收行贿的目的，仅仅就是为了录取赵丰收收受财物的证据，那么就不存在所谓具体的请托事项，不能构成行贿罪。当然，情理上也可以推测，莫小君肯接受周小东的指使，向赵丰收表示赠送豪宅，其首要目的就是救出吴小南。如果以此事实为前提的话，也存在构成行贿罪的空间，而周小东构成行贿罪的教唆犯。

（八）关于周小东组织牌局使得石贺利用千术骗取罗八 5 万元的行为分析

难度系数 ★★☆☆☆

涉嫌罪名 赌博罪

> 《刑法》第 303 条第 1 款规定："以营利为目的，聚众赌博或者以赌博为业的，处三年以下有期徒刑、拘役或者管制，并处罚金。"

考查要点 这里首先分析石贺的行为性质。最高人民法院《关于对设置圈套诱骗他人参赌又向索还钱财的受骗者施以暴力或暴力威胁的行为应如何定罪问题的批复》指出："行为人设置圈套诱骗他人参赌获取钱财，属赌博行为，构成犯罪的，应当以赌博罪定罪处罚。"根据最高人民法院的上述批复，对于设置骗局诱骗他人参加赌博并借此骗取他人钱财的行为，应认定为赌博罪。2005年5月19日，参与解释起草工作的最高人民检察院研究室主任陈国庆在"正义网"答复网友关于《关于办理赌博刑事案件具体应用法律若干问题的解释》的疑问时指出："对此（指设置圈套诱骗他人参赌的行为）问题，我们研究《解释》时也给予了充分重视。一般说十赌九骗，我们感到这种诈赌的行为，涉及被骗者本人也是参赌者，还涉及被诈骗财物是否返还的问题，不符合诈骗罪的构成要件，我们还是倾向于按照高法相关司法解释以赌博论处。"当然，无论司法实践还是刑法理论，对于此类行为构成诈骗罪还是赌博罪，一直存有争议。

接下来再讨论周小东的行为性质。根据题中案情,周小东是希望通过打牌与孙天宇建立关系进而输送利益,因此经人介绍找到牌技高超的石贺。按照周小东的计划,是先让孙天宇的秘书罗八认识到石贺的牌技高超,然后将其引介给孙天宇。为达到此目的,必须让石贺在与罗八的牌局中显示其牌技。从这一点来看,"石贺利用千术骗取罗八 5 万元",应当是周小东"组局邀请罗八打牌"的意图。因此,认为周小东构成赌博罪(或者诈骗罪)的共犯,具有逻辑和法理上的依据。

(九)关于周小东通过石贺向孙天宇输送赌资百万元请孙天宇在吴案中帮忙的行为分析

难度系数 ★★☆☆☆

涉嫌罪名 对有影响力的人行贿罪

> 《刑法》第 390 条之一规定:"为谋取不正当利益,向国家工作人员的近亲属或者其他与该国家工作人员关系密切的人,或者向离职的国家工作人员或者其近亲属以及其他与其关系密切的人行贿的,处三年以下有期徒刑或者拘役,并处罚金;情节严重的,或者使国家利益遭受重大损失的,处三年以上七年以下有期徒刑,并处罚金;情节特别严重的,或者使国家利益遭受特别重大损失的,处七年以上十年以下有期徒刑,并处罚金。单位犯前款罪的,对单位判处罚金,并对其直接负责的主管人员和其他直接责任人员,处三年以下有期徒刑或者拘役,并处罚金。"

考查要点 最高人民法院、最高人民检察院《关于办理受贿刑事案件适用法律若干问题的意见》第 5 条第 1 款规定:"根据《最高人民法院、最高人民检察院关于办理赌博刑事案件具体应用法律若干问题的解释》第七条规定，国家工作人员利用职务上的便利为请托人谋取利益，通过赌博方式收受请托人财物的，构成受贿。"从行为方式来看，通过赌博方式收受他人财物，并允诺为他人谋取利益的，客观上符合法律规定的受贿行为特征。但是，从受贿罪的主体身份来看，本案中孙天宇在接受周小东输送的百万元利益的时候，已经退休，不属于国家工作人员，而是属于离职的国家工作人员。这类人员属于《刑法》第 390 条之一针对的"有影响力的人"。

（十）关于周小东让小南集团代持股权以及持有干股的行为分析

难度系数 ★☆☆☆☆ ————————————————

涉嫌罪名 受贿罪①

考查要点 将前后案情联系起来看，关于股份问题涉及两点。一是股权代持。小南集团在某上市医药企业中所占的股份，有一部分是为周小东代持的。按此，小南集团是名义股东，而周小东应是实际出资人即隐名股东。《公务员法》第 59 条规定，公务员不得"从事或者参与营利性活动"。如果仅仅是股权代持，即周小东是该医药公司的隐名股东，涉嫌违纪违法，但并不负刑事责任。二是"干股"。最高人民法院、最高人民检察院《关于办理受贿刑事案件适用法律若干问题的意见》第 2 条规定："干股是指未出资而获得的股份。国家工作人员利用职务上的便利为请托人谋取利益，收受请托人提供的干股的，以受贿论处。进行了股权转让登记，或者相关证据证明股份发生了实际转让的，受贿数

---

① 《刑法》第 385 条，见本书第 114 页。

额按转让行为时股份价值计算,所分红利按受贿孳息处理。股份未实际转让,以股份分红名义获取利益的,实际获利数额应当认定为受贿数额。"根据司法解释的规定,干股是指未出资而获得的股份。也就是说,周小东实际上并非出资,但是享受股权利益。这就涉及受贿罪的刑事责任问题了。

把"股权代持"与"干股"这两点联系起来,基本的事实轮廓就是,周小东与小南集团之间存在股权代持关系,表面上看起来,由周小东出资,以小南集团名义持有医药公司的股权。但是实际上,周小东自己并未出资,其出资款可能是由吴小南为其出具。这样看来,周小东收受的贿赂就不是股份,而是出资款。当然,这里仍然可以就是否存在请托事项提出假设性讨论。

二、吴小南的刑事责任

(一)关于吴小南帮助苏三弄到钢材批条并在事后收受2万元的行为分析

难度系数 ★★☆☆☆

涉嫌罪名 受贿罪[①]

考查要点 从题目交代的案情可知,吴小南是国有钢厂的副厂长,具备国家工作人员的主体身份。吴小南为苏三弄到钢材批条是利用职务便利,这一点显然不是题点,无须多说。这段案情的考查重点,在于吴小南帮助苏三弄到钢材批条之后,苏三给吴小南2万元表示感谢,"吴小南感到意外,几番推辞后收下",这说明吴小南在当初利用职务便利为苏三谋取利益的时候,是"看在发小儿的情面上",行为时并无收受贿赂的意思。这里就涉

[①] 《刑法》第385条,见本书第114页。

一个事后受贿的问题了。

显然，如果事先有约定，办事后再收受财物，构成受贿罪并无争议。问题是，事先无约定，办事时并无收受财物意思，事后收受财物的，是否构成受贿罪？自著名的"陈晓受贿案"以来，目前司法实践中的多数意见是，事先没有约定的事后收受财物行为也构成受贿罪。即使事先没有约定，事后他人向国家工作人员交付财物作为感谢，只要该国家工作人员认识到对方送的财物是因为自己的行为使对方获取了利益，就具备了受贿罪的故意。

但是，认为事后收受财物行为不构成受贿罪的观点，也在学理上遵循了一定的教义学逻辑。因为行为人在利用职务便利为他人谋利时，主观上并无权钱交易、换取对价的意思，虽然在事后收钱时认识到这是对之前的帮助他人获利行为的报酬，具备了权钱交易的故意，但是，这个主观故意出现的时点，与客观上利用职务便利为他人谋利的行为时点，两者并不一致。这种将不同时点的客观行为与主观意思拼凑在一起的做法，违反了主客观相一致原则（意行同在原则）。此外，根据2007年最高人民法院、最高人民检察院《关于办理受贿刑事案件适用法律若干问题的意见》第10条第1款规定："国家工作人员利用职务上的便利为请托人谋取利益之前或者之后，约定在其离职后收受请托人财物，并在离职后收受的，以受贿论处。"离职的国家工作人员在为他人谋利之后收受财物的，有"约定"的要件方才构成受贿罪。按此，若无"约定"的，就不应该构成受贿罪。

不过，对此也可能存在另一种解释进路。受贿罪法条中规定的"收受他人财物，为他人谋取利益"，既可以包括收受他人财物之后，再为他人谋取利益，也可以包括为他人谋取利益之后，再收受他人财物。对后一种情形，如果进一步将"为他人谋取利益"解释为一个受贿主体的限制条件，而不是客观行为或者主观要件，或许就能够避开意行同在原则的指责——必须在行为当时（而不是事后）认识到行为的性质。一个利用职务便利为他人谋取利益的国家工作人员，就不能再接受对方的财物，否则就是受贿。在这种解释中，受贿罪的主体条件，是利用职务便利为他人谋取利益的国家工作人员，客观部分是收受他人财物，对应的主观要件是认识到自己的身份条件和在客观上收受他人财物即可。在这种情况下，事后收受财物也可以构成受贿罪。2016年最高人民法院、最高人民检察院《关于办理贪污贿赂刑事案件适用法律若干问题的解释》第13条第3项规定，"履职时未被请托，但事后基于该履职事由收受他人财物的"，应当认定为"为他人谋取利益"。该司法解释明确肯定了事后受贿的成立。

（二）关于吴小南与苏三将本应上交国家的部分利润占为己有的行为分析

难度系数　★☆☆☆☆

涉嫌罪名　贪污罪

> 《刑法》第382条规定："国家工作人员利用职务上的便利，侵吞、窃取、骗取或者以其他手段非法占有公共财物的，是贪污罪。受国家机关、国有公司、企业、事业单位、人民团体委托管理、经营国有财产的人员，利用职务上的便利，侵吞、窃取、骗取或者以其他手段非法占有国有财物的，以贪污论。与前两款所列人员勾结，伙同贪污的，以共犯论处。"

考查要点 吴小南作为国企副厂长，符合贪污罪的主体条件。最高人民法院《全国法院审理经济犯罪案件工作座谈会纪要》关于贪污罪的法律适用问题规定："刑法第三百八十二条第二款规定的'受委托管理、经营国有财产'，是指因承包、租赁、临时聘用等管理、经营国有财产。……对于国家工作人员与他人勾结，共同非法占有单位财物的行为，应当按照《最高人民法院关于审理贪污、职务侵占案件如何认定共同犯罪几个问题的解释》的规定定罪处罚。对于在公司、企业或者其他单位中，非国家工作人员与国家工作人员勾结，分别利用各自的职务便利，共同将本单位财物非法占有的，应当尽量区分主从犯，按照主犯的犯罪性质定罪。司法实践中，如果根据案件的实际情况，各共同犯罪人在共同犯罪中的地位、作用相当，难以区分主从犯的，可以贪污罪定罪处罚。"根据上述司法解释，苏三作为国企承包人，利用职务便利非法占有国企财产的，也以贪污论。即使不能从案情中区分出两人的作用大小，也不妨碍在主体方面认定贪污罪的共同犯罪。

关于公共财物。从承包协议的内容来看，国企除了取得承包人上交的 200 万元定额之外，还应取得剩余利润的 50%。由于钢厂实际盈利 400 万元，除上交国企 200 万元之外，在剩余利润 200 万元之中，国企还应分得 100 万元，但是由于吴小南和苏三谎报盈利，国企仅分得 50 万元，少得的 50 万元，被吴小南和苏三用骗取的手段非法占有。该 50 万元系国企依照协议应得，属于国企享有的债权，是公共财物。吴小南与苏三对该 50 万元构成贪污罪。

（三）吴小南帮助苏三取得钢厂承包权，并与苏三平分余利的行为分析

难度系数 ★☆☆☆☆

涉嫌罪名　　受贿罪①

考查要点　　题目中交代,"实际余利由两人均分"。由于钢厂实际盈利 400 万元,交给国家 250 万元之后,实际还剩 150 万元。如上所述,该 150 万元中的 50 万元本应由国企所得,属于公共财物,吴小南和苏三平分该 50 万元,属于共同贪污。剩下的 100 万元不是公共财产,而是苏三承包钢厂所得,吴小南从中分得的 50 万元,属于收受苏三的财物。从案情来看,"吴小南帮助苏三取得钢厂承包权……在吴小南支持下,苏三以此方法顺利承包钢厂 5 年",这说明吴小南在苏三取得承包权以及谎报盈利额的过程中,利用其职务便利为苏三提供了帮助和支持。因此,仅就苏三的第一年承包期而言(其他年份的盈利分红题中没有交代),吴小南总共获利的 75 万元中,有 25 万元是贪污款,有 50 万元是受贿款。吴小南对该 50 万元构成受贿罪。

(四) 吴小南明知盈利造假仍帮助苏三取得钢厂 5 年承包权的行为分析

难度系数　　★☆☆☆☆

涉嫌罪名　　国有公司、企业人员滥用职权罪

《刑法》第 168 条第 1 款规定:"国有公司、企业的工作人员,由于严重不负责任或者滥用职权,造成国有公司、企业破产或者严重损失,致使国家利益遭受重大损失的,处三年以下有期徒刑或者拘役;致使国家利益遭受特别重大损失的,处三年以上七年以下有期徒刑。"

---

① 《刑法》第 385 条,见本书第 114 页。

考查要点 本案中，吴小南作为国企负责人，明知承包人上报的盈利数额造假，仍然帮助和支持苏三继续承包钢厂，属于明显的滥用职权，由此使得国企应得的利益减少，造成了国企的严重损失，符合国有公司、企业人员滥用职权罪。同时还需要注意两点：第一，滥用职权罪的主体是国家机关工作人员，因而不适用于本案；第二，此处案情也不符合为亲友非法牟利罪的要件。

（五）关于吴小南将国企业务转介给苏三名义下的印刷厂并从中获利的行为分析

难度系数 ★☆☆☆☆

涉嫌罪名 非法经营同类营业罪、为亲友非法牟利罪

《刑法》第165条规定："国有公司、企业的董事、经理利用职务便利，自己经营或者为他人经营与其所任职公司、企业同类的营业，获取非法利益，数额巨大的，处三年以下有期徒刑或者拘役，并处或者单处罚金；数额特别巨大的，处三年以上七年以下有期徒刑，并处罚金。"

《刑法》第166条规定："国有公司、企业、事业单位的工作人员，利用职务便利，有下列情形之一，使国家利益遭受重大损失的，处三年以下有期徒刑或者拘役，并处或者单处罚金；致使国家利益遭受特别重大损失的，处三年以上七年以下有期徒刑，并处罚金：（一）将本单位的盈利业务交由自己的亲友进行经营的；（二）以明显高于市场的价格向自己的亲友经营管理的单位采购商品或者以明显低于市场的价格向自己的亲友经营管理的单位销售商品的；（三）向自己的亲友经营管理的单位采购不合格商品的。"

考查要点 该处案情不够明确,对事实部分可能存在不同的理解。我出题时的本意,是想要表达:吴小南以苏三名义开办印刷厂,但实际上是自己经营与国发印务公司同类的印刷业务,并利用职务便利,将本应由国发印务公司从客户处获得的一部分业务,转而介绍给自己的印刷厂经营并从中获利。简言之,该印刷厂截留了一部分本应由国企获得的业务。按此事实,吴小南违反了竞业禁止的义务,符合非法经营同类营业罪的构成要件。考查的要点在于本罪和贪污罪的区分,即应由国企签订的业务,仅仅是一种期待性利益,只是具有签订合同的可能性,并不能等于国企的财产,因而不能按照贪污罪论处,而应按本罪处理。

但是,由于案情交代得有些模糊,也可能被理解为:吴小南将国发印务公司的盈利业务,交给苏三开办的印刷厂来经营,至于吴小南的获利,则可能是由苏三对其返利。如果这样来认定前提事实的话,吴小南的行为就可能涉嫌构成为亲友非法牟利罪。当然,还需要补足国发印务公司遭受重大损失的条件。

(六)关于吴小南明知莫小君已婚仍与之同居的行为分析

难度系数 ★☆☆☆☆

涉嫌罪名 重婚罪

> 《刑法》第258条规定:"有配偶而重婚的,或者明知他人有配偶而与之结婚的,处二年以下有期徒刑或者拘役。"

考查要点 该部分案情涉及的事实问题是吴小南与已婚的莫小君同居。《婚姻登记管理条例》第24条规定:"未到法定结婚年龄的公民以夫妻名义同居的,或者符合结婚条件的当事人未经结婚

登记以夫妻名义同居的，其婚姻关系无效，不受法律

保护。"对此，可能会有疑问说，只有以夫妻名义同居生活的，才宜认定为事实婚姻，而题目没有交代双方"以夫妻名义"同居，因此不能确定是否存在一个事实婚姻。这种疑问有一定的道理。通常说来，"同居"一词已经表明不是短期的、暂时性的性关系或合住关系，必然是较为长期的、包括性在内的多种生活内容的合住关系。就这种同居关系而言，最为常见的就是"无名有实"的夫妻关系了。但是，现实生活中也的确存在其他非婚姻型的同居关系，例如"试婚"，两人之所以同居，就是为了在正式结婚之前，尝试共同生活的可能性，如果发现双方不合适时能够容易地分手。对这种同居关系而言，在社会观念上，一方面会承认其属于同居关系，但另一方面又不会承认双方处于夫妻意义上的事实婚姻状态。因此，如果就事实部分提出上述疑问，否认吴小南与莫小君的事实婚姻关系，当然就没有必要继续在法律上分析是否构成重婚罪了。

在认定两人的事实婚姻关系的情况下，对于这种事实婚姻能否认定为《刑法》第 258 条意义上的"结婚"，也存在争议。最高人民法院《关于〈婚姻登记管理条例〉施行后发生的以夫妻名义非法同居的重婚案件是否以重婚罪定罪处罚的批复》指出："新的《婚姻登记管理条例》（1994 年 1 月 12 日国务院批准，1994 年 2 月 1 日民政部发布）发布施行后，有配偶的人与他人以夫妻名义同居生活的，或者明知他人有配偶而与之以夫妻名义同居生活的，仍应按重婚罪定罪处罚。"上述最高人民法院批复中持肯定观点，但刑法理论上也存在否定观点。答题时言之成理皆给分。

（七）关于吴小南接受周小东介绍的乐菲在小南集团不上班但领薪的行为分析

难度系数 ★☆☆☆☆

涉嫌罪名 行贿罪①

考查要点 参见前文关于周小东就介绍乐菲到小南集团工作一事是否构成受贿罪的分析。同时注意行贿罪成立要求是"为谋取不正当利益"，案情中并没有这方面的事实交代。

（八）关于吴小南建议周小东除掉乐菲的行为分析

难度系数 ★☆☆☆☆

涉嫌罪名 故意杀人罪②

考查要点 吴小南建议周小东除掉乐菲，以消除仕途隐患，这是一个针对杀人行为的教唆。根据共犯从属性原理，周小东是杀人罪的正犯，吴小南的不法认定从属于周小东，成立故意杀人罪的教唆犯。关于周小东的故意杀人罪的认定，参见前文。

（九）吴小南处理乐菲"尸体"而致乐死亡的行为分析

难度系数 ★★☆☆☆

涉嫌罪名 故意杀人罪③，过失致人死亡罪④，帮助毁灭、伪造证据罪

> 《刑法》第307条第2款规定："帮助当事人毁灭、伪造证据，情节严重的，处三年以下有期徒刑或者拘役。"

---

① 《刑法》第389条，见本书第121—122页。
② 《刑法》第232条，见本书第115页。
③ 同上注。
④ 《刑法》第233条，见本书第118页。

考查要点 （1）前文在讨论周小东刑事责任时曾指出，存在两种观点：一是将前面的下毒行为评价为杀人未遂，而将后面的埋尸行为评价为过失致人死亡；二是将前后两个行为一并评价为故意杀人既遂。如果对周小东评价为故意杀人罪的既遂，即后面的埋尸致死也未超出周小东的犯罪计划和因果操控之外，那么，吴小南为周小东埋尸的行为，相应的就可以评价为是在周小东的故意杀人计划和因果流程之内的帮助作用，构成故意杀人的帮助犯。

（2）前文已述，若主张周小东是故意杀人既遂，则没有必要再讨论过失致人死亡罪。但是，如果认为周小东是故意杀人未遂，才需要对埋"尸"致人死亡的行为进行分析。按照未遂的观点，由于周小东的下毒行为已经被杀人未遂评价完毕，因此，对于后面的埋尸行为，应对吴小南和周小东的行为另行评价。此处涉及过失共同犯罪的问题，前文已经有详细论述。

（3）隐匿证据能否解释为"毁灭"或"伪造"证据？从妨害司法的实质效果来看，两者并无差异。但是在文义解释上存在障碍。具体到本案，将尸体埋藏在地下，是隐匿还是毁灭？如果考虑到尸体必然会慢慢腐烂，在这个意义上，埋尸既是隐匿证据，但也可以认定为毁灭证据。但是，帮助毁灭、伪造证据罪的行为人，不能是参与了共同犯罪的人。本案中，吴小南建议周小东除掉乐菲，属于周小东故意杀人的教唆犯。共犯人帮助同伙毁灭、伪造证据的，不适用本罪。

（十）关于吴小南用大厦重复担保向银行贷款的行为分析

难度系数　★☆☆☆☆

涉嫌罪名　骗取贷款罪[①]

考查要点　吴小南是在周小东的帮助下获得贷款的,两人可能构成共同犯罪。但是由于周小东的身份,因此题目中所说的"帮助"可能有多种含义。银行是在受骗的情况下,不知道吴小南的重复担保而发放贷款,还是基于周小东的介入,明知吴小南重复担保而发放贷款,这两种情形都有可能。在前一种情况下,吴小南可能构成骗取贷款罪[②],但在后一种情况下,不存在受骗的被害人,不能认定为骗取贷款罪。

具体分析,参见前文关于周小东涉嫌骗取贷款罪的刑事责任部分。

(十一)关于吴小南夸大捏造大山集团的"真香"药品存在致命风险的行为分析

难度系数　☆☆☆☆☆

涉嫌罪名　损害商业信誉、商品声誉罪

> 《刑法》第221条规定:"捏造并散布虚伪事实,损害他人的商业信誉、商品声誉,给他人造成重大损失或者有其他严重情节的,处二年以下有期徒刑或者拘役,并处或者单处罚金。"

考查要点　大山集团生产的"真香"药品是否存在致命风险,题目中没有明确交代,但是,从"夸大""捏造"这样的词语表述来看,吴小南的确制造了与事实不符的信息。虽然题目中没有提到"散布",但是一般说来,仅仅捏造而不散布的情形比较少见。

[①]　《刑法》第175条之一第1款,见本书第120页。
[②]　根据最高人民检察院和公安部的相关规定,贷款数额在100万元以上的,应予立案追诉。

问题是构成本罪尚需"给他人造成重大损失或者有其他严重情节"的要求。最高人民检察院、公安部《关于公安机关管辖的刑事案件立案追诉标准的规定（二）》第 74 条规定："捏造并散布虚伪事实，损害他人的商业信誉、商品声誉，涉嫌下列情形之一的，应予立案追诉：（一）给他人造成直接经济损失数额在五十万元以上的；（二）虽未达到上述数额标准，但具有下列情形之一的：1.利用互联网或者其他媒体公开损害他人商业信誉、商品声誉的；2.造成公司、企业等单位停业、停产六个月以上，或者破产的。（三）其他给他人造成重大损失或者有其他严重情节的情形。"结合该规定，从本案情况来看，对于捏造大山集团的"真香"药品存在致命风险消息的后果，没有作出说明。所以，仅仅是涉嫌，还不能确定是否成立损害商业信誉、商品声誉罪。

（十二）关于吴小南为周小东代持"干股"的行为分析

难度系数 ★☆☆☆☆

涉嫌罪名 行贿罪[①]

考查要点 将前后案情联系起来看，关于股份问题涉及两点。一是股权代持。由于周小东的国家工作人员身份，其成为医药公司的隐名股东，涉嫌违纪违法，但并不负刑事责任。二是"干股"。最高人民法院、最高人民检察院《关于办理受贿刑事案件适用法律若干问题的意见》第 2 条规定："干股是指未出资而获得的股份。国家工作人员利用职务上的便利为请托人谋取利益，收受请托人提供的干股的，以受贿论处。进行了股权转让登记，或者相关证据证明股份发生了实际转让的，受贿数额按转让行为时股份价值计算，所分红利按受贿孳息处理。股份未实际转让，以

---

① 《刑法》第 389 条，见本书第 121—122 页。

股份分红名义获取利益的,实际获利数额应当认定为受贿数额。"根据上述司法解释的规定,干股是指未出资而获得的股份。也就是说,周小东实际上并非出资,但是享受股权利益,涉及受贿罪的刑事责任问题。这里仍然可以就是否存在请托事项提出假设性讨论。

具体分析,可参见前文周小东涉嫌成立受贿罪部分。

三、郑小西的刑事责任

(一)关于郑小西编造借钱理由实际上炒楼花最终赔光无力偿还的行为分析

难度系数 ★★★★☆

涉嫌罪名 诈骗罪

> 《刑法》第266条规定:"诈骗公私财物,数额较大的,处三年以下有期徒刑、拘役或者管制,并处或者单处罚金;数额巨大或者有其他严重情节的,处三年以上十年以下有期徒刑,并处罚金;数额特别巨大或者有其他特别严重情节的,处十年以上有期徒刑或者无期徒刑,并处罚金或者没收财产。本法另有规定的,依照规定。"

考查要点 从题目交代的案情可知,郑小西的本意是筹钱去海南炒楼花,但是在向周小东借款时则谎称父母手术需要钱。最后因为房地产泡沫破灭,郑小西全部赔光,不能还款,又向周小东谎称自己准备的还款被窃贼洗劫一空。这种公民之间的借贷往来在日常生活中很常见,将之作为犯罪问题考虑,乍看起来似乎有些超出普通人预期。其实,从专业的角度来看,这种虚构借款理由的行为,颇有值得讨论的空间。

在刑法理论上,诈骗罪的构成要件要素包括:(1) 行为人实施欺诈行为;(2) 对方因为受骗而陷入错误;(3) 受骗者基于错误而处分财产;(4) 被害人遭受财产损失。 在现实生活和人际交往中,往往存在着各种情形的说假话的欺瞒行为,如果将所有这些欺瞒行为都认定为诈骗罪,则诈骗罪的处罚范围将无边无际。这里需要一种规范性的限缩。 这种限缩工作的用力点,有时候会集中出现在第一个要素(欺诈行为)中,有时候会出现在后面的几个要素中。 用力点不同,规范性思考的落脚点不同,构成了诈骗罪构成要件研究的复杂性和多进路性。

第一个要素"欺诈行为",是指行为就事实进行欺骗。 如何理解这里的"事实"? 如果仅从是否可验证的、纯粹客观的意义上来理解,那么,凡是与客观情状(包括外部状态和内心状态)不相符合的陈述,都是就事实进行欺骗。[①] 至于由此导致的可能会使得诈骗罪成立范围过广的危险,则是在之后的其他要素(错误、财产处分和财产损失)的检验过程中逐渐限缩来加以避免。 按此,本案中郑小西对周小东所说的借款目的和用途,显然是不符合事实的,能够满足实施欺诈行为的要素。 至于最终是否构成诈骗罪,还要再检验其他要素。

与之相对,一种限缩性的思路是,确定欺诈行为时,不能仅仅着眼于客观事实的真假,还要看这种客观事实是否足够重要。那么,这个重要性又如何判断呢? 有一种思路是,看条件说意义上的因果关系。 如果受骗者知道真相,是否还会处分财产? 若仍然会,则说明欺瞒的内容对受骗者并不重要;若不会,则说明

[①] Schönke/Schröder, Strafgesetzbuch, 2019, §263, Rn. 8.

该内容对受骗者具有重要意义。按此展开，如果周小东知晓郑小西借款的真实意图，是否还会同意借款？从案情来看，周小东冒着风险挪用公款借给郑小西，是基于同学感情救急使用，如果其知道郑小西借钱是要去炒楼花，非常有可能不会出借该笔款项。由此可见，款项使用目的，对周小东是否出借而言具有重要意义。按照这种思考方式，可能就会得出郑小西就与财产有关的重要事实对周小东进行欺诈的结论。

但是，这种限缩思路存在疑问。借款人是否愿意借款的理由和原因，可能非常私人化和主观化。例如，A 的母亲生病，A 打算向 B 借钱治病。B 很尊敬 A 的父亲，但是非常厌恶 A 的母亲。因此，A 在向 B 借钱时，谎称是为了给其父亲治病。事实上，如果 B 知道 A 要借钱给其母亲治病，B 绝对不会借钱给 A。按照上面的思考方式，对 B 而言，借钱给谁治病具有重要意义，但是，对 A 来说，都会同样还钱。仅仅依据 B 喜欢 A 的父亲而厌恶 A 的母亲这一点，就决定了 A 是否构成诈骗罪，这个结论会使得诈骗罪的法益完全取决于个人化的支配意愿，在情理和政策上可能难以被接受。

另外一种对欺诈行为进行限缩的规范性思路，是看欺瞒的内容是否包含了导致财产损失的风险。① 从规范意义来看，刑法上的诈骗不能仅仅是形式上的隐瞒真相或虚构事实，这种隐瞒或虚构行为本身，必须包含可能导致财产损失的风险。既然诈骗罪是一种财产犯罪，规范的目的在于保护被害人的财产，那么，只有那些客观上对受骗者最终的财产损失带有高度风险和影响的欺瞒，才是诈骗罪意义上的隐瞒真相或虚构事实的行为。如果欺瞒

---

① NK-Kindhäuser, 2017, §263, Rn. 71.

行为本身不具有包含导致对方财产损失风险的特征和质量，就不属于诈骗罪的客观行为。显然，这是在对诈骗罪的各个构成要素进行检验时，最靠前的一种规范性限缩，即从一开始，在检验欺诈行为的环节，就用一种规范性的解释方法，将相当一部分欺瞒行为排除在诈骗罪之外，而无须再往下进行陷入错误、财产处分等环节的检验。

按照这种思路，本案中的郑小西向周小东借钱的真实原因是打算去海南炒楼花，但却谎称是借钱给父母做手术，这是在借钱的目的和用途上存在欺瞒。在此，需要考虑的问题是，这种关于借款用途的欺瞒，是否包含了可能导致该笔债务无法偿还、进而使得出借人遭受财产损失的风险？在这个角度上思考，可能会有人提出，炒楼花是一种带有高度投机色彩的市场行为，将借款用于炒楼花，比一般的做生意有更高的亏损可能性，因而包含了使出借人债权无法实现的风险。但是，反对者会说，与尚有赚钱可能性的楼市投资相比，将借款按照周小东同意的用途使用（手术费用），更是一种单箭头的、不可逆的损耗，具有更加明确的亏损性。但是，这样的思考方式是有疑问的，因为只有在出借一个特定物的情况下，才要考虑物的用途是否会造成不可逆转的消耗，而对于借钱来说，特定的那笔钱的去向不是问题，只要借钱者能够履行债务就可以了。

由此可见，问题的关键不在于借款用于手术还是用于炒楼花，而是在于郑小西借款当时是否有还款能力和还款意愿，但这一点题中没有明确交代。案情中说明了郑小西最后因炒楼花赔光而无法还款，但是，这毕竟是在炒楼花之后出现的情况。在借款当时，恐怕还无法从题目中发现其没有还款能力或不打算还款的提示，也就无法得出这种借款行为包含了使得出借人的财产遭受损失风险的结论。

可能还会有疑问说，出借人与借款人之间存在债权债务关系，出借人在法律上享有向借款人主张还款的权利，出借人可以受到法律保护，所以没有财产损失的风险。这种思考方式是错误的。举例来说，窃贼偷走财物，失窃者并不会因此丧失法律上的所有人地位，他仍然是那个财物的所有人并可以据此主张权利，可是，这一点并不会影响他成为财产犯罪的被害人。由此可见，刑法上考虑的财产损失，并不是民商事法律上的地位和权利是否丧失，而是这种地位和权利的行使出现了事实性、实质性的重大障碍。

如果借款人根本就没有还款能力或者没有还款意愿，那么，出借人在法律上的债权就是难以实现的、不具有经济价值的一纸空文，出借人的财产就必然面临一种具体而紧迫的危险。这种具体而紧迫的危险，就可以被评价为一种相当于实害的财产损失。可见，问题的关键不在于两人之间是否有民法上的债权债务关系，而是在于这种债权债务关系在事实上有无难以实现的实质性风险。而这一点，就要考虑借款人实际的还款能力和还款意愿了。因此，仅仅是隐瞒借款用途，还不能成为认定诈骗罪意义上的欺诈行为的理由。由于题目中没有欠缺还款能力和意愿的说明，郑小西从一开始就可以被排除出诈骗罪。

上面是对第一关"欺诈行为"的检验。如果得出不存在欺诈行为的结论，则无须再往下讨论；如果得出存在欺诈行为的结论，还要继续检验。

接下来，究竟在哪个环节中进行限缩性的规范性思考，也有不同的进路。例如，有的学者在"陷入错误"的环节中，区分法益相关的错误与法益无关的错误。① 像日本学者山口厚就主张这个观点。这其实就是在讨论,要赋予哪种错误以诈骗罪意义上的重要性,除此之外的其他错误,不是诈骗罪意义上的错误。其本质,就是在规范意义上讨论错误的重要性。

就本案而言,周小东将钱借给郑小西,的确是陷入了一个误以为借钱用途是看病做手术的错误。那么,这个错误是否与法益有关呢?这要看怎么理解诈骗罪的法益了。如果将诈骗罪的保护法益解释为一种整体性的财产总量,那么,这种出借行为对于这个财产总量的意义,就是改变了财产存在形态,一笔资金从所有权转变为一种债权。而这一点,只要这个债权债务关系得到承认,债务人基于什么理由借钱就不重要了。因此,这个错误就是一个与法益无关的错误。不同的是,如果将诈骗罪的法益理解为一种对财产的支配自由,那么,对于那个只有基于某个特定理由才同意借钱的出借人来说,当这个理由为虚假时,出借人的意志活动自由的确是受到侵犯了。这个错误就是一个与法益有关的错误。

还有一种处理思路,就是讨论"财产损失"的因果关系和归责问题。从案情来看,郑小西最后因为赔光而无力偿还,使得周小东的债权不能实现,对周小东而言,这里似乎存在一个实际的财产损失后果。但是,这个损失结果的出现,却不能归责给郑小西实施"欺瞒借款原因"的行为,这个后果实际上是由郑小西炒楼花赔光而丧失还款能力所引起的。郑小西炒楼花的主观目的是为了赚钱,客观上也存在赚钱的可能性。在郑小西向周小东借款

---

① 参见〔日〕山口厚:《刑法各论(第2版)》,王昭武译,中国人民大学出版社2011年版,第311页。

当时，理性一般人也无法准确预料之后的投资楼市是赚是赔。因此，最终因郑小西赔光而导致周小东债权无法实现的情况，与郑小西当初的借款行为之间，虽然有条件说意义上的因果关系，但是不符合"创设法所不容许风险"的客观归责的要求。

其实，这里的问题挖下去很深。诈骗罪的构成要件要素之间的关系，并不仅仅是一个各论的问题，也涉及总论中的因果关系和客观归责理论。对于客观归责理论如何理解，始终存在很大争议。像前面所说的，在"欺诈行为"的环节，就因行为不包含导致被害人财产损失风险而排除构成要件的思考方式，实质上是认为客观归责理论解决的并不是一个与结果有关的因果关系问题，而是解决构成要件行为是否该当的问题。相反，在"财产损失"的环节，因为损害后果与欺诈行为之间欠缺可归责性而排除构成要件，实质上是认为客观归责理论解决的是结果与行为之间的因果关系问题。总论能明白到这一层，再看分论中诈骗罪的规范性要素的各种分配方式，就很清楚了。

（二）关于郑小西编造理由不还债的行为分析

难度系数 ★★★★☆

涉嫌罪名 诈骗罪[①]

考查要点 根据案情可知，郑小西与周小东之间存在债权债务关系，两人对此均不否认。这是展开讨论的前提。现在的问题是，行为人（借款人）向出借人承认自己无力还债，但是编造了无力还债的理由，其目的在于希望出借人基于该理由而免除其债务。这是否构成诈骗罪？

---

① 《刑法》第266条，见本书第138页。

上文已经提到,诈骗罪的客观构成要件包括欺诈行为、陷入错误、处分财产和财产损失四个要素。根据上文提到的检验顺序,依次对四个要素是否具备进行检验。

(1)对于欺诈行为的认定。如果按照检验行为人提供信息的真假的观点,那么,郑小西无力还债的真实原因是因为投资楼市失败,但是他却对周小东谎称是备好的还款被窃贼窃走,显然,这里就存在一个针对客观事实的欺骗,然后再去检验其他要素。相反,如果认为,在对欺诈行为的认定上,不仅是检验信息的客观真假,还要从规范上看这种虚假信息是否具有重要意义,那么,根据①"若知真相,是否会免除"的逻辑,要对周小东若知道郑小西将借款用于炒楼花而赔光,是否会同意免除其债务进行判断。或者根据②这种对无力还债原因的欺瞒,从理性一般人的角度来看,是否包含使周小东遭受财产损失的风险。无论采用哪种观点,都要将观点结合案情说理后得出结论。若认为不存在欺诈行为,则直接认定郑小西无罪,不必再往下检验。若认为有欺诈行为,则进入下一要素的检验。

(2)对于陷入错误的认定。从案情来看,"周看出郑撒谎,但基于多年同学感情不忍揭穿"。这说明周小东面对郑小西的谎言,并没有陷入错误认识,因此,即使接下来认定存在财产处分和财产损失,这个处分和损失也不是因为错误而引起的结果。诈骗罪的各个要素之间必须存在一种前后的功能性的因果关系。当这种因果关系链条断裂时,即使存在欺诈行为和损害后果,至多也只能认定为诈骗未遂。

(3)关于财产处分。财产处分正好是处在欺诈、错误与财产损失之间的那道因果性桥梁,并且,正是由于财产处分环节的存在，因此塑造了诈骗罪的法律形象是一种自我损害型的犯罪。诈骗罪中的财产处分，是指任何一种法律或事实上的作为、不作为或容忍，其能直接引起经济上的财产减少。① 刑法上的财产处分概念与民法上的财产处分概念是不一样的。也就是说，刑法上的财产处分并不限于买卖、借贷、担保、放弃请求权等行为，而是包括一切对财产发生影响的外部行为。概言之，这里的关键不在于规范性，而在于事实性。其中，免除债务或者放弃请求权是一种财产处分的典型形式。在本案中，"周看出郑撒谎，但基于多年同学感情不忍揭穿。吴小南得知此事，主动找到周小东还款解围，但叮嘱周对郑保密"。从案情可以推知，周小东没有再向郑小西主张债权，最后是由吴小南帮助周小东还上了挪用的公款。就此而言，可认定本案存在财产处分。

（4）关于财产损失。在这一环节的认定过程中，需要注意"无意识的自我损害"问题。原则上，诈骗罪的成立要求被害人没有认识到其处分行为会导致自己财产总量的减少。简言之，被害人对财产损失缺乏认识。如果被害人对此有明知，意识到自己的行为会导致自己财产总量的亏损，那么，这就不符合"无意识的自我损害"的原则性要求，不能认定为财产损失。为了避免由此造成过大的处罚漏洞，理论上同时发展出"社会目的落空"理论，与此配套衔接。② 在被害人单方面、无偿地将财产处分给被害人的场合，财产的奉献最后并非是没有任何回报的，这种回报可能表现在处分者所追求的那个非经济性的社会目标的实现。当被害人（财产处分人）是为了一种"得到公认的/无可争议的"社会目的而捐赠时，那么当该目的落空的情况下，就可以认为存在

---

① NK-Kindhäuser, 2017, §263, Rn. 197.
② Mitsch, Strafrecht BT II, 2015, S. 270ff.

一种财产损失,这就是所谓的"社会目的落空"理论。由于无偿支出的社会目标落空,对于这种财产的使用,在它的社会意义上就是贬值的并且是一种缺乏理智的、愚蠢的支出和花费,被害人把他的支出送上了一条通往不同目的的道路。在这种情况下,即使被害人明知其财产总量减损而处分,但是由于其社会目的落空,因此,仍然可以认定为财产损失。

在本案中,周小东同意免除郑小西的债务,不再向其索债,这种行为客观上会导致周小东的财产总量减损(后来吴小南为其补足也证明了这一点),周小东对此是明知的。而周小东之所以放弃向郑小西索债,并非在社会性目的上受到欺骗,而是基于同学感情不忍对落魄的郑小西索债。综上,一方面,周小东对自己的财产减损有明确认识;另一方面,也不存在社会目的落空的问题,对此不宜认定为存在财产损失。

(三)关于郑小西得到吴小南同意而对其殴打致其轻伤的行为分析

难度系数 ★★★☆☆

涉嫌罪名 故意伤害罪

> 《刑法》第234条规定:"故意伤害他人身体的,处三年以下有期徒刑、拘役或者管制。犯前款罪,致人重伤的,处三年以上十年以下有期徒刑;致人死亡或者以特别残忍手段致人重伤造成严重残疾的,处十年以上有期徒刑、无期徒刑或者死刑。本法另有规定的,依照规定。"

考查要点 根据题中交代,"郑小西借着酒劲,痛殴吴小南,吴不还手被打成骨折（轻伤）"，就此而言，郑小西的行为符合故意伤害罪的主客观要件，应无异议。这里的题点是，"吴小南表示，只要郑小西能原谅自己，甘愿被打"，也就是说，郑小西的伤害行为，是得到吴小南同意的。这里涉及一个在故意伤害罪的场合，被害人同意阻却违法性的问题。

被害人同意在故意伤害罪中的界限，理论上有"重大伤害"和"善良风俗"两种标准的争论。这两种观点的对立，主要体现在重伤害的场合，同意能否出罪。① 至于在轻伤的场合，无论哪种观点，都同意被害人同意有出罪的功能。就本案的情况而言，郑小西是在得到吴小南同意的情况下将其打成轻伤的，因此，被害人同意可以发挥出罪作用。

但是，案情中还安排了另外一个题点。吴小南同意挨打有个条件，即"郑小西能原谅自己"。而郑小西将吴小南打伤后，却"声称绝不宽恕"。于是，这又引出了被害人同意中的错误问题。吴小南认识到并允许自己被郑小西殴打，也就是对身体法益受到侵害这一点并没有错误认识，而是在牺牲这个身份法益所能换取的回报——换得郑小西的原谅——这一点上受到了欺骗，陷入了错误。这里涉及"全面无效说"和"法益错误说"的对立。"全面无效说"认为，只要是若让受骗者得知真相便会做出相反决定的错误，都会导致被害人同意无效。"法益错误说"则认为，并非所有的错误而是只有那些与法益有关的错误，才会导致同意无效；至于那些对法益本身没有错误认识，仅仅是在交换动机方面存在错误认识的情形，不会影响到同意的效力。

---

① 参见车浩：《论被害人同意在故意伤害罪中的界限——以我国刑法第234条第2款中段为中心》，载《中外法学》2008年第5期。

在下面的案例中，两种观点会得出相反的结论：A 同意被 B 打是为了换取一笔报酬，但 B 基于欺骗意思殴打 A 后并不给付。

A 若得知真相，从一开始就不会同意挨打。对此，"全面无效说"会得出 A 的同意无效，应当追究 B 的刑事责任的结论。按照"法益错误说"，则会认为 A 对身体法益受损害没有错误认识，至于报酬方面的动机错误，不影响同意的效力，B 因得到有效的被害人同意而无罪。"法益错误说"对于"全面无效说"的批评在于，若这种动机错误也被赋予重要意义而导致同意无效，那么，第一，故意伤害罪保护的法益，就不再是身体而是身体的交易自由。第二，这也会以一种提供刑事保护的方式为人身法益商品化（尤其是器官买卖）的不当现象撑腰。①

在本案中，问题更复杂一些。因为吴小南用自己的身体与郑小西做交易，希望换得的报酬不是金钱，而是郑小西的原谅。这看起来也是一种交易，只不过不是用身体换钱，而是换原谅。如果认为吴小南在"获得原谅"这一点上受骗陷入错误而判定同意无效，进而得出郑小西成立故意伤害罪的结论，那么，这样的结论恐怕也同样难以回避前述第一点关于偷改法益的批评：把故意伤害罪的保护法益，由"身体"缺乏根据地改为"身体的交换自由"。但是，与用身体换钱不同的是，保护用身体换取对方原谅这样的动机，并不会增进前述第二点所说的人身法益商品化的危险，也不会进一步牵扯到那个令人担忧的话题——人体器官买卖。所以，更进一步的深入思考是，"法益错误说"中法益错误—动机错误二元区分，即使在基本的区分框架上可以被接受，但是，区分的根据，恐怕还有更多的拓展空间。

---

① 参见车浩：《自我决定权与刑法家长主义》，载《中国法学》2012 年第 1 期。

(四)关于郑小西为周小东通报吴小南案信息的行为分析

难度系数 ★★★☆☆

涉嫌罪名 帮助犯罪分子逃避处罚罪

> 《刑法》第417条规定:"有查禁犯罪活动职责的国家机关工作人员,向犯罪分子通风报信、提供便利,帮助犯罪分子逃避处罚的,处三年以下有期徒刑或者拘役;情节严重的,处三年以上十年以下有期徒刑。"

考查要点　根据案情交代,"郑小西在西京省检察院挂职结束后继续留任,被委派为吴小南专案组成员之一",可知郑小西具备查禁犯罪活动职责的国家机关工作人员的主体身份,作为法学教授和检察院工作人员,应当知道国家工作人员持有"干股"涉嫌受贿罪,其向周小东通报该信息,是否成立帮助犯罪分子逃避处罚罪?这个题点的设置,在情节上是考虑到几人的同学情谊以及郑小西回报周小东当年的借款之恩。在法律问题上,则是需要讨论帮助犯罪分子逃避处罚罪的成立范围。

第一,如何理解"有查禁犯罪活动职责"?是限于查禁某一特定犯罪的具体职责,还是泛指查禁各种犯罪活动的一般性职责?对此作不同解释,会在个案中得出不同结论。例如,检察官A在与其朋友警察B聚会吃饭时得知,公安局今晚将对某些娱乐场所查处组织卖淫的行为,A遂向自己认识的某场所管理者通风报信。

A是否构成本罪?A并不负有查禁该娱乐场所组织卖淫犯罪的具体职责,但是作为司法工作人员,A又的确可以说是负有查禁犯罪活动的职责。按前一种理解，A不构成本罪；按后一种理解，A构成本罪。前一种理解似乎更有道理。这主要是考虑到，帮助犯罪分子逃避处罚罪属于《刑法》分则第九章"渎职罪"下的罪名，这里的渎职，应当理解为对行为人具体的职责义务的违反，而不宜抽象地解释为是一种对身份本身的亵渎。具体到帮助犯罪分子逃避处罚罪，这里的犯罪分子，也宜限定为该国家工作人员正在查禁的某一特定犯罪中的犯罪分子。

在本案中，郑小西作为吴小南专案组的成员，调查的是吴小南涉嫌参与"地沟油"事件的案件，在调查过程中，吴小南供述出周小东收受干股，该情节与"地沟油"事件无关，但是涉嫌周小东受贿。如果认为郑小西不负有查禁周小东受贿案的具体职责，那么郑小西虽然将情况通报给周小东，也不构成帮助犯罪分子逃避处罚罪。相反，如果认为，"有查禁犯罪活动职责"并不是指查禁某个犯罪的具体的工作人员，而是泛指有查禁犯罪职责的所有的公检法以及国家安全部门的人员，那么，只要是这些部门的人员，向任何犯罪中的犯罪分子通风报信的，都构成本罪。按此，郑小西就可能构成帮助犯罪分子逃避处罚罪。

第二，帮助犯罪分子逃避处罚罪中的"犯罪分子"，是指已经进入诉讼过程的犯罪嫌疑人或被告人，还是也包括未进入立案调查阶段，仅仅是可能成为嫌疑人的目标者？在本案中，周小东在2014年12月31日下午被纪委人员带走，而在11月20日时尚未进入立案调查阶段，其是否属于本罪中的"犯罪分子"？对"犯罪分子"的解释不同，会有不同结论。

第三，帮助犯罪分子逃避处罚罪中的"通风报信、提供便利"，应当作何理解？根据立法原意，通风报信是指"向犯罪分子有意泄露或者直接告知犯罪分子有关部门查禁活动的部署、措施、时间、地点等情况的行为";提供便利是指"为犯罪分子提供隐藏处所、交通工具、通讯设备或其他便利条件,协助其逃避法律追究的行为"。[①] 按此解释,"通风报信、提供便利"应当能为具体的追查活动制造现实障碍,具有帮助犯罪分子逃脱追究的效果。 在本案中,郑小西仅仅是将吴小南供述出周小东持有"干股"的事情告诉周小东,这一行为,能否起到为具体的追查活动制造现实障碍、帮助犯罪分子逃脱追究的效果? 是否属于本罪意义上的"通风报信、提供便利,帮助犯罪分子逃避处罚"? 根据最高人民检察院《关于渎职侵权犯罪案件立案标准的规定》的规定,涉嫌帮助犯罪分子逃避处罚罪的情形,包括"向犯罪分子泄露案情"。 对此问题,值得讨论研究。

四、 王小北的刑事责任

(一) 关于王小北编借口带检察院同事故意避开吴小南埋尸现场的行为分析

难度系数 ★★★☆☆

涉嫌罪名 帮助犯罪分子逃避处罚罪[②]、窝藏罪

> 《刑法》第310条规定:"明知是犯罪的人而为其提供隐藏处所、财物,帮助其逃匿或者作假证明包庇的,处三年以下有期徒刑、拘役或者管制;情节严重的,处三年以上十年以下有期徒刑。 犯前款罪,事前通谋的,以共同犯罪论处。"

---

① 参见王爱立:《中华人民共和国刑法释义》(最新修正版·含刑法修正案十一),法律出版社2021年版,第907—908页。
② 《刑法》第417条,见本书第150页。

第四试　西京风云

考查要点　关于帮助犯罪分子逃避处罚罪的认定。

　　这段案情的设计，在讨论帮助犯罪分子逃避处罚罪时，涉及两个题点。（1）是对帮助犯罪分子逃避处罚罪的法律解释。这一点上文关于郑小西的部分有所展开。① 如何理解"有查禁犯罪活动职责的国家机关工作人员"？是指负有查禁某个犯罪的具体职责的工作人员，还是一般性地泛指有查禁犯罪职责的所有的公检法人员（以及国家安全部门的人员）？如果是前者，与同事郊游的王小北并没有承担查禁与吴小南有关的犯罪的职责，因此不符合主体条件。如果是后者，那么王小北就可以成为本罪主体。

　　② 如何理解"犯罪分子"？是指已经进入诉讼程序的犯罪嫌疑人或被告人，还是也包括未进入立案调查阶段，仅仅是可能成为嫌疑人的目标者？如果是前者，乐菲之死尚未案发，吴小南显然不属于犯罪分子；如果是后者，则吴小南就应当被认为是犯罪分子。

　　③ 如何理解"通风报信、提供便利"？从这一规定的立法原意和目的来看，是指那些为具体的追查活动制造现实障碍、帮助犯罪分子逃脱追究的各种行为。将检察院的人员骗离埋尸现场，客观上当然实现了帮助吴小南的埋尸行为不被及时发现的效果，当然，避免被发现能否被容纳进"逃避处罚"的含义之内，也值得说明。

　　（2）"向犯罪分子通风报信、提供便利，帮助犯罪分子逃避处罚"的规定，是否要求犯罪分子认识到行为人在对自己提供帮助？一般来说是这样，但也并非全然如此。犯罪分子可能完全没有注意到行为人的帮助，例如，没有看到行为人发送的信息或者留下的纸条，或者犯罪分子误以为是其他人提供的帮助，或者把行为人为其创造的逃跑条件误以为是自己运气好、偶遇，等等。在这些场合，在文义解释上，我们仍然可以说，行为人所实施的行为具有"向犯罪分子通风报信、提供便利，帮助犯罪分子逃避处罚"的性质。只要行为人的帮助行为客观存在，犯罪分子的茫然无知，不能成为否定帮助行为性质的根据。因此，在本案中，吴小南可能完全没有意识到王小北的帮助，这并不能成为一个否定成立本罪的关键理由。

关于窝藏罪的认定。

在杀人埋尸一事上，王小北与吴小南没有任何事前通谋，因此不存在共同犯罪的问题。这里的题点是对窝藏罪中"帮助其逃匿"的理解。为犯罪人提供交通工具，或者将犯罪人直接带离或原地隐藏等行为，是比较常见的帮助犯罪人逃匿的行为。此外，虽然没有在空间坐标上转移犯罪人，也没有在原地隐藏犯罪人，但是将追查或可能追查犯罪人的人员引开，使其未能发现犯罪人的行踪，这也是一种"帮助犯罪人逃匿"的方式。简言之，在A追查（或可能追查）B的过程中，无论是对A施加影响，还是对B施加影响，只要达到了增加追查难度，破坏追查关系的效果，都可以解释进"帮助其逃匿"，也符合窝藏罪的构成要件。

在本案中，作为司法工作人员，王小北应当知道吴小南的埋尸行为涉嫌犯罪，为了避免被其他检察院的同事发现，而编造借口将同事带离原路线，这是通过对可能追查者施加影响，帮助被追查者逃匿，涉嫌构成窝藏罪。

（二）关于王小北在讯问中将赵丰收手脚铐在一起逼供的行为分析

难度系数　★☆☆☆☆

涉嫌罪名　刑讯逼供罪

《刑法》第247条规定："司法工作人员对犯罪嫌疑人、被告人实行刑讯逼供或者使用暴力逼取证人证言的，处三年以下有期徒刑或者拘役。致人伤残、死亡的，依照本法第二百三十四条、第二百三十二条的规定定罪从重处罚。"

考查要点　王小北作为检察院工作人员，符合刑讯逼供罪的主体条件。所谓刑讯逼供，是指采用肉刑或变相肉刑乃至精神刑等残酷的方式，折磨被讯问人的肉体或精神，以获取其供述的一种刑事司法审讯方法。将被讯问人的手和脚长时间用手铐铐在一起，虽然不是直接的肉刑，但是会给被讯问人带来极大的肉体折磨和精神痛苦，属于变相的肉刑，符合刑讯逼供罪的构成要件。王小北作为副检察长，指令下属实施刑讯逼供行为，构成刑讯逼供罪的共同犯罪。

（三）关于王小北明知吴小南涉嫌犯罪但基于私情而不起诉的行为分析

难度系数　★☆☆☆☆

涉嫌罪名　徇私枉法罪

《刑法》第399条第1款规定："司法工作人员徇私枉法、徇情枉法，对明知是无罪的人而使他受追诉、对明知是有罪的人而故意包庇不使他受追诉，或者在刑事审判活动中故意违背事实和法律作枉法裁判的，处五年以下有期徒刑或者拘役；情节严重的，处五年以上十年以下有期徒刑；情节特别严重的，处十年以上有期徒刑。"

考查要点 王小北作为检察院工作人员，符合徇私枉法罪的主体条件。本罪中明知是"有罪的人"，不是指经刑事审判被法院定罪之后的"有罪的人"，而是包括处在刑事诉讼各个阶段的犯罪嫌疑人和被告人。吴小南是已被移送审查起诉的犯罪嫌疑人，通常情况下检察院已经掌握了绝大部分证据，因此题目中说王小北"明知吴小南可能涉嫌犯罪"，在这种情况下，吴小南可以被认定为徇私枉法罪意义上的"有罪的人"。王小北作为司法工作人员，明知其是有罪的人，但是"基于同学感情"而对其作出不起诉的决定，符合徇私枉法罪的构成要件。

（四）关于王小北在讯问中对侯六使用暴力逼供致其死亡的行为分析

难度系数 ☆☆☆☆☆

涉嫌罪名 刑讯逼供罪[1]、故意杀人罪[2]

考查要点 王小北作为检察院工作人员，符合《刑法》第247条的主体条件。题中交代，"王小北闻知莫小君受辱，又见侯六拒不承认，难耐怒火，在讯问侯六过程中使用暴力"，这说明王小北的行为符合刑讯逼供罪的成立条件。根据《刑法》第247条的规

---

[1] 《刑法》第247条，见本书第155页。
[2] 《刑法》第232条，见本书第115页。

定,因刑讯逼供致人死亡的,依照《刑法》第232条故意杀人罪定罪从重处罚。

五、莫小君的刑事责任

(一)关于莫小君在未与郑小西离婚的情况下与吴小南同居的行为分析

难度系数　★☆☆☆☆

涉嫌罪名　重婚罪①

考查要点　参见前文关于吴小南重婚罪刑事责任的分析。

(二)关于莫小君委托律师会见吴小南时唆使吴小南作伪证的行为分析

难度系数　★★☆☆☆

涉嫌罪名　辩护人妨害作证罪、妨害作证罪

> 《刑法》第306条第1款规定:"在刑事诉讼中,辩护人、诉讼代理人毁灭、伪造证据,帮助当事人毁灭、伪造证据,威胁、引诱证人违背事实改变证言或者作伪证的,处三年以下有期徒刑或者拘役;情节严重的,处三年以上七年以下有期徒刑。"
>
> 《刑法》第307条第1款规定:"以暴力、威胁、贿买等方法阻止证人作证或者指使他人作伪证的,处三年以下有期徒刑或者拘役;情节严重的,处三年以上七年以下有期徒刑。"

考查要点　第一,题目中交代的"暗示其(吴小南)可暂作出不利

---

① 《刑法》第258条,见本书第132页。

于周小东的口供，伺机再翻供"，需要明确以下两点。（一）如果"不利于周小东的口供"，指的是周小东涉嫌相关犯罪的内容，那么，这就是针对周小东涉嫌犯罪的证人证言。（二）"不利于周小东的口供"，只是表明该口供对周小东"不利"，但却未说明是否符合客观事实。如果周小东涉嫌犯罪属实，那么该口供（证言）就不是伪证；但是又要"伺机再翻供"，那就表明终究还是要作伪证。如果周小东实际不涉嫌犯罪，吴小南只是为了佯装倒戈（给赵丰收看）而虚假告发周小东，那么该口供（证言）本身就属于伪证，即使"伺机再翻供"，也不能改变已作伪证的性质。这段案情的空间较大，所以在进行法律适用之前，应先厘定作为分析前提的事实。

第二，如果认定题目中所说的"暗示"内容，是"吴小南以证人身份作伪证"，接下来的问题就是确定，谁应当对该暗示行为负责。题中交代，"莫小君委托律师黄九以辩护人身份会见吴小南，暗示其可暂作出不利于周小东的口供"，显然，莫小君和黄九在暗示吴小南作伪证一事上，是有共同故意的。现在的问题是，黄九作为辩护人，让他人作伪证涉嫌的犯罪是《刑法》第306条规定的辩护人妨害作证罪；莫小君没有律师身份也不是辩护人，指使他人作伪证，涉嫌的犯罪是第307条规定的妨害作证罪。如果认为两人是共同犯罪，应当以哪一个罪名论处？

这里不妨参考一下《全国法院审理经济犯罪案件工作座谈会纪要》的有关规定。这个规定确立了不同特殊主体利用各自的职务便利共同非法占有本单位财物的，以主犯的性质定罪的原则。"对于在公司、企业或者其他单位中，非国家工作人员与国家工作人员勾结，分别利用各自的职务便利，共同将本单位财物非法占有的，应当尽量区分主从犯，按照主犯的犯罪性质定罪。司法实践中，如果根据案件的实际情况，各共同犯罪人在共同犯罪中的地位、作用相当，难以区分主从犯的，可以贪污罪定罪处罚。"

如果参照这个定罪思路，首先要看一下本案中莫小君与黄九的地位和作用。一方面，联系上下文语境来看，让吴小南指控周小东，这本来就是莫小君在向周小东求救之后，精心布下的一个局，希望以这种方式让赵丰收误以为吴小南倒戈投靠自己，从而放松警惕，使得莫小君获取赵丰收的信任，进而取得赵丰收的贪腐证据。由此可见，莫小君虽然没有直接指使吴小南作伪证而是通过律师黄九向吴小南做出暗示，但是，在莫小君与黄九实施这个行为的过程中，莫小君显然起到了一个提议并以佣金利诱黄九的主导作用，最后吴小南作伪证的利益也主要归于莫小君，在这个意义上，类似于雇凶杀人的雇主，莫小君属于在共同犯罪中起主要作用的人。另一方面，黄九亲自、直接实施了唆使他人作伪证的行为，且具有辩护人的主体身份，因此，其在共同犯罪中起到主要作用，也是没有疑问的。

其次，是确定罪名的问题。再来看一下"各共同犯罪人在共同犯罪中的地位、作用相当，难以区分主从犯的，可以贪污罪定罪处罚"的规定。既然难以区分主从犯，为什么要以贪污罪定罪？比较合理的解释是，与普通的公司、企业单位的工作人员相比，刑法对国家工作人员的廉洁性有更加严格的要求。虽然都是侵吞单位财产，但贪污罪是由国家工作人员实施，从而在侵犯单位财产利益之外，还违反了公职人员的职务廉洁性和公信力的要求，而且所损害的公共财产的所有制基础也更广泛。

如果这个解释能够成立，那么，参考上述逻辑，在唆使他人作伪证的各个共同犯罪人地位作用相当，难以区分主从犯的情况下，可能以《刑法》第 306 条规定的辩护人妨害作证罪更为妥当。因为律师不同于普通人,是司法体制中的一个负有专门职责的特殊主体,辩护人在整个诉讼过程中的地位和作用也不是一般的普通人可以相比,其享有特定的权利和义务,对诉讼活动的顺利进行有着更加重要的意义。从这个角度讲,依据一个身份和权责更加突出和重要的主体身份来确定共同犯罪的罪名,与上述定贪污罪的逻辑也是大致呼应的。

(三) 关于莫小君去找赵丰收赠送豪宅的行为分析

难度系数 ★☆☆☆☆

涉嫌罪名 行贿罪①

考查要点 行贿人给予国家工作人员财物,必须是为了谋取不正当利益。这里的不正当利益,不能是一种泛泛的、未指向具体事项的照顾或关照,也不能是仅仅为了拉近双方距离,形成一种超过正常交往或工作关系之外的亲密关系。② 行贿罪的成立与受贿罪一样,需要特定的请托事项。行贿人给予国家工作人员财物,其目的必须是为了从国家工作人员处换取对于某个特定事项的关照或帮助。这也是司法实践中区分贿赂犯罪与所谓"感情投资"的关键。

根据题中案情,周小东授意莫小君去找赵丰收,"佯言吴愿意倒戈出卖周小东,并以奥运场馆附近的豪宅相赠,作为投靠赵丰收的'投名状'"。如果认为,赠送豪宅的目的,是为了让赵丰收相信吴小南的背叛,以及对赵丰收收受财物进行录音留取证据,这样一来,就不存在所谓具体的请托事项,不能构成行贿罪。当然,情理上也可以推测,莫小君肯向赵丰收表示赠送豪

---

① 《刑法》第389条,见本书第121—122页。
② 按照2016年最高人民法院、最高人民检察院《关于办理贪污贿赂刑事案件适用法律若干问题的解释》,无具体明确请托事项的"感情投资"可能成立受贿罪,但能否成立行贿罪,还值得研究。

宅，其首要目的就是救出吴小南。如果以此事实为前提的话，也存在构成行贿罪的空间。

（四）关于莫小君持刀威胁阻拦警察李大和王二入室搜查的行为分析

难度系数 ★☆☆☆☆

涉嫌罪名 妨害公务罪

《刑法》第 277 条第 1 款规定："以暴力、威胁方法阻碍国家机关工作人员依法执行职务的，处三年以下有期徒刑、拘役、管制或者罚金。"

考查要点 这处案情有三个题点。第一，是警察李大和王二在"搜查证丢失"的情况下，强行要求进入莫小君家里搜查，是否符合妨害公务罪中"依法"执行职务的要素？第二，莫小君要求两人出示证件，但是两人因搜查证丢失而未能出示，莫小君因为"怀疑其身份"，于是"取水果刀进行威胁和阻拦"，可见，莫小君主观上并不认为李大和王二是依法执行公务的国家机关工作人员。第三，莫小君用水果刀威胁的行为，尚不构成《刑法》第277 条第 5 款中的"暴力袭击"，因而不构成袭警罪。第一点涉及妨害公务罪的客观要件的成立，第二点涉及妨害公务罪的主观要件的成立，第三点涉及袭警罪与妨害公务罪的客观行为的界分。

六、李大的刑事责任

（一）关于李大在没有搜查证和莫小君不同意的情况下强行制服莫小君，让王二入室搜查的行为分析

难度系数 ★☆☆☆☆

涉嫌罪名　非法搜查罪

《刑法》第245条规定："非法搜查他人身体、住宅，或者非法侵入他人住宅的，处三年以下有期徒刑或者拘役。司法工作人员滥用职权，犯前款罪的，从重处罚。"

考查要点　李大和王二具有警察身份，也开具了搜查证，但是在搜查证丢失、不能按照住户要求出示搜查证的情况下强行搜查，属于非法搜查。这里的非法，不仅包括搜查人原本就没有取得搜查证的情况，也包括原本有搜查证但是由于各种原因在搜查当时不能出具的情形。李大与王二涉嫌构成非法搜查罪的共同犯罪。

（二）关于李大强行制服莫小君，王二入室取走笔记本电脑等财物的行为分析

难度系数　★☆☆☆☆

涉嫌罪名　抢劫罪

《刑法》第263条规定："以暴力、胁迫或者其他方法抢劫公私财物的，处三年以上十年以下有期徒刑，并处罚金；有下列情形之一的，处十年以上有期徒刑、无期徒刑或者死刑，并处罚金或者没收财产：（一）入户抢劫的；（二）在公共交通工具上抢劫的；（三）抢劫银行或者其他金融机构的；（四）多次抢劫或者抢劫数额巨大的；（五）抢劫致人重伤、死亡的；（六）冒充军警人员抢劫的；（七）持枪抢劫的；（八）抢劫军用物资或者抢险、救灾、救济物资的。"

考查要点 李大和王二强行制服莫小君，入室搜查并取走其财物，符合抢劫罪的客观构成要件，且具有"入户"的加重情形。但是，两人取财的目的，不是为了能以所有人地位僭用财物，而是基于警察身份为案件侦查需要取证扣押，所以不属于非法占有目的，排除抢劫罪的成立。

七、王二的刑事责任

（一）关于王二在没有搜查证和莫小君不同意的情况下强行入室搜查的行为分析

难度系数 ★☆☆☆☆

涉嫌罪名 非法搜查罪①

考查要点 参见前文关于李大非法搜查罪刑事责任的分析。

（二）关于李大强行制服莫小君，王二入室取走笔记本电脑等财物的行为分析

难度系数 ☆☆☆☆☆

涉嫌罪名 抢劫罪②

考查要点 参见前文关于李大抢劫罪刑事责任的分析。

八、苏三的刑事责任

（一）关于苏三为感谢吴小南帮助其弄到钢材批条而给吴小南2万元的行为分析

难度系数 ★★☆☆☆

---

① 《刑法》第245条，见本书第162页。
② 《刑法》第263条，见本书第162页。

涉嫌罪名　行贿罪[①]

考查要点　这里有两个问题值得讨论。

（1）如何理解"为谋取不正当利益"中的"不正当"？目前司法实践领域采用的主要标准是最高人民法院、最高人民检察院《关于办理商业贿赂刑事案件适用法律若干问题的意见》第9条的规定："在行贿犯罪中，'谋取不正当利益'，是指行贿人谋取违反法律、法规、规章或者政策规定的利益，或者要求对方违反法律、法规、规章、政策、行业规范的规定提供帮助或者方便条件。在招标投标、政府采购等商业活动中，违背公平原则，给予相关人员财物以谋取竞争优势的，属于'谋取不正当利益'。"刑法理论上对此也有异议认为，是否正当本身难以判断，且无论利益正当与否，对于国家工作人员收受财物而带来的公信力和廉洁性的破坏都没有区别，因此建议立法上删除这一要求。不过，根据目前的刑法规定，是否成立受贿罪还是必须要以"为谋取不正当利益"作为限缩性要件。

就案情来看，这里可能涉及一些对于20世纪80年代末期"双轨制"下的"倒爷"现象的了解。"倒爷""对缝"，包括更早期的投机倒把，等等，这些于今已经颇为遥远的词汇，是那个商品经济极不发达、既有国家统配价又有市场价的年代的特殊产物。内地在从计划经济转向市场经济过程中，尤其是在价格"双轨制"时代，一些人利用计划内商品和计划外商品的价格差别，在市场上倒买倒卖有关商品进行牟利，被称为"倒爷"。"倒爷"一度盛行于全国各地，尤以北京地区最为流行。当时流行的

[①]　《刑法》第389条，见本书第121—122页。

段子是，"十亿人民九亿倒，还有一亿在寻找"——价格"双轨制"下，谁能搞到批条，谁就能用价差赚到大钱，中国的首批暴发户，就是在"倒爷"中诞生的。

题中交代，苏三是著名的"倒爷"，其找到吴小南帮助弄钢材批条，就是想利用国家统配价与市场价之间的差额赚钱。但是，当时的情况很复杂，政策变化也很快，国企将商品卖给个人，有些有条件限制，有些也没有限制，只是紧俏而已。因此，赚取的差额是否属于"违反法律、法规、规章或者政策规定的利益"，提供批条是否属于"违反法律、法规、规章、政策、行业规范的规定提供帮助或者方便条件"，要视具体情形而定。"走后门"谋取的是否为不正当利益，不能一概而论。在题目没有详细说明的情况下，关键是考虑到"不正当利益"的题点即可，结论并不重要。

（2）如何理解"为谋取不正当利益"的"为"？是指给予国家工作人员财物的动机和目的，还是指给予财物的原因或对价？如果是前者，那么像本案中这种事情已经办完，苏三给吴小南2万元钱时，已经没有再求其办事谋取利益的动机和目的，就不符合"为谋取不正当利益"的要求。如果是后者，那么像本案中这种办事之后，为了表达感谢而给予财物，也属于"为谋取不正当利益"。通常来说，理论和实践中都是后一种理解。

（二）关于苏三承包钢厂后将本应上交国家的部分利润占为己有的行为分析

难度系数　★☆☆☆☆

涉嫌罪名 贪污罪[①]

考查要点 参见前文关于吴小南贪污罪刑事责任的分析。

（三）关于苏三将承包后取得的个人利益与吴小南平分的行为分析

难度系数 ★☆☆☆☆

涉嫌罪名 行贿罪[②]

考查要点 题目中交代，"实际余利由两人均分"。由于钢厂实际盈利 400 万元，交给国家 250 万元之后，实际还剩 150 万元。如上所述，该 150 万元中的 50 万元本应由国企所得，属于公共财物，吴小南和苏三平分该 50 万元，属于共同贪污。剩下的 100 万元不是公共财产，而是苏三承包钢厂所得，吴小南从中分得的 50 万元，属于收受苏三的财物。从案情来看，"吴小南帮助苏三取得钢厂承包权……在吴小南支持下，苏三以此方法顺利承包钢厂 5 年"，这说明吴小南在苏三取得承包权以及谎报盈利额的过程中，利用其职务便利为苏三提供了帮助和支持，因此，仅就苏三的第一年承包期而言（其他年份的盈利分红题中没有交代），吴小南总共获利的 75 万元中，有 25 万元是贪污款，有 50 万元是受贿款。苏三为获取不正当利益（取得承包权以及谎报盈利额），而分给吴小南 50 万元，构成行贿罪。

九、钱四的刑事责任

（一）关于钱四偷走李大衣服里的 200 元钱的行为分析

难度系数 ★☆☆☆☆

---

① 《刑法》第 382 条，见本书第 128 页。
② 《刑法》第 389 条，见本书第 121—122 页。

第四试　西京风云

涉嫌罪名　盗窃罪

《刑法》第264条规定:"盗窃公私财物,数额较大的,或者多次盗窃、入户盗窃、携带凶器盗窃、扒窃的,处三年以下有期徒刑、拘役或者管制,并处或者单处罚金;数额巨大或者有其他严重情节的,处三年以上十年以下有期徒刑,并处罚金;数额特别巨大或者有其他特别严重情节的,处十年以上有期徒刑或者无期徒刑,并处罚金或者没收财产。"

考查要点　依照案情,钱四从李大处偷走200元人民币,从盗窃数额来看,远未达到普通盗窃罪的入罪起点。这里的题点在于"放在衣服里的200元钱",该200元钱放在李大衣服内,在其贴身范围之内。按照我的看法,窃取贴身范围之内的财物,因违反贴身禁忌而比普通盗窃的不法内涵提升。① "扒窃"的概念就是处理此类数额虽小但侵犯贴身禁忌的盗窃行为。钱四的行为可认定为扒窃,虽然未达到"数额较大",也按照扒窃型盗窃罪定罪处罚。

(二)关于钱四将李大衣服内的搜查证偷走的行为分析

难度系数　★★☆☆☆

涉嫌罪名　盗窃国家机关公文罪

《刑法》第280条第1款规定:"伪造、变造、买卖或者盗窃、抢夺、毁灭国家机关的公文、证件、印章的,处三年以下有期徒刑、拘役、管制或者剥夺政治权利,并处罚金;情节严重的,处三年以上十年以下有期徒刑,并处罚金。"

---

① 参见车浩:《"扒窃"入刑:贴身禁忌与行为人刑法》,载《中国法学》2013年第1期。

考查要点 依照案情，钱四从李大处偷走搜查证。由公安机关或检察机关签发的搜查证，属于国家机关公文。钱四的行为，符合盗窃国家机关公文罪的客观要件。这里的题点在于主观方面。在盗窃罪的场合，经常会遇到行为人没有想到钱包内或衣服内财物的具体种类和价值的情形，此时的焦点就往往集中在行为人所盗物是否具有主观故意上面。通常说来，只要实际财物没有完全超出一般的行窃者对于钱包或衣服内可容纳财物的理解和预期，就不会得出欠缺主观故意的结论。

但是，本案中的情形有些特殊。李大和王二既没有开警车也没有穿警服，而是乘坐地铁便衣出行，因此从外观上，一般人难以判断其属于国家机关工作人员，且衣服内装有国家机关公文。相反，依照常理，若钱四预见两人可能为警察，应当避开而不是反而对警察行窃才是。并且，国家机关公文对于钱四而言，缺乏财产性利益，也不在一般的小偷的行窃预期范围之内。所以，否定这里的认识可能性，得出欠缺主观要件而排除盗窃罪的结论似更为合理。

十、江五的刑事责任

（一）关于江五偷走公安局内的扣押物品的行为分析

难度系数 ★★☆☆☆

涉嫌罪名 盗窃罪[①]，贪污罪[②]，非法处置查封、扣押、冻结的财产罪

[①] 《刑法》第264条，见本书第167页。
[②] 《刑法》第382条，见本书第128页。

《刑法》第 314 条规定:"隐藏、转移、变卖、故意毁损已被司法机关查封、扣押、冻结的财产,情节严重的,处三年以下有期徒刑、拘役或者罚金。"

考查要点 (1)关于盗窃罪与贪污罪。根据案情,江五"将部分扣押物品偷出",说明其行为符合"窃取"的特征——未经占有人同意破坏财物的占有关系。但是,题中仅交代,江五是莫小君"在公安局的朋友",江五在公安局工作,但并未明确其是否具有国家工作人员身份。同时,题目也未交代,江五偷出该扣押物品,是否"利用职务上的便利"。因此,就江五偷出扣押物的行为来看,可能构成盗窃罪,也可能构成贪污罪。

但是,这里的题点,其实不在于上面说的主体身份和客观行为,而是在于江五偷出扣押物是受莫小君之托,"准备第二天交给莫"。这一点意味着,江五不具有构成盗窃罪或贪污罪都必备的"非法占有目的"。非法占有目的之非法占有,是指不具有非所有人的行为人,想要排除所有人在财物上的地位,像所有人一样僭用财物。它既包括为自己非法占有,也包括为第三人非法占有。在本案中,江五本人偷出扣押物行为当时的目的,就是为了交给莫小君。因此,江五不具有为自己非法占有财物的目的。相关财物仅是作为公安局调查取证使用的扣押物品,所有权并未发生转移,莫小君作为财物的所有人,想要取回自己仍然具有所有权的财物,对该财物也不存在非法占有目的。所以,江五也不具有为第三人非法占有财物的目的。

或许会有疑问说,《刑法》第 91 条第 2 款规定:"在国家机关、国有公司、企业、集体企业和人民团体管理、使用或者运输中的私人财产,以公共财产论。"对这一规定,应当理解为:针对财产所有人之外的其他人而言,该财产以公共财产论,其他人侵犯该财产的,属于侵犯公共财产。但是对财产所有人本人而言,该财产的所有权仍然属于其私人所有,所有人不能成为侵犯该财产所有权的行为人。因此,江五受莫小君所托,基于为莫小君占有财物的目的,取得被公安机关扣押的归莫小君所有的财物,其行为的犯罪对象不属于公共财产,本人也不具有非法占有目的,因此,不符合盗窃罪的主观要件,也不符合贪污罪的主观要件。

(2)题中交代,江五"将部分扣押物品偷出",再结合案情,可知江五偷走的物品系归莫小君所有但被公安机关扣押的物品,且上文已经分析过,江五不具有非法占有目的,而偷走行为也具有"转移"的性质,符合非法处置查封、扣押、冻结的财产罪的构成要件,可按该罪论处。

(二)关于江五将笔记本电脑留为己用不归还给莫小君的行为分析

难度系数 ★★☆☆☆

涉嫌罪名 侵占罪

《刑法》第270条规定:"将代为保管的他人财物非法占为己有,数额较大,拒不退还的,处二年以下有期徒刑、拘役或者罚金;数额巨大或者有其他严重情节的,处二年以上五年以下有期徒刑,并处罚金。将他人的遗忘物或者埋藏物非法占为己有,数额较大,拒不交出的,依照前款的规定处罚。本条罪,告诉的才处理。"

考查要点　根据案情,江五"将部分扣押物品偷出",说明包括笔记本电脑在内的财物已经处于江五占有控制之下。可能存在疑问的是,莫小君只是请江五帮忙从公安局取回扣押物,但是能否取回以及取回哪些财物,都是完全不确定的事情。在这种情况下,能否将处于江五占有控制之下但对莫小君而言并不知情的笔记本电脑,解释为侵占罪中的"代为保管的他人财物"?

按照我的观点,不宜将《刑法》第270条第1款中的"代为保管",缺乏根据地限制解释为受他人委托而归行为人占有的状态,而可以将其解释为对财物的法律性质的界定——即该财物对于行为人而言,只能处于一种"代为保管"的状态而不能对其僭居所有人地位。无论是受委托存管的财物,还是无因管理的财物,也无论是死者的遗留物,还是他人的遗失物,就其在法律性质上对行为人而言只能属于"代为保管"而不能僭居所有人这一点而言,都是相同的。这样一来,侵占罪的对象既包括自己实际占有的财物,也包括无人占有的财物(遗失物和死者遗留物)。如果行为人对这些代为保管的财物以所有人僭居(非法据为己有),无论所有人是否知情,均构成侵占罪。①

或许还有疑问说,莫小君不知道自己的笔记本电脑在江五处,也就没有索回的要求,是否符合侵占罪"拒不退还"的要件?我认为,这里的拒不退还,既包括面对返还要求时的直接拒绝,也包括否认自己占有财物以欺骗对方放弃索求,还包括在对方不知情未提出返还要求的情况下直接留作己用。对此,不妨联系思考强奸罪中的对于被害人反抗方式和程度的要求。其中,既

---

① 参见车浩:《占有概念的二重性:事实与规范》,载《中外法学》2014年第5期。

包括直接用暴力威胁压制对方，使其不敢反抗，也包括欺骗对方，使其误以为是性伴侣而放弃反抗，还包括在对方睡熟或醉酒的状态下，不知反抗的情形。

十一、江小五的刑事责任

（一）关于江小五将性爱视频传至色情网站并获利的行为分析

难度系数 ☆☆☆☆☆

涉嫌罪名 传播淫秽物品牟利罪

> 《刑法》第363条第1款规定："以牟利为目的，制作、复制、出版、贩卖、传播淫秽物品的，处三年以下有期徒刑、拘役或者管制，并处罚金；情节严重的，处三年以上十年以下有期徒刑，并处罚金；情节特别严重的，处十年以上有期徒刑或者无期徒刑，并处罚金或者没收财产。"

考查要点 根据案情，认定江小五构成传播淫秽物品牟利罪较为明显，属于送分题点。

（二）关于江小五从背后打昏莫小君并强奸的行为分析

难度系数 ☆☆☆☆☆

涉嫌罪名 强奸罪

> 《刑法》第236条第1款规定："以暴力、胁迫或者其他手段强奸妇女的，处三年以上十年以下有期徒刑。"

考查要点 送分题点。主要是看答题者面对大量信息时的注意力和细致程度了。

十二、侯六的刑事责任

关于侯六要求莫小君带5万元换回性爱视频的行为分析

难度系数　☆☆☆☆☆

涉嫌罪名　敲诈勒索罪

> 《刑法》第274条规定:"敲诈勒索公私财物,数额较大或者多次敲诈勒索的,处三年以下有期徒刑、拘役或者管制,并处或者单处罚金;数额巨大或者有其他严重情节的,处三年以上十年以下有期徒刑,并处罚金;数额特别巨大或者有其他特别严重情节的,处十年以上有期徒刑,并处罚金。"

考查要点　以带有隐私内容的视频资料(曝光)相威胁,向对方索要财物,是敲诈勒索罪中较为常见的一种表现形式,基本上属于考查注意力的送分题点。

十三、白七的刑事责任

关于白七受曹明指使开具侯六心梗突发的假证明的行为分析

难度系数　★☆☆☆☆

涉嫌罪名　徇私枉法罪[①]、包庇罪

> 《刑法》第310条第1款规定:"明知是犯罪的人而为其提供隐藏处所、财物,帮助其逃匿或者作假证明包庇的,处三年以下有期徒刑、拘役或者管制;情节严重的,处三年以上十年以下有期徒刑。"

---

① 《刑法》第399条第1款,见本书第155—156页。

考查要点　白七作为法医，不符合徇私枉法罪的主体身份，但是受曹明指使，明知侯六死因但仍然开具假证明，可以与曹明构成徇私枉法罪的共同犯罪。这里可能存有争议之处在于：通常对徇私枉法罪的理解，是发生在诉讼过程中。在本案中，王小北使用暴力致侯六死亡的行为，发生在检察院对侯六的讯问过程中，而曹明指使白七作假证明包庇王小北的行为，未交代清楚是否发生在诉讼过程中，因此，本案的情形是否适用徇私枉法罪？

根据最高人民检察院《关于渎职侵权犯罪案件立案标准的规定》的规定，涉嫌下列情形之一的，应予立案（徇私枉法罪）："对明知是有犯罪事实需要追究刑事责任的人，采取伪造、隐匿、毁灭证据或者其他隐瞒事实、违反法律的手段，故意包庇使其不受立案、侦查、起诉、审判的。"如何理解这里的"不受立案"？司法机关在作出是否立案的决定之前，有一个对案件材料进行审查的过程。这个审查过程主要是对相关事实和证据或者证据线索进行调查核对，以决定是否立案。这个所谓的立案阶段，是刑事诉讼的起始程序，本身就是诉讼活动的一部分。前述立案标准中的"不受立案"，应当理解为进入立案阶段之中，所发生的徇私枉法的行为。对此，不能宽泛地理解为采取伪造、隐匿、毁灭证据等手段，使相关的证据材料无法进入立案阶段。

由于刑讯逼供案由检察院直接受理，因此，这里需要明确的是，如果曹明和白七作假证明的行为，发生在检察院对王小北刑讯逼供的行为立案调查过程中，则曹明与白七涉嫌徇私枉法罪的共同犯罪。如果曹明和白七作假证明的行为，发生在尚未进入立案阶段之前，则不符合徇私枉法罪的成立条件。

如果认为刑讯逼供还未进入立案阶段，而曹明和白七为其提供了假证明，这就不是在特定的诉讼活动中利用职务便利徇私枉法的行为，而是符合包庇罪的成立要件。

十四、黄九的刑事责任

关于律师黄九受莫小君委托会见吴小南时暗示吴作伪证的行为分析

难度系数 ★☆☆☆☆

涉嫌罪名 辩护人妨害作证罪①

考查要点 该处案情首先涉及"伪证"的事实认定，其次涉及黄九与莫小君在共同犯罪的情况下，以哪一个罪名定罪的问题。具体分析参见前文关于莫小君的刑事责任部分的分析。

十五、赵丰收的刑事责任

（一）关于赵丰收收受莫小君给予的奥运场馆附近的豪宅的行为分析

难度系数 ★☆☆☆☆

涉嫌罪名 受贿罪②

考查要点 前文在周小东和莫小君的刑事责任部分，已经对赠送奥运场馆附近豪宅的性质作过分析。如果这一豪宅仅仅是单纯的感情投资，那么因为不具有托办具体事宜的对价性，不能构成贿赂犯罪。如果赠送豪宅的目的中，包括为吴小南脱困，就存在具体请托事项与公权力的交换关系，构成受贿罪。

另外，值得注意的是，题中仅交代赵丰收"接受了房间钥

---

① 《刑法》第306条第1款，见本书第157页。
② 《刑法》第385条，见本书第114页。

匙",没有写是否办理过户,这一点并不影响受贿罪的成立。根据最高人民法院、最高人民检察院《关于办理受贿刑事案件适用法律若干问题的意见》第8条"关于收受贿赂物品未办理权属变更问题"的规定,"国家工作人员利用职务上的便利为请托人谋取利益,收受请托人房屋、汽车等物品,未变更权属登记或者借用他人名义办理权属变更登记的,不影响受贿的认定"。

(二)关于赵丰收以保吴小南平安为砝码向莫小君提出性要求的行为分析

难度系数 ★★★☆☆

涉嫌罪名 强奸罪[①]

考查要点 赵丰收以保吴小南的平安为砝码,向莫小君提出性要求,这是否属于强奸罪意义上的"胁迫"?

首先,强奸罪中的暴力和胁迫,要达到什么程度?目前的刑法理论对此缺乏深入研究。在我看来,这可与财产犯罪中的抢劫罪与敲诈勒索罪进行对比。这两个犯罪都是关于财产转移自由的犯罪。抢劫罪是暴力胁迫压制人难以反抗、无法反抗,是完全压制被害人的意思决定自由;而敲诈勒索罪则是使被害人陷入到两难抉择的困境之中,在受迫但尚未完全丧失意思决定自由的情况下处分财产。抢劫罪和敲诈勒索罪组合起来,就是在关于财产转移的意志决定自由方面,对被害人实行不同程度的压迫。但是,在性自由(这里指性交自由)领域中,不存在像财产领域中抢劫罪—敲诈勒索罪这样的"双生花"分管着不同程度的压迫,而只有一个强奸罪统一管辖。

[①] 《刑法》第236条第1款,见本书第172页。

因此，按照我的个人观点，强奸罪中的暴力和胁迫，必然要全面地覆盖各种不同程度的性强制，从类似于敲诈勒索罪中尚有自由选择余地的强制，到类似于抢劫罪中完全丧失选择自由的强制，都属于强奸罪中的强制范围。不能把强奸罪的暴力胁迫，限制在与抢劫罪中的暴力胁迫相当程度的范围。因为没有理由说，侵犯财产转移的自由，即使没有达到抢劫罪那样的程度，刑法也要用敲诈勒索罪予以保护，但是到了人身领域至关重要的性自由中，保护面积和力度反而降低，只保护性自由免受最严厉程度的、完全压制反抗的强制了。所以，即使行为人对被害人实施的暴力、胁迫，没有达到对方无法反抗、难以反抗的程度，也同样可以成立强奸罪中的暴力、胁迫。

其次，提出可以帮助对方摆脱困境的砝码，作为发生性关系的条件，这种做法是否属于强奸罪意义上的胁迫？面对行为人的提议，被害人的确陷入了两难的困境中，接受对方的提议，可以帮助自己摆脱困境，但是要付出发生性关系的代价；不接受对方的提议，就仍陷在困境中无法自拔。这个问题的特殊性在于，行为人提出的威胁手段是"不提供帮助"，这与通常的那种暴力伤害、隐私曝光等明显具有违法性的胁迫手段不同，被害人陷入的困境并不是行为人制造的，行为人没有帮助被害人摆脱困境的义务，因此，不实施帮助行为，并不具有任何违法性。这样看来，行为人提出用性换取帮助的条件，在某种意义上，反而是为被害人提出了一个新的选项，增加了他选择自由的空间。对被害人来说，也完全可以拒绝行为人的帮助，其原有困境虽然没有得到改善，但也不会因拒绝而变得更糟糕。按此逻辑，这种不具有违法性的威胁手段不属于胁迫。

不过，对此可能也会有不同的看法，即认为问题的关键不在于胁迫手段本身的合法性与否,而是在于胁迫手段是否对被害人形成了实际的压迫,与欲达目的之间是否存在一种卑鄙的关系。例如,在一个人得知他人有违法犯罪行为,而以不向司法机关举报作为发生性关系的胁迫手段的场合,尽管举报犯罪是一个公民的义务和自由,本身不具有违法性,但是这种胁迫已经对被害人的自由决定造成了严重的压迫,且具有相当的卑鄙性,就应当认为是强奸罪中的胁迫。当然,这种实质性的判断不能脱离特定的时代和社会的语境,需要在具体个案中具体分析。

(三) 关于赵丰收接受陈大山为其在 P 国购买的别墅的行为分析

难度系数 ★☆☆☆☆

涉嫌罪名 受贿罪①

考查要点 这里涉及的问题,主要是不能仅仅因为收受财物就认定受贿罪,而是要看赵丰收是否利用职务便利为陈大山谋取利益,即双方之间是否存在特定的请托事项。对此,上文关于贿赂犯罪已有多处详细分析,此处不再赘述。

十六、乐菲的刑事责任

关于乐菲作为 P 国间谍向周小东索求国家秘密的行为分析

难度系数 ★☆☆☆☆

涉嫌罪名 间谍罪、非法获取国家秘密罪

《刑法》第110条规定:"有下列间谍行为之一,危害国家安全的,处十年以上有期徒刑或者无期徒刑;情节较轻的,处三年以上十年以下有期徒刑:(一)参加间谍组织或者接受间

---

① 《刑法》第385条,见本书第114页。

谍组织及其代理人的任务的;(二)为敌人指示袭击目标的。"

《刑法》第 282 条规定:"以窃取、刺探、收买方法,非法获取国家秘密的,处三年以下有期徒刑、拘役、管制或者剥夺政治权利;情节严重的,处三年以上七年以下有期徒刑。非法持有属于国家绝密、机密的文件、资料或者其他物品,拒不说明来源与用途的,处三年以下有期徒刑、拘役或者管制。"

考查要点 刑法规定了间谍罪的三种行为方式。这三种行为都有一个后续的实质性限定,即"危害国家安全",这是考虑到仅仅参加某间谍组织,未必就一定会对本国的国家安全造成危害。例如,该间谍组织并不以本国为敌对国,或者以"无间道"的卧底形式加入组织等。题目中交代,乐菲的真实身份是 P 国间谍,且有"向周小东索求关于西京省改革的国家秘密"的行为,也符合"危害国家安全"的实质判断,因此,乐菲构成间谍罪无疑。至于乐菲作为"亚洲小姐",究竟是香港居民还是内地人,不影响本罪的成立。

此外,乐菲以帮助家族企业发展为由,向周小东索求关于西京省改革的国家秘密,这一行为不仅构成间谍罪,同时也涉嫌构成非法获取国家秘密罪。此处存在想象竞合犯的关系。

十七、曹明的刑事责任

关于曹明指使白七开具侯六心梗突发的假证明的行为分析

难度系数 ★☆☆☆☆

涉嫌罪名 徇私枉法罪[①]

[①] 《刑法》第 399 条第 1 款,见本书第 155—156 页。

考查要点 参见前文关于白七徇私枉法罪刑事责任的分析。

十八、石贺的刑事责任

(一) 关于石贺利用千术骗取罗八 5 万元的行为分析

难度系数 ★☆☆☆☆

涉嫌罪名 赌博罪①、诈骗罪②

考查要点 所谓"千术",就是指赌博过程中的一种骗术。在赌博过程中使用千术骗取他人财物的,究竟应当构成赌博罪还是诈骗罪?最高人民法院研究室在《关于设置圈套诱骗他人参赌获取钱财的案件应如何定罪问题的电话答复》(已失效)中规定:"对于行为人以营利为目的,设置圈套,诱骗他人参赌的行为,需要追究刑事责任的,应以赌博罪论处。"最高人民法院在《关于对设置圈套诱骗他人参赌又向索还钱财的受骗者施以暴力或暴力威胁的行为应如何定罪问题的批复》中进一步规定:"行为人设置圈套诱骗他人参赌获取钱财,属赌博行为,构成犯罪的,应当以赌博罪定罪处罚。参赌者识破骗局要求退还所输钱财,设赌者又使用暴力或者以暴力相威胁,拒绝退还的,应以赌博罪从重处罚;致参赌者伤害或者死亡的,应以赌博罪和故意伤害罪或者故意杀人罪,依法实行数罪并罚。"由此可见,根据上述两个司法文件,赌博中的骗术应当以赌博罪论处。

但是,一直以来,刑法理论和司法实践中都有过不同意见,认为应当按照诈骗罪而非赌博罪论处。主要理由是这种行为不是由于运气的偶然性而赢利,不符合赌博罪的特征,而是由于

---

① 《刑法》第 303 条第 1 款,见本书第 123 页。
② 《刑法》第 266 条,见本书第 138 页。

实施骗术而获取财物,符合诈骗罪的特征。

我原则上赞成以上两个司法文件的意见。反对观点并没有真正理解这两个司法文件的内在含义。应当认为,赌博中的资金输赢,不应通过财产犯罪而受到刑法的保护。如果按照诈骗罪论处,即认为参赌者属于财产犯罪的被害人,其财产和交换自由应当受到刑法保护,赌资原则上应当返还给被害人也就是参赌者。但是这个结论不仅在刑事政策上站不住脚,也不符合司法实践中的一贯做法。

另外,如果认为参赌者受骗输掉的钱财应受诈骗罪保护,那么,在参赌者受到暴力胁迫而不能取回应受保护的钱财时,也应当用抢劫罪或敲诈勒索罪加以保护,但是,批复中明确规定,"参赌者识破骗局要求退还所输钱财,设赌者又使用暴力或者以暴力相威胁,拒绝退还的,应以赌博罪从重处罚",这一规定再清楚不过地说明,参赌者所输掉的钱财,不会再受到抢劫罪或敲诈勒索罪等财产犯罪规定的保护。由此可见,司法文件的规定,是基于不动用财产刑法来保护赌博过程中的赌资这一基本逻辑而展开的。

(二)关于石贺向孙天宇输送赌资百万元的行为分析

难度系数 ★☆☆☆☆

涉嫌罪名 对有影响力的人行贿罪[①]

考查要点 从案情可知,石贺是受周小东指使,以打牌为名,向孙天宇输送利益。最高人民法院、最高人民检察院《关于办理受贿刑事案件适用法律若干问题的意见》第5条第1款规定:"根据

---

① 《刑法》第390条之一,见本书第124页。

《最高人民法院、最高人民检察院关于办理赌博刑事案件具体应用法律若干问题的解释》第七条规定,国家工作人员利用职务上的便利为请托人谋取利益,通过赌博方式收受请托人财物的,构成受贿。"上文在周小东的刑事责任部分已经分析,本案中孙天宇已经退休,不属于国家工作人员,构成利用影响力受贿罪。2015 年 11 月 1 日起开始施行的《刑法修正案(九)》增设了第 390 条之一。按照该条规定本处情形涉嫌构成《刑法》第 390 条之一规定的"对有影响力的人行贿罪"。但是考试当时,《刑法修正案(九)》还未出台,因此当时给学生的答案中并没有包含这部分内容。

十九、陈大山的刑事责任

关于陈大山为赵丰收在 P 国购买别墅的行为分析

难度系数 ☆☆☆☆☆ ─────────

涉嫌罪名 行贿罪[①]

考查要点 这里涉及的问题,主要是不能仅仅因为送财物就认定行贿罪,而是要看陈大山是否为谋取某种不正当利益而送财物,即双方之间是否存在特定的请托事项。对此,上文关于贿赂犯罪已有多处详细分析,此处不再赘述。

二十、孙天宇的刑事责任

关于孙天宇通过打牌接受周小东输送的利益并允诺在吴小南案中帮忙的行为分析

难度系数 ☆☆☆☆☆ ─────────

[①] 《刑法》第 389 条,见本书第 121—122 页。

涉嫌罪名　利用影响力受贿罪

> 《刑法》第 388 条之一第 2 款规定："离职的国家工作人员或者其近亲属以及其他与其关系密切的人，利用该离职的国家工作人员原职权或者地位形成的便利条件实施前款行为的，依照前款的规定（利用影响力受贿罪）定罪处罚。"

考查要点　从主体身份来看，本案中孙天宇在接受周小东输送的百万元利益的时候，已经退休，不属于国家工作人员，而是属于《刑法》第 388 条之一第 2 款所说的"离职的国家工作人员"。根据司法解释的规定，通过赌博方式收受他人财物，并允诺为他人谋取利益的，客观上符合法律规定的受贿行为特征。孙天宇对于贺石输给自己的百万余元，"知悉石贺的背后是周小东，对此心领神会"，这说明孙天宇对于这百万余元的性质是有认知的。因此，当周小东找到孙天宇，请他在吴小南案件中帮忙的时候，"孙天宇允诺"。先收受财物后允诺办事，是受贿犯罪的一种典型表现形式。综上可见，孙天宇的行为符合《刑法》第 388 条之一第 2 款规定的利用影响力受贿罪的特征。

北京大学法学院 2018级本科生
"刑法分论"期末考题

第五试 梦里不知身是客

最穿越之"大理寺卿走进新时代"

考试对象：2018级本科生
考查范围：《刑法》分则
考试时间：四小时
考试方式：开卷
试题分值：100分

答题要求：

简要说明案中人涉嫌的犯罪及理由，分析争议之处。题中时间系案情串联需要，答题时以现行《刑法》为依据，无须考虑实践合理性和刑法效力问题。

第五试　梦里不知身是客

最穿越之"大理寺卿走进新时代"

北宋大理寺少卿周元一觉醒来,发现已置身另外一个世界。

起初周元懵怔震惊,然其常年在大理寺任职,善观察分析,数月之后即对新生活逐渐适应。

进士出身的周元发现当地书画收藏成风,遂打算将随身带来的几幅苏轼真迹卖掉换钱。经邻居贺冰引荐,周元认识了西京省书画鉴定专家陈大。

陈大看到周元出示的《北武帖》后心惊,明白此乃不世出的苏轼真迹。于是和朋友刘二商议后,对周元声称由于缺乏历史记录,难辨真假,无法拍卖出高价,自己愿意介绍一位买家出 50 万元买下。周元同意,将画卖给刘二。后陈大和刘二广邀名家鉴定,确认《北武帖》为苏轼真迹,借着舆论轰动,在拍卖会上卖出 5 000 万元的高价。

周元发现自己卖画所得,尚不足以在西京省生存,于是打算向银行贷款买房。但苦于无合法身份,于是又向贺冰求助。贺冰介绍周元认识了张三,周元给了张三 10 万元定金,打算购买一套伪造的身份证件,不料张三收了定金后逃匿不见。贺冰得知后颇感内疚,遂以自己名下公司经营为由向银行贷款,等贷款到账后转借给了周元。双方约定,以贺冰名义购房后交由周元居住,待周元有了合法身份后再进行转让。周元对贺冰极为感激,决心将来必以涌泉相报。

贺冰发现周元虽来路不明但谈吐不凡,便游说周元与自己合作开了一家文化公司,各占50%股份,由周元对外宣讲传统文化课程,贺冰负责公司运营。

周元曾与宫内太医交好,知晓一些后世失传的秘方,据此配制丹药,在授课中间出售。丹药效果奇佳,有些癌症患者服药后甚至"起死回生"。于是,以听课之名来购药者络绎不绝。因担心工商局查账,贺冰提前将与售药有关的账簿全部烧光。

国企A药厂听闻奇药问世,派经理李四去购买药方。李四与周元交流后起了私心,对A药厂董事会声称药方虚假不值得购买,暗地里让自己弟弟经营的民营B药厂与周元接洽,出资300万元从周元处购得药方。300万元进入文化公司账户。

贺冰出差回来后得知药方被卖,非常懊恼。为了安慰贺冰,周元又提出自己能够制作宋代钱币,贺冰大喜。

果然,周元制造出的宋代铜钱,顶级文物专家也难辨真假,被很多藏家当作真品购买。

文化公司收入日增。贺冰更想出妙计,出售包括古药和古币在内的名为"北宋风流"的文化礼包。初期大卖,后供不应求。贺冰决定出售10万元一张的文化卡,消费者凭此卡可换得一套文化礼包。公司一年内虽然无法供货,但购卡者可以在一年后凭此卡将文化礼包再卖给公司,由于收藏品升值,公司将以15万元一张的价格回购。此消息一出,吸引了大量购卡但不取礼包者,只求一年后将卡卖回获利。贺冰将卖卡所得资金向一些个人放高利贷,赚钱后再回购礼品卡。

周元沉迷于丹药和古币的制作,对贺冰的具体经营方式并不知情,偶然得知贺冰从公司账户私下取走 200 万元,于是向贺冰提出质疑。贺冰表示,自己以公司为家,未从公司领过的薪水已有 200 万元,现在花公司的钱也是应该的。周元无语。贺冰进一步提出,自己还要从公司账上取走 300 万元以购买珠宝,如果周元不同意,就与周元断交,不再合作。周元不得已,只能答应并好言相慰。两人重归于好。

某晚,周元与贺冰走到西京大学,准备入校闲逛。不料西京大学安保制度严格,两人未带身份证件被拦在门外。贺冰遂指着周元厉声对保安说道:"此乃教育部领导,就是听群众反映你们西京大学的门难进,此次专程来微服私访调查研究。"保安被唬住,不敢再拦,两人大摇大摆进入校园。正在门口排队等待入校参观的三十多人见此情景,群情激愤,队伍中的李四跳出来,带领多人往校园内冲,与保安发生了肢体冲突,校门口乱作一团。保安王五挥拳打向推搡自己的李四,致其鼻骨骨折(轻伤)流血不止。李四又惊又怒,脚下踉跄扑倒在地,头部碰到地上的石头,导致颅脑损伤(重伤)。

此时,周元和贺冰已经走到某教室听讲座,讲座主题是"宋词的格律与境界",主讲人为西京大学中文系著名教授秦六。周元的叔父为北宋词坛圣手,家学渊源,听台上秦六讲得肤浅,按捺不住,遂起身驳斥,阐释精微,满座皆惊。秦六羞愧不已,掩面离去。在众人掌声中,周元上台开讲,举手投足间,姿仪风流,俨然宋代词人登临。众人听得入迷,座中的贺冰也对周元刮目相看,生出了仰慕之心。

周元在西京大学一夜成名。此后数日,多人相邀讲座,举凡宋代历史、文学、理学各个领域,进士出身的周元皆能娓娓道来,力压西京大学文史哲专业各知名教授,成为西京文化圈中最耀眼的明星。西京电视台力邀周元参加《西京诗词大会》做点评嘉宾。在贺冰的鼓励和打点下,周元参加了节目录制,面对镜头谈吐博雅,魅力四射,收割了一众粉丝,又与主持人何七眉来眼去,互生情愫。台下的贺冰黯然神伤。

周元离场前被粉丝们围住索要签名合影。其中,陈八趁周元不备,偷偷拿走周元放在讲台上的钢笔(价值300元)放入怀中想留作纪念。周元转身发现钢笔不见,非常着急。贺冰拦住几名欲离去的粉丝强行搜身,从陈八身上翻出了钢笔。另一位粉丝江九提出,要花1万元买下周元的西服留念(价值5 000元),周元不同意。江九情急之下掏出水果刀架在自己脖子上苦苦哀求。周元惊恐,赶紧脱下西服递给江九,并收下江九强行递过来的1万元。

此时,粉丝们都已经陷入疯狂状态。朱十带头堵在门口不让周元离去。周元和贺冰奋力外冲仍不得出,无奈之下只能报警。警察到来之后,恼羞成怒的朱十仍不罢休,对警察拳脚相向,终被制服。

周元和贺冰从演播大厅脱身后,在门口遇到了来接女友陈八的杜十一。杜十一听闻陈八哭诉被搜身的经历后暴怒,拿出网购的仿真枪,从被吓得惊恐万分的周元身上夺走钢笔。这支钢笔是周元刚到这个新世界时,贺冰送给他的见面礼。望着杜十一离去的身影,贺冰怅然若失。

几次节目录制后,周元与主持人何七坠入情网。周元向何七求婚,何七哭诉自己实非自由身,而是西京省国税局局长董十二的情妇。何七作为影视歌三栖明星,因为采用了阴阳合同逃避税款而被董十二知晓,此事成为对方要挟自己与其上床的把柄。如果不屈从,就会被董十二送进监狱。周元涌起了英雄救美的豪情,向西京省监察委员会(以下简称"监察委")举报董十二,回避了何七做情妇之事,而是编造了一些董十二受贿的情节。在周元看来,以董十二的位置和为人,不可能没有受贿,只要监察委查下去,就一定能将其绳之以法。

这边监察委尚无动静,那边周元自己却陷入麻烦。之前被周元轰下讲台的西京大学中文系教授秦六,一直怀恨在心,经暗中调查,发现周元居然没有学历。于是秦六在微信公众号上写了多篇文章,称周元"毫无学术训练,完全信口胡说""寡廉鲜耻、欺世盗名",等等。舆论大哗,周元声名一落千丈,何七也开始对其疏远和冷落。从巅峰跌入谷底的周元,在无限痛苦中决定报考博士,获取学历。

大理寺少卿于律法最熟,周元决定报考西京大学法学院(唐宋)法制史方向。但是报考需要本科硕士学历和英语成绩。此时贺冰挺身而出,辗转联系到之前跑路的张三,以举报相威胁逼迫张三免费为周元制作了一整套假证件。贺冰找到昔日同窗,如今任西京大学校友办主任的金十三,金十三又请西京大学研究生院招生办主任谢十四帮忙,谢十四对周元的学历和英语成绩不做审查,周元由此顺利过关,凭借对宋代法制史的娴熟掌握,以专业高分进入西京大学读博。事后,贺冰邀请金十三入股自己的文化公司,并为其垫付500万元股本金。

时光荏苒。转眼五年过去,金十三依其股份获得分红1 000万元,还给贺冰500万元本金。第二天贺冰即将500万元退回,金十三默许收下。周元博士毕业后留校任教,五年间一直对何七恋恋不忘。然何七早已对其弃如敝屣,死心塌地地当董十二的情妇。周元认定何七是逼不得已,对董十二满腔怨恨,但是苦于自己一介书生毫无能力。此时正逢选调学者到国家机关任职,周元决定由学入仕,重操旧业,掌握公权力后报复董十二。

进入西京省监察委后,周元利用职权收集到董十二涉嫌犯罪的线索,查下去之后发现行贿人居然是贺冰。原来董十二早已知道周元与何七的情事,曾密令老部下西京省公安厅厅长郭十五对周元进行调查。郭十五调查后发现周元来历不明,决定罗织罪名对其立案。郭十五对文化公司进行调查时被贺冰知悉,为了保护周元,贺冰送给郭十五200万元,后又通过何七送给董十二300万元,当初贺冰从公司转走的500万元即用于此。在贺冰的努力下,董十二最终决定放过周元,而当年躲过一劫的周元,还一直蒙在鼓里。

如今知晓真相后,愤怒的周元向上级薛十六汇报,申请对董十二立案调查。岂知薛十六与董十二是旧友,强令压下此事不准再提。贺冰得知后苦劝周元放弃,但已被仇恨点燃的周元,决定与董十二拼个鱼死网破。三天后,周元在网上以视频现身,公开举报董十二涉嫌犯罪,涉案材料在监察委神秘失踪。舆论大哗。实际上卷宗材料被周元偷带回家,已经以秘密渠道陆续在媒体上曝光。被卷入风口浪尖的董十二,决定除掉不知死活的周元。何七献计,联系到影视公司的群众演员杨十七,让其制造交通事故撞死周元。董十二同意并支付给杨十七50万元作为报酬。

当晚,周元和贺冰在街边散步,贺冰再次苦劝周元罢手。这时,杨十七驾驶汽车加速向两人驶来。贺冰发现异常,拉着周元躲进路边的广场舞人群中。杨十七狂性发作,驾车冲入人群,直奔二人撞去。混乱中,三名广场舞者被撞飞成重伤。眼看汽车冲到二人身前,贺冰一把推开周元,自己来不及躲闪,被压在车轮下。杨十七弃车而逃。周元大惊,抱着血泊中奄奄一息的贺冰,刹那间明白了多年来贺冰对自己的情义。

在巨大的悔恨中,周元冲向了马路上迎面驶来的汽车,准备一死了之陪伴贺冰。司机韩十八猝不及防,撞飞周元后车辆失控,冲向路边,又将三名路人撞成重伤。其中两人,正是悄悄躲在树下,想亲眼看雇凶杀人计划实现的董十二与何七。

被撞飞的周元,大叫一声后猛然醒来,却原来是南柯一梦。惺忪中听得马车外有人声,周元掀帘看去,见大理寺门前立一人,垂首低声道:"小民贺冰,有冤情上禀,等候大人多时了。"

问梦中人的刑事责任。

答　案

一、陈大的刑事责任

陈大与刘二合谋用 50 万元买下周元手里的苏轼真迹

难度系数　★★★☆☆

涉嫌罪名　诈骗罪

《刑法》第 266 条规定:"诈骗公私财物,数额较大的,处三年以下有期徒刑、拘役或者管制,并处或者单处罚金;数额巨大或者有其他严重情节的,处三年以上十年以下有期徒刑,并处罚金;数额特别巨大或者有其他特别严重情节的,处十年以上有期徒刑或者无期徒刑,并处罚金或者没收财产。本法另有规定的,依照规定。"

考查要点　诈骗罪的成立,既需要行为人实施欺诈行为,又要求被害人因此欺诈而陷入错误。在本案中,陈大已经认识到《北武帖》是苏轼真迹,但是却对周元宣称"难辨真假",就其外部表述与内心认识的不一致而言,存在虚假,构成欺诈行为。陈大告诉周元"无法拍卖出高价"并伙同刘二以 50 万元买下,最终却拍卖出 5 000 万元的高价。就周元对这幅画的市场价值的认识来看,是在陈大诱导下陷入了错误认识。50 万元与 5 000 万元之间的差价,可视作周元的财产损失。

不过,《北武帖》又确实如陈大所说,是"缺乏历史记录"

的，而在书画市场上，一幅没有历史记载和证明的作品，要想卖出高价，的确是非常困难的。这其中的表述有真实成分。而且事实上，陈大和刘二也是通过后期的名家鉴定会和媒体炒作等额外的环节，才将《北武帖》卖出了高价。若没有后期的这些附加行为，恐怕的确会落得"无法卖出高价"的下场。再考虑到，周元本人带画从北宋而来，当然知道画的真假，仅是对该画在当下的拍卖市场上的价格缺乏认知而已。就此而言，周元最后同意以50万元价格出手，未尝不可以视作为了省却后期的运作麻烦而尽快出手套现获利。

在中外历史上，一幅未经过专家鉴定真假也未经媒体炒作的画作，即使确是真迹，前后价格也可能存在天壤之别。这样来看，也可以说，那幅未经权威鉴定和媒体炒作的《北武帖》，在当时的情况下卖出50万元，也符合其当时的价值。由此，似乎就不能说陈大话中的虚假成分就达到了诈骗罪的程度，也不好说周元就遭受了财产损失。此处控辩皆有空间，故正反观点都给分。

如果主张陈大构成诈骗罪，则他和刘二构成共同犯罪。就刘二所起作用来看，应当认定为共同正犯。考生答题时可以按照共同正犯的鉴定模式，对两人的刑事责任一并作答。

二、刘二的刑事责任

陈大与刘二合谋用50万元买下周元手里的苏轼真迹

难度系数　★★★☆☆

涉嫌罪名　诈骗罪[①]

---

① 《刑法》第266条，见本书第193页。

参见前文关于陈大诈骗罪刑事责任的分析。

三、张三的刑事责任

（一）张三收受周元 10 万元定金后逃匿

难度系数 ★★★★☆

涉嫌罪名 诈骗罪①

考查要点 此处案情涉及诈骗罪四处理论点。第一，周元支付 10 万元是为了购买伪造的身份证件，属于不法原因给付，被害人在刑事政策上是否值得保护。第二，伪造的证件本身，不能成为市场上合法流通的物品，不具有商品价格的经济属性，能否可以成为诈骗罪中作为交易对象的适格的"财产"。第三，如果伪造的证件不是财产，那么周元支付 10 万元本来就不会获得任何财产上的对价，其对此具备明确认知，则是否还满足诈骗罪要求的"错误"。第四，如果是周元认识到没有财产回报又自愿支付，是否还属于"无意识的自我损害"以及是否还存在财产损失。这些问题在理论和实践中均有争议，答题时能考虑到争议点即可，正反观点均给分。

（二）张三受胁迫为周元免费制作假证件

难度系数 ★☆☆☆☆

涉嫌罪名 伪造身份证件罪

> 《刑法》第 280 条第 3 款规定："伪造、变造、买卖居民身份证、护照、社会保障卡、驾驶证等依法可以用于证明身份的证件的，处三年以下有期徒刑、拘役、管制或者剥夺政治权利，并处罚金；情节严重的，处三年以上七年以下有期徒刑，

---

① 《刑法》第 266 条，见本书第 193 页。

并处罚金。"

《刑法》第 28 条规定:"对于被胁迫参加犯罪的,应当按照他的犯罪情节减轻处罚或者免除处罚。"

考查要点 张三实施了制作假证件的行为,符合伪造身份证件罪的构成要件。因为是免费制作,所以不属于买卖。虽然是在胁迫下的行为,但是该胁迫不属于身体强制或完全无法反抗程度的精神强制,因此属于胁从犯,与贺冰构成共同犯罪。

四、李四的刑事责任

(一)李四欺瞒单位放弃与周元的药方交易并介绍给弟弟的药厂交易

难度系数　★★☆☆☆

涉嫌罪名　非法经营同类营业罪、为亲友非法牟利罪

《刑法》第 165 条规定:"国有公司、企业的董事、经理利用职务便利,自己经营或者为他人经营与其所任职公司、企业同类的营业,获取非法利益,数额巨大的,处三年以下有期徒刑或者拘役,并处或者单处罚金;数额特别巨大的,处三年以上七年以下有期徒刑,并处罚金。"

《刑法》第 166 条规定:"国有公司、企业、事业单位的工作人员,利用职务便利,有下列情形之一,使国家利益遭受重大损失的,处三年以下有期徒刑或者拘役,并处或者单处罚金;致使国家利益遭受特别重大损失的,处三年以上七年以下有期徒刑,并处罚金:(一)将本单位的盈利业务交由自己的亲友进行经营的;(二)以明显高于市场的价格向自己的亲友经营管

理的单位采购商品或者以明显低于市场的价格向自己的亲友经营管理的单位销售商品的;(三)向自己的亲友经营管理的单位采购不合格商品的。"

考查要点　李四作为国企经理,将周元的药方介绍给自己弟弟的药厂去交易,实际上是截留了本可期待由国企药厂做成的一笔业务。这是否符合《刑法》第165条的"为他人经营与其所任职公司、企业同类的营业",关键是看李四的行为是否属于"为他人经营"。应当认为,只有对公司、企业的运行发挥某种常态性的负责的作用,才称得上"经营"。而李四仅仅是为其弟弟的药厂提供了一个业务信息,还达不到"为他人经营"的程度,因此不宜认定为非法经营同类营业罪。

与之相对,《刑法》第166条为亲友非法牟利罪中规定的各种行为,并不要求具有经营行为的常态性,而只要有一次为亲友牟利的情形即可。在本案中,李四将自己所在的国企药厂准备购买的药方,转交给自己的弟弟的药厂去购买,这似乎较符合第(一)项规定的"将本单位的盈利业务交由自己的亲友进行经营"。不过,此处仍然值得探讨的是如何理解"盈利业务"。是要求必然盈利的业务,还是可能盈利的业务,理论和实践中存在分歧。本案中,周元根据药方研制的药丸,其药效得到民间认可,购药者络绎不绝,就此而言,购买该药方似乎是稳赚不赔,必然盈利的。但是,该药方毕竟没有经过正规的临床检验,最终能否大规模投入生产尚未可知,恐怕只能说是可能盈利。此处存在观点分歧和控辩对抗空间,正反观点皆给分。

(二）李四带领多人冲击西京大学门卫导致校门口混乱

难度系数 ★★☆☆☆

涉嫌罪名 聚众扰乱社会秩序罪

《刑法》第290条第1款规定："聚众扰乱社会秩序，情节严重，致使工作、生产、营业和教学、科研、医疗无法进行，造成严重损失的，对首要分子，处三年以上七年以下有期徒刑；对其他积极参加的，处三年以下有期徒刑、拘役、管制或者剥夺政治权利。"

考查要点 李四带领多人往校园内冲的行为，构成聚众。西京大学是教学科研单位，设置不能任意进入的门卫制度，也是为了保证正常的教学科研秩序。李四等人欲强行入校而与保安发生冲突，导致校门口混乱，构成对教学科研秩序的扰乱。当然，是否构成本罪，还要看是否达到教学科研无法进行的程度，造成严重损失。对此，案情没有交代。因此，只要能答出涉嫌罪名即可，结论上是否构成不影响给分。

五、王五的刑事责任

（一）王五挥拳击打推搡自己的李四致其鼻骨骨折

难度系数 ★★☆☆☆

涉嫌罪名 故意伤害罪

《刑法》第234条第1款规定："故意伤害他人身体的，处三年以下有期徒刑、拘役或者管制。"

考查要点 王五挥拳打击李四致使其鼻骨骨折造成轻伤,符合故意伤害罪的构成要件。此处仍须进一步讨论的是,李四推搡保安王五,是其涉嫌的聚众扰乱社会秩序罪的行为方式,这是否构成对王五的不法侵害,从而令王五成立正当防卫。

(二)王五击打李四鼻部引起其倒地头部撞成重伤

难度系数 ★★☆☆☆

涉嫌罪名 过失致人重伤罪

> 《刑法》第 235 条规定:"过失伤害他人致人重伤的,处三年以下有期徒刑或者拘役。本法另有规定的,依照规定。"

考查要点 李四踉跄倒地后头部撞伤的结果,与王五的挥拳击打李四鼻部的行为之间,确实存在着条件说意义上的因果关系。但是,还要从客观归责层面进一步分析,这一重伤结果是否属于挥拳打鼻行为的风险的现实化。如果认为两者之间出现了重大意义上的因果偏离,重伤结果超出了行为人应当预见的范围,就不能把重伤结果归责给王五,而应当认定为意外事件。相反,如果挥拳击打他人鼻部所创设的风险中,包含了他人被打后倒地以及倒地后撞伤的可能性,那么,这一重伤结果就可以归责给王五,认定其构成过失致人重伤罪(没有明确证据表明王五对重伤结果有故意)。

六、秦六的刑事责任

秦六在网上写文章攻击周元

难度系数 ★★☆☆☆

涉嫌罪名 侮辱罪,诽谤罪

《刑法》第246条第1款规定:"以暴力或者其他方法公然侮辱他人或者捏造事实诽谤他人,情节严重的,处三年以下有期徒刑、拘役、管制或者剥夺政治权利。"

考查要点 侮辱罪和诽谤罪都是损害他人名誉的犯罪。侮辱罪是对他人进行价值贬损,诽谤罪则是捏造事实。秦六的文章称周元"寡廉鲜耻、欺世盗名",属于价值贬损,涉嫌构成侮辱罪。至于文章中称周元"毫无学术训练,完全信口胡说",虽也带有价值贬损的成分,但主要还是一种事实陈述,是否构成诽谤罪,可能存在争议。一方面,客观上周元没有学历,从现代学术体制的评价视角来看,确有欠缺学术训练之处;另一方面,秦六是基于"周元没有学历"的调查结果而得出其"毫无学术训练"的判断。同时,由于周元的谈吐内容很多可能超出了后世的史料记载,秦六也可能是真心认为闻所未闻之处是周元"信口胡说",所以主观上的诽谤故意也是存疑的。

七、何七的刑事责任

(一)何七采用阴阳合同逃避税款

难度系数 ★☆☆☆☆

涉嫌罪名 逃税罪

《刑法》第201条第1款规定:"纳税人采取欺骗、隐瞒手段进行虚假纳税申报或者不申报,逃避缴纳税款数额较大并且占应纳税额百分之十以上的,处三年以下有期徒刑或者拘役,并处罚金;数额巨大并且占应纳税额百分之三十以上的,处三年以上七年以下有期徒刑,并处罚金。"

考查要点 在当前经济生活中，采用阴阳合同的方式对交易内容进行欺瞒，是一种较为常见的逃税行为。

（二）何七帮助贺冰给董十二送钱

难度系数 ★☆☆☆

涉嫌罪名 介绍贿赂罪

《刑法》第 392 条第 1 款规定："向国家工作人员介绍贿赂，情节严重的，处三年以下有期徒刑或者拘役，并处罚金。"

考查要点 介绍贿赂是在行贿人与受贿人之间沟通关系、撮合条件，使贿赂行为得以实现的行为。在司法实践中，需要区分介绍贿赂罪与受贿罪的共犯。介绍贿赂的行为本身是一种独立的行为，既不是行贿行为也不是受贿行为，且行为人主观上明知双方有行、受贿意图，自愿主动去介绍行、受贿双方认识并促成贿赂交易，但不能与任何一方有共谋。受贿罪的共犯则是利用国家工作人员的职务之便，共同收受或索取贿赂的行为，且行为人与国家工作人员之间有共同收受或索取贿赂的主观故意。此处案情较为概略简单，回答介绍贿赂罪或受贿共犯皆给分，属于送分题。

（三）何七向董十二献计联系雇用杨十七暗杀周元

难度系数 ★★☆☆☆

涉嫌罪名 故意杀人罪

《刑法》第 232 条规定："故意杀人的，处死刑、无期徒刑或者十年以上有期徒刑；情节较轻的，处三年以上十年以下有期徒刑。"

《刑法》第25条第1款规定:"共同犯罪是指二人以上共同故意犯罪。"

《刑法》第26条第1款规定:"组织、领导犯罪集团进行犯罪活动的或者在共同犯罪中起主要作用的,是主犯。"

考查要点 董十二打算杀死周元,何七帮助出谋划策,而且主动联系了杨十七作为受雇杀人者。杨十七、何七与董十二构成故意杀人罪(未遂)的共同犯罪。从正犯/共犯的层面来说,作为杀手的杨十七是直接实施杀人行为者,构成正犯当无异议;董十二虽然没有直接实施杀人行为,但是杀人的造意者且出资雇凶杀人,从支配性的角度来看,通常也会认定为正犯;何七不仅是董十二雇凶杀人计划的策划者而且是中间联系人,按照共谋共同正犯的理论,何七是至关重要的共谋者,也成立正犯。考虑到何七在共同犯罪中起到的作用,应当认定为主犯。

八、陈八的刑事责任

陈八偷走周元的钢笔放入自己怀中后被搜出

难度系数 ★★☆☆☆

涉嫌罪名 盗窃罪

《刑法》第264条规定:"盗窃公私财物,数额较大的,或者多次盗窃、入户盗窃、携带凶器盗窃、扒窃的,处三年以下有期徒刑、拘役或者管制,并处或者单处罚金;数额巨大或者有其他严重情节的,处三年以上十年以下有期徒刑,并处罚金;数额特别巨大或者有其他特别严重情节的,处十年以上有期徒刑或者无期徒刑,并处罚金或者没收财产。"

考查要点 陈八未经周元同意取走其钢笔,符合盗窃罪的行为特征,但是未达到数额较大,不构成盗窃罪。这里需要考虑两点,第一,是否构成扒窃?鉴于钢笔放在讲台上,不在周元的贴身范围之内,从扒窃须打破"贴身禁忌"的角度来看,不构成扒窃;相反,如果采取较为宽泛的"随身携带"而非"贴身携带"的观点,也可能认定为扒窃。此时不受数额限制,构成盗窃罪。第二,如果认定构成"扒窃",就需要进一步讨论盗窃是否既遂的问题。钢笔已经被放入行为人贴身范围之内,未经本人同意或者法律允许,任何人不得对其搜身,这就意味着财物脱离了被害人的控制而进入了只有行为人才能支配的空间,在此意义上构成盗窃罪的既遂。相反,如果考虑被害人立刻警觉,行为人当场被控制并被实际搜出财物这一点,也会有观点主张构成盗窃罪的未遂。

九、江九的刑事责任

江九持刀以自伤相威胁购买周元的西服

难度系数 ★★☆☆☆

涉嫌罪名 强迫交易罪,敲诈勒索罪[①]

> 《刑法》第226条规定:"以暴力、威胁手段,实施下列行为之一,情节严重的,处三年以下有期徒刑或者拘役,并处或者单处罚金;情节特别严重的,处三年以上七年以下有期徒刑,并处罚金:(一)强买强卖商品的;(二)强迫他人提供或者接受服务的;(三)强迫他人参与或者退出投标、拍卖的;(四)强迫他人转让或者收购公司、企业的股份、债券或者其他资产的;(五)强迫他人参与或者退出特定的经营活动的。"

[①] 《刑法》第274条,见本书第173页。

考查要点　此处案情考查两点。第一，以自残相威胁能否构成强迫交易中的威胁手段。这涉及强迫交易罪与抢劫罪在威胁手段上的区分。通常情况下，以自残自杀相威胁，只有在行为人与被害人存在近亲属等亲密关系时，才可能认为达到了被害人无法反抗的程度，才能够成为抢劫罪中的威胁手段。但是对于强迫交易罪而言，只要威胁手段能够对被害人形成选择困境的心理压力即可，不需要达到抢劫罪中无法反抗的程度。在本案中，江九与周元并无亲密关系，因此其以自残相威胁，不足以压制到周元无法反抗，但足以形成心理压力，因此可以成为强迫交易罪的威胁手段。第二，强迫交易罪与敲诈勒索罪的区分。前者是扰乱市场秩序的经济犯罪，后者是侵犯个人财产的犯罪。两罪的区分关键在于客观上是否会造成被害人的财产损失，主观上有无非法占有目的。在本案中，江九以自残相威胁索要他人西服，其威胁手段对被害人形成选择困境的心理压力，这也符合敲诈勒索罪中的行为特征。不过，江九用 1 万元强行购买周元价值 5 000 元的西服，只是侵犯了周元的交易自由，但从财产的客观价值上来看，周元并没有因此遭受损失，因此不构成敲诈勒索罪。

十、朱十的刑事责任

（一）朱十堵住门口不让周元离去

难度系数　★☆☆☆☆

涉嫌罪名　非法拘禁罪

《刑法》第 238 条第 1 款规定："非法拘禁他人或者以其他方法非法剥夺他人人身自由的，处三年以下有期徒刑、拘役、管制或者剥夺政治权利。具有殴打、侮辱情节的，从重处罚。"

考查要点 即使出于良善甚至热爱的动机,将他人限制在某个空间内不得离去的行为,也涉嫌构成非法拘禁罪。这里的"非法",与行为人的动机无关,而是看是否得到被害人同意或者有法律根据。答题时不必考虑时间等立案条件。

(二)朱十对警察不服从并拳脚相向
难度系数 ★☆☆☆☆

涉嫌罪名 袭警罪

《刑法》第 277 条第 5 款规定:"暴力袭击正在依法执行职务的人民警察的,处三年以下有期徒刑、拘役或者管制;使用枪支、管制刀具,或者以驾驶机动车撞击等手段,严重危及其人身安全的,处三年以上七年以下有期徒刑。"

考查要点 警察接到周元报警后出警,属于合法执行公务。朱十对警察拳脚相向,属于"暴力袭击正在依法执行职务的人民警察",构成袭警罪。

十一、杜十一的刑事责任
杜十一持仿真枪从周元身上夺走钢笔
难度系数 ★★☆☆☆

涉嫌罪名 抢劫罪

《刑法》第 263 条规定:"以暴力、胁迫或者其他方法抢劫公私财物的,处三年以上十年以下有期徒刑,并处罚金;有下列情形之一的,处十年以上有期徒刑、无期徒刑或者死刑,并处罚金或者没收财产:(一)入户抢劫的;(二)在公共交通工具

> 上抢劫的;(三)抢劫银行或者其他金融机构的;(四)多次抢劫或者抢劫数额巨大的;(五)抢劫致人重伤、死亡的;(六)冒充军警人员抢劫的;(七)持枪抢劫的;(八)抢劫军用物资或者抢险、救灾、救济物资的。"

考查要点 仿真枪是否属于抢劫罪中"持枪抢劫"的"枪"？对抢劫罪的成立和加重而言，重要的问题不在于枪是否属于有权机构生产的制式枪支，也不在于能否发射致人伤亡的子弹，而在于枪支外形是否酷似制式枪支，足以让一般人相信并产生不敢对抗的恐惧心理。只要能达到这一点，对于抢劫罪的成立和加重就足够了。

十二、董十二的刑事责任

(一)董十二以查处阴阳合同逃税相威胁逼迫何七发生性关系

难度系数 ★★★★☆

涉嫌罪名 强奸罪，徇私舞弊不征、少征税款罪

> 《刑法》第236条第1款规定："以暴力、胁迫或者其他手段强奸妇女的，处三年以上十年以下有期徒刑。"
>
> 《刑法》第404条规定："税务机关的工作人员徇私舞弊，不征或者少征应征税款，致使国家税收遭受重大损失的，处五年以下有期徒刑或者拘役;造成特别重大损失的，处五年以上有期徒刑。"

考查要点 此处考查强奸罪的题点有二。第一，强奸罪的暴力、胁迫手段是否需要达到足以压制被害人无法反抗的程度？通说持

肯定的回答，我认为不需要。事实上，作为人身犯罪中唯一的性（关系）犯罪，强奸罪必须完成全面保护被害人性的自我决定权这一任务。换言之，对性的自我决定权的各种形式的侵犯，都必须也只能落实到强奸罪的身上来实现。由此，强奸罪的手段，就不可能仅仅是一个（压制被害人无法反抗的）"性抢劫"，而必须还要包括（未得到被害人同意的）"性盗窃"、（骗取被害人同意的）"性诈骗"，以及（虽然未达到无法反抗的程度但已对被害人形成重大心理压力的）"性敲诈"等。由此，才能实现人身保护与财产保护在全面性上的大致对等和平衡。从这一观点出发，揭发、举报或查处他人的逃税行为，即使不认为达到了压制他人无法反抗的"性抢劫"程度，也可以成立"性敲诈"进而成立强奸罪。这些问题，在课堂上都已经重点讲过。第二，与敲诈勒索罪需要考虑的问题一样，这里同样需要考虑，当行为人以实施一种合法行为作为威胁手段时，该合法行为是否属于令被害人遭受不利后果的"恶害"？理论上对此存在争议。多数意见认为，作为威胁手段的"恶害"，只要是在事实上会对被害人不利就可以，不需要对手段的合法与否作出区别。也有不同观点主张，该"恶害"必须是在规范上具有非法性，因为一种合法的威胁，例如举报对方的犯罪行为，既是行为人的权利，同时，被害人因自己的不法行为而被举报和查处，这是他自设困境，在规范上是本应承受的后果，行为人以此相威胁，在事实上反而是增加了被害人的选择空间，因此并没有压迫他人的意思活动自由。这些问题也都在课堂讲过，采取不同观点均可得分。

最后，董十二的身份是税务人员，其明知何七逃税而不予查处，并以此作为满足自己欲望的威胁手段，涉嫌构成徇私舞弊不征、少征税款罪。

（二）董十二要求老部下公安厅厅长郭十五对周元进行调查

难度系数 ★☆☆☆☆

涉嫌罪名 滥用职权罪，徇私枉法罪

> 《刑法》第 397 条第 1 款规定："国家机关工作人员滥用职权或者玩忽职守，致使公共财产、国家和人民利益遭受重大损失的，处三年以下有期徒刑或者拘役；情节特别严重的，处三年以上七年以下有期徒刑。本法另有规定的，依照规定。"
>
> 《刑法》第 399 条规定："司法工作人员徇私枉法、徇情枉法，对明知是无罪的人而使他受追诉、对明知是有罪的人而故意包庇不使他受追诉，或者在刑事审判活动中故意违背事实和法律作枉法裁判的，处五年以下有期徒刑或者拘役；情节严重的，处五年以上十年以下有期徒刑；情节特别严重的，处十年以上有期徒刑。"

考查要点 董十二是国家机关工作人员，符合滥用职权罪的主体条件。但是作为国税局局长的董十二与作为公安厅厅长的郭十五之间只是曾经的上下级关系，当时并没有职权隶属或制约关系，因此虽然说是"密令"，但不存在利用职权的问题，而只是一种基于旧情的请托或教唆，不构成滥用职权罪的正犯，而是构成郭十五滥用职权罪的教唆犯。之所以没有认定为郭十五徇私枉法罪的教唆犯，是因为从案情描述来看，这一阶段的教唆内容是对周元进行调查，还不能满足徇私枉法罪要求的"明知是无罪的人而使他受追诉"。

（三）董十二通过何七收受贺冰送的 300 万元

难度系数 ★☆☆☆☆

涉嫌罪名 受贿罪

《刑法》第 385 条第 1 款规定："国家工作人员利用职务上的便利，索取他人财物的，或者非法收受他人财物，为他人谋取利益的，是受贿罪。"

《刑法》第 388 条规定："国家工作人员利用本人职权或者地位形成的便利条件，通过其他国家工作人员职务上的行为，为请托人谋取不正当利益，索取请托人财物或者收受请托人财物的，以受贿论处。"

考查要点 这里需要注意的问题是，"为了保护周元"就是避免周元被公安机关调查立案。贺冰送给董十二 300 万元，其实就是希望董十二在私人恩怨上放过周元，不要再让郭十五对周元立案。董十二并非公安机关人员，与郭十五之间又没有隶属或制约关系，因此，在整个事件中，董十二实际上并没有利用到自己的职务便利，因此不构成《刑法》第 385 条的受贿罪。但是，考虑到郭十五曾经是董十二的"老部下"，这里可能成立"利用本人职权或者地位形成的便利条件，通过其他国家工作人员职务上的行为"，因此涉嫌构成《刑法》第 388 条的（斡旋）受贿罪。可以进一步讨论的是，贺冰的请托事项是为了避免郭十五罗织罪名对来历不明的周元立案，这一诉求是否属于第 388 条要求的"不正当利益"，可能会存在争议，肯定与否都得分。

(四)董十二出资雇用杨十七暗杀周元

难度系数 ★☆☆☆☆

涉嫌罪名 故意杀人罪①

考查要点 董十二与何七、杨十七构成故意杀人罪(未遂)的共同犯罪。具体参见前文对何七故意杀人罪刑事责任的分析。

十三、金十三的刑事责任

金十三找谢十四帮助周元入学并从贺冰处得到收益

难度系数 ★★★★★

涉嫌罪名 受贿罪②

考查要点 此处案情对受贿罪的考查较为全面。第一,金十三与谢十四之间没有隶属或制约关系,因此不能适用《刑法》第385条,而应当考虑第388条斡旋受贿。第二,斡旋受贿要求"谋取不正当利益",在考博时对学历和英语不做审查违反程序规定,属于谋取不正当利益。第三,如何认定受贿财物及金额?对此可能存在三种思路。

第一种观点,承认双方最初建立的是 500 万元的借款关系。五年前贺冰为金十三出过 500 万元股本金,其性质属于垫付即借款,五年后金十三还回 500 万元,贺冰收下,双方债务了结,金十三根据自己出资的 500 万元得到分红 1 000 万元应属于个人所有。至此,金十三并未为自己的斡旋行为收受财物。还款后第二天,贺冰又给金十三 500 万元,金十三收下,该笔 500 万元属于一笔新款,视作金十三事后受贿的贿赂款。因此,金十三受贿

---

① 《刑法》第 232 条、第 25 条第 1 款、第 26 条第 1 款,见本书第 201—202 页。
② 《刑法》第 385 条、第 388 条,见本书第 209 页。

的财物,是五年后还款后的第二天贺冰给的500万元。

第二种观点,也承认双方最初建立的是500万元的借款关系,按此,金十三根据出资额分得的1 000万元也是应得的分红。但是,最终还款时贺冰又退回500万元的举动,可以视作贺冰放弃了金十三500万元的债务。因此,金十三受贿的财物,是五年后被贺冰免除的500万元欠款。

第三种观点,从"金十三还钱—贺冰退钱—金十三收下"的情况来看,双方都只不过是假意做个表面文章,走个过场而已,说明最初根本就不是垫资借款的关系,而是贺冰送给金十三500万元作为出资款。按照相关司法解释,金十三受贿的财物,是贺冰给他的出资额500万元。

前两种观点,均涉及请托人借款给国家工作人员作为出资款的问题,对此,根据2007年受贿罪司法解释之"理解与适用",这种借款出资的情形,虽然客观上是为国家工作人员提供投资获利的机会,但考虑到毕竟双方是借款关系,国家工作人员得到的也只是一种投资机会,实践中各种情况也比较复杂,因此目前至多只涉及违纪问题,并不按照犯罪论处。按第三种观点,国家工作人员收受的资本金本身已认定为贿赂款,其以此出资获得股份分红的,所分红利不宜认定为受贿款。

十四、谢十四的刑事责任

谢十四不审查周元的学历和英语成绩以助其入学

难度系数 ★☆☆☆☆

涉嫌罪名 国有公司、企业、事业单位人员失职罪,国有公司、企业、事业单位人员滥用职权罪,招收公务员、学生徇私舞弊罪

《刑法》第168条规定:"国有公司、企业的工作人员,由于严重不负责任或者滥用职权,造成国有公司、企业破产或者严重损失,致使国家利益遭受重大损失的,处三年以下有期徒刑或者拘役;致使国家利益遭受特别重大损失的,处三年以上七年以下有期徒刑。国有事业单位的工作人员有前款行为,致使国家利益遭受重大损失的,依照前款的规定处罚。国有公司、企业、事业单位的工作人员,徇私舞弊,犯前两款罪的,依照第一款的规定从重处罚。"

《刑法》第418条规定:"国家机关工作人员在招收公务员、学生工作中徇私舞弊,情节严重的,处三年以下有期徒刑或者拘役。"

考查要点 此处案情重在考查犯罪主体要件。《刑法》第九章渎职犯罪中,滥用职权罪和招收公务员、学生徇私舞弊罪的主体,都是国家机关工作人员。高校属于文教事业单位,谢十四作为高校研究生院招生办主任,不具有国家机关工作人员的身份,而是属于事业单位的工作人员。对其徇私舞弊、滥用职权的行为,应当适用《刑法》第168条事业单位人员失职罪。

十五、郭十五的刑事责任

(一)郭十五受董十二所托调查周元并决定罗织罪名对周元立案

难度系数 ★☆☆☆☆

涉嫌罪名 滥用职权罪,徇私枉法罪[①]

[①] 《刑法》第397条第1款、第399条,见本书第208页。

考查要点 郭十五作为公安人员，在没有任何违法犯罪证据线索的情况下，仅因为董十二所托就启动对周元的调查，涉嫌构成滥用职权罪。调查后发现周元来历不明，就决定"罗织罪名对其立案"，涉嫌"对明知是无罪的人而使他受追诉"而构成徇私枉法罪，当然具体阶段可能处在预备或者未遂。

（二）郭十五收受贺冰 200 万元

难度系数 ★☆☆☆☆

涉嫌罪名 受贿罪①

考查要点 贺冰送给郭十五财物，目的是让其放弃对周元的追查。郭十五收受财物作为职务行为的对价，无论该职务行为正当与否，均构成受贿罪。

十六、薛十六的刑事责任

薛十六压下董十二涉嫌受贿犯罪的材料不予调查

难度系数 ★★☆☆☆

涉嫌罪名 滥用职权罪、徇私枉法罪②

考查要点 薛十六基于朋友关系而不追查董十二涉嫌受贿犯罪的线索，符合《刑法》第 399 条徇私枉法罪中"对明知是有罪的人而故意包庇不使他受追诉"的行为特征，但是，其身份却不符合徇私枉法罪的"司法工作人员"的主体条件。这里涉及对监察委机关性质的考查。按现行法律，监察委的性质是监察机关，不属于司法机关，监察委的工作人员也不宜认定为司法工作人员。因此，对薛十六只能认定为国家机关工作人员，涉嫌滥用职权罪。

---

① 《刑法》第 385 条第 1 款、第 388 条，见本书第 209 页。
② 《刑法》第 397 条第 1 款、第 399 条，见本书第 208 页。

十七、杨十七的刑事责任

杨十七受雇驾驶汽车冲撞周元及他人

难度系数 ★★☆☆☆

涉嫌罪名 故意杀人罪①、以危险方法危害公共安全罪

> 《刑法》第 115 条第 1 款规定:"放火、决水、爆炸以及投放毒害性、放射性、传染病病原体等物质或者以其他危险方法致人重伤、死亡或者使公私财产遭受重大损失的,处十年以上有期徒刑、无期徒刑或者死刑。"

考查要点 杨十七受雇计划制造交通事故撞死周元,与董十二和何七构成故意杀人的共同犯罪。其开车撞向周元和贺冰,对周元是直接故意的杀人,对贺冰是放任的间接故意的杀人,最终造成贺冰的死亡结果,构成故意杀人罪的既遂。当两人躲进跳广场舞的人群中,杨十七又驾车冲入人群,这是针对不特定人的公共安全的危害,客观上也致使三名舞者被撞成重伤,其行为已经构成以危险方法危害公共安全罪。

十八、韩十八的刑事责任

(一)司机韩十八猝不及防撞飞了突然冲上来要自杀的周元

难度系数 ★★☆☆☆

涉嫌罪名 过失致人重伤罪②,交通肇事罪

---

① 《刑法》第 232 条、第 25 条第 1 款、第 26 条第 1 款,见本书第 201—202 页。
② 《刑法》第 235 条,见本书第 199 页。

《刑法》第 133 条规定："违反交通运输管理法规，因而发生重大事故，致人重伤、死亡或者使公私财产遭受重大损失的，处三年以下有期徒刑或者拘役；交通运输肇事后逃逸或者有其他特别恶劣情节的，处三年以上七年以下有期徒刑；因逃逸致人死亡的，处七年以上有期徒刑。"

考查要点　"猝不及防"是一个关于事实状态的描述，可能存在不同的解读。一种情况是，当时的情景，不仅韩十八猝不及防，换作其他任何一个司机也是猝不及防的，也就是一般人都难以预见和回避。这就不存在违反注意义务的问题，只能认定为意外事件。另一种情况是，其他正常驾驶的司机，只要尽到了小心谨慎驾驶的义务，在当时的场合，完全可以提前预见前方有人冲过来或者通过刹车或减速避让等方式回避结果出现，但是韩十八由于不够小心谨慎而未能做到这一点，其"猝不及防"违反了注意义务，要对此承担过失致人死亡的责任。

　　可能有疑问的是，如果认定韩十八由于驾车过失而撞飞周元，是否涉嫌交通肇事罪？成立交通肇事罪以违反交通运输管理法规为前提，但是从案情来看，韩十八撞飞周元不是具体违反了哪一条法规，而是违反了特定情境下的谨慎义务，因此不宜认定为交通肇事罪。

　　需要进一步思考的是，周元是一个冲到马路中间的刻意求死者，他对自己的死亡结果是积极追求的，这一点会不会对结论产生影响？我们会由此联想到以下情形：即使行人违反规则闯红灯或者横穿马路，能否允许司机以自己正常驾驶为由，而在原本能够避让的情况下不予避让直接冲撞？这就是所谓"（违规的行人)撞了白撞"的争论。赞成者认为,确立这条规则,有利于警示那些随意违反交通规则的行人;反对者认为,行人相对于机动车永远是弱者,避让即使是违反规则的行人,有利于增强机动车驾驶者的责任心。争论的结果,是反对者占了上风。

这是从后果主义面向未来的激励角度出发的讨论。从教义学的基本法理层面来看,也不能赞成"撞了白撞"。司机在本可以回避的场合不回避撞死行人,这首先是违反了"不得(故意或过失)杀人"的行为规则。而对此可能提出的抗辩事由无非三点:(1)行人违反交通规则;(2)行人违反规则的行为给公共安全或司机带来危害;(3)行人自陷风险或自杀。但是这三点理由都不足以使得杀人行为正当化。第一,行人违规,司机对此没有执法权也不可能允许以撞死的方式执法。第二,行人违规给公共安全或司机带来的危害,是否需要用撞死他的方式进行防卫或避险?通常回答也是否定的。第三,打算自杀的行人,相当于被害人同意。但是,对同意不明知的行为人不能因为同意免责;即使明知,得同意杀人在我国刑法语境下,也仍然要被追究故意杀人的责任。另外,如果把违规行人的行为视作被害人自陷风险,只要一般的司机能够预见或回避这种风险,那就说明,这种风险的最终实现是控制在司机的手中。按照我的观点,被害人自陷风险区分为自控型风险(被害人控制)与他控型风险(行为人控制),对于他控型风险的情形,仍然要对行为人归责。

综上,只要一个谨慎驾驶的司机在本案的具体场合下都能有效地预见或回避扑上来的周元,那么韩十八未能回避就是违反了注意义务,要承担过失致人重伤罪的责任。

（二）韩十八驾车撞飞周元后车辆失控冲向路边又撞伤三人

难度系数 ★★☆☆☆

涉嫌罪名 过失致人重伤罪①、交通肇事罪②

考查要点 韩十八的汽车将三人撞伤，对此不能简单地与车辆撞飞周元的责任归属直接等同。无论之前撞到周元是过失还是意外事件，在撞飞周元之后，仍然存在一个对车辆控制的问题。这里要问的是，该汽车遇到外力冲撞后的失控，是否对于一般的司机的驾驶技术和经验而言，都是不可操纵和避免的？如果回答是肯定的，则韩十八对三人重伤的后果不负责任（后面再讨论周元对此的责任）；如果回答是否定的，只是韩十八本人的操作有问题，则韩十八仍然需要对此承担过失致人重伤的责任。

十九、周元的刑事责任

（一）周元向张三支付定金购买假身份证件

难度系数 ★☆☆☆☆

涉嫌罪名 买卖身份证件罪

　　《刑法》第280条第3款规定："伪造、变造、买卖居民身份证、护照、社会保障卡、驾驶证等依法可以用于证明身份的证件的，处三年以下有期徒刑、拘役、管制或者剥夺政治权利，并处罚金；情节严重的，处三年以上七年以下有期徒刑，并处罚金。"

---

① 《刑法》第235条，见本书第199页。
② 《刑法》第133条，见本书第214—215页。

考查要点 不仅是伪造、出售身份证件构成犯罪，购买身份证的行为也涉嫌犯罪。本案中周元购买身份证件的行为定性不受张三欺诈行为的影响，张三无意出售，周元是购买未遂。

（二）周元出售自己配制的丹药

难度系数 ★★★☆☆

涉嫌罪名 生产、销售假药罪，非法经营罪

《刑法》第141条规定："生产、销售假药的，处三年以下有期徒刑或者拘役，并处罚金；对人体健康造成严重危害或者有其他严重情节的，处三年以上十年以下有期徒刑，并处罚金；致人死亡或者有其他特别严重情节的，处十年以上有期徒刑、无期徒刑或者死刑，并处罚金或者没收财产。本条所称假药，是指依照《中华人民共和国药品管理法》的规定属于假药和按假药处理的药品、非药品。"

《刑法》第225条规定："违反国家规定，有下列非法经营行为之一，扰乱市场秩序，情节严重的，处五年以下有期徒刑或者拘役，并处或者单处违法所得一倍以上五倍以下罚金；情节特别严重的，处五年以上有期徒刑，并处违法所得一倍以上五倍以下罚金或者没收财产：（一）未经许可经营法律、行政法规规定的专营、专卖物品或者其他限制买卖的物品的；（二）买卖进出口许可证、进出口原产地证明以及其他法律、行政法规规定的经营许可证或者批准文件的；（三）未经国家有关主管部门批准非法经营证券、期货、保险业务的，或者非法从事资金支付结算业务的；（四）其他严重扰乱市场秩序的非法经营行为。"

考查要点　此处案情考查点有三处。（1）所谓祖传秘方或者民间偏方是否属于假药的问题。《药品管理法》定义的假药，主要是从外观和成分两个方面界定。民间偏方或者根据偏方研制的药丸，通常不会冒充市场上销售的特定品牌药品，也不存在"药品所标明的适应症或者功能主治超出规定范围"的问题。申言之，假药是针对真药而言，是对真药的冒充。如果民间偏方没有以某种真药的名义或面貌出现，而就是以偏方的本来面目示人，购买者也明知是未经国家审批认可的民间药物而自愿购买，这里就不存在销售假药的问题。民间偏方当然是未得到正式审批许可的，但不能以这种药品管制的形式标准来判断药的真假。考生应对当前社会热点和修法动态有敏感度。《药品管理法》的修改，将"未取得药品批准证明文件生产、进口药品"从假药范围内排除出去，背后的政策精神，就是不能再简单地以得到审批许可与否作为判断是否假药的标准。从案情描述来看，周元不构成生产、销售假药罪。

（2）如果秘方或者药丸完全没有针对疾病的任何疗效，那就从根本上否定其"药"的性质，行为人涉嫌的就不是生产、销售假药，而是诈骗罪。本案中周元的丹药疗效颇佳，不涉及诈骗罪的问题。

（3）生产、销售未经国家审批许可的民间药物，是否构成非法经营罪？非法经营罪的理解与适用，最能考验罪刑法定原则的明确性要求是否落空。为了避免它成为整个《刑法》第三章兜底的口袋罪，就必须要将其限定在一种因违反市场准入制度而扰乱市场秩序的犯罪。违反市场准入制度，前提是存在一个对特定物品可以合法经营的市场，行为人的经营行为未得到准入许可，因而构成非法经营罪。而如果根本就不存在一个针对某种民间偏方及其药物的、由国家审批许可的经营市场,那就谈不上违反市场准入的问题,也不应当认定为非法经营罪。从政策导向和社会效果上来看,病患往往是因正规药物没有疗效,才转而求助民间偏方,如果对此类行为定罪,升高偏方提供者的成本,降低偏方供给,相当于堵死了患者最后一线希望。生命是最宝贵的法益,不能以行政管理秩序为由切断普通公民的求生权。至于药品中的风险,以及患者上当受骗甚至病情加重的风险,那在结果出现时,自有诈骗罪甚至侵犯人身安全和公共安全的犯罪去应对,但不应当用非法经营罪从一开始就堵死了各种可能无效也可能有效的治疗希望。当前,司法实践中存在着大量销售未取得药品批准证明文件生产、进口药品的行为,对此,道理是相同的,也要根据药品情况具体分析,不宜一概认定为非法经营罪。

(三)周元制造和销售宋代铜钱

难度系数　★★☆☆☆

涉嫌罪名　伪造货币罪,出售假币罪,诈骗罪①

《刑法》第 170 条规定:"伪造货币的,处三年以上十年以下有期徒刑,并处罚金;有下列情形之一的,处十年以上有期徒刑或者无期徒刑,并处罚金或者没收财产:(一)伪造货币集团的首要分子;(二)伪造货币数额特别巨大的;(三)有其他特别严重情节的。"

《刑法》第 171 条第 1 款规定:"出售、购买伪造的货币或者明知是伪造的货币而运输,数额较大的,处三年以下有期徒

---

① 《刑法》第 266 条,见本书第 193 页。

刑或者拘役，并处二万元以上二十万元以下罚金；数额巨大的，处三年以上十年以下有期徒刑，并处五万元以上五十万元以下罚金；数额特别巨大的，处十年以上有期徒刑或者无期徒刑，并处五万元以上五十万元以下罚金或者没收财产。"

考查要点 在当代被制造出来的宋代铜钱，即使制造者本身来自北宋，也不能等同于由宋朝有权机构制造发行的宋币。在这个意义上，周元制造的铜钱属于"假币"。但是，刑法规定的货币类犯罪，针对的是正在流通的货币，虽然包括其他国家及地区的法定货币，但都以"流通"为前提。宋代铜钱已经不再流通，所以也不是货币类犯罪的保护对象。

宋代铜钱不属于流通的货币但属于文物，周元制造的是假的"文物"。制造并出售"顶级文物专家也难辨真假"的假文物，而且"很多藏家当作真品购买"，这就涉嫌构成诈骗罪。不过，此处值得进一步讨论的是，文物买卖不同于其他商品，其中蕴含的真假风险是众所周知的，有时候考验的就是购买者的眼力和投机的胆气，很大程度上是购买者自愿冒险"愿打愿挨"的事情。因此，像在潘家园这种古玩市场中就经常出现各种假货真卖的情形。考虑到古玩交易的特殊性，通常也不会作为诈骗罪论处。

（四）周元配合贺冰冒充教育部官员进入西京大学校园

难度系数 ★★☆☆☆

涉嫌罪名 招摇撞骗罪

> 《刑法》第 279 条第 1 款规定："冒充国家机关工作人员招摇撞骗的，处三年以下有期徒刑、拘役、管制或者剥夺政治权利；情节严重的，处三年以上十年以下有期徒刑。"

考查要点　与诈骗罪以财产为骗取目标不同，招摇撞骗罪的内容范围极广，包括得到只有国家机关工作人员才能得到的某些便利，也可以构成招摇撞骗的表现形式。此处案情中周元配合贺冰冒充教育部官员，涉嫌构成招摇撞骗罪的共同犯罪。

（五）周元编造董十二受贿情节向监察委举报

难度系数　★★☆☆☆

涉嫌罪名　诬告陷害罪

> 《刑法》第 243 条第 1 款规定："捏造事实诬告陷害他人，意图使他人受刑事追究，情节严重的，处三年以下有期徒刑、拘役或者管制；造成严重后果的，处三年以上十年以下有期徒刑。"

考查要点　根据案情，周元"编造了一些董十二受贿的情节"，意图也是为了使董十二受到刑事追究，符合诬告陷害罪的构成要件。但是从后续案情来看，董十二确实存在从贺冰处受贿的客观罪行。对此可能出现观点分歧。结果无价值论者会认为，既然客观上确实有犯罪事实，不存在被诬告陷害的问题，行为人自始无罪。行为无价值论者会认为，即使客观确有其事，不是捏造，但是行为人主观上却是基于捏造事实陷害他人的意图而行事，因此，这里至少存在一个诬告陷害罪的未遂。此处争议，类似在偶然防卫的场合的观点之争。

（六）周元从监察委偷走卷宗材料并在媒体上曝光

难度系数　★☆☆☆☆

涉嫌罪名　故意泄露国家秘密罪，泄露不应公开的案件信息罪

《刑法》第398条第1款规定："国家机关工作人员违反保守国家秘密法的规定，故意或者过失泄露国家秘密，情节严重的，处三年以下有期徒刑或者拘役；情节特别严重的，处三年以上七年以下有期徒刑。"

《刑法》第308条之一规定："司法工作人员、辩护人、诉讼代理人或者其他诉讼参与人，泄露依法不公开审理的案件中不应当公开的信息，造成信息公开传播或者其他严重后果的，处三年以下有期徒刑、拘役或者管制，并处或者单处罚金。有前款行为，泄露国家秘密的，依照本法第三百九十八条的规定定罪处罚。公开披露、报道第一款规定的案件信息，情节严重的，依照第一款的规定处罚。单位犯前款罪的，对单位判处罚金，并对其直接负责的主管人员和其他直接责任人员，依照第一款的规定处罚。"

考查要点　周元公开举报的行为不构成犯罪，但是监察委的材料可能会涉及不宜公开的国家秘密，而且通常情况下，案件材料在未经宣判前也不允许对外公开。周元作为国家机关工作人员，将案件材料从机关偷带回家并通过媒体曝光，可能涉嫌故意泄露国家秘密罪。周元是监察委工作人员，不属于司法工作人员，因此不符合《刑法》第308条之一规定的泄露不应公开的案件信息罪的主体要件。如果涉案情况确属于不应公开的案件信息，也可能

构成第 308 条之一第 2 款规定的披露不应公开的案件信息罪。

（七）周元冲向汽车，导致汽车失控

难度系数　★★☆☆☆

涉嫌罪名　以危险方法危害公共安全罪①，交通肇事罪②

考查要点　周元基于自杀动机而突然冲向马路上迎面驶来的汽车，相撞后导致汽车失控又撞伤三人。横穿马路冲向汽车这一举动本身，是违反交通运输管理法规的危险行为。现在的问题是，行为人对自己的举动可能产生的危害公共安全的后果，是过失还是故意？我认为对此类行为应当认定为故意。任何一个具有常识和正常理性的人，都能够认识到，路上高速行驶的汽车在遇到外力冲撞时非常可能出现失控局面，通常情况下，也难以期待受到突然惊吓的司机有能力和经验掌控住汽车。在有认识的情况下，仍然采取自杀式冲撞的危险行为，并且也未采取任何避免超出自身伤亡范围之外的扩大结果的措施，这就是对危害到其他不特定人的公共安全的放任。

这里需要注意的是，是周元故意危害公共安全的行为，与司机韩十八未能控制住汽车的行为一起，造成了三名路人被撞成重伤的结果。前面分析过韩十八的责任，如果在观点上认为韩十八对汽车失控有过失责任，那么该责任就截断了周元的故意责任，三人重伤的结果归责于韩十八，在此，就应当认为周元成立以危险方法危害公共安全罪的未遂。相反，如果在前述分析中认为，包括韩十八在内的任何司机都难以在汽车受撞后准确控制，韩十八对汽车失控不负有责任，在此，就应将三人重伤的结

---

① 《刑法》第 115 条第 1 款，见本书 214 页。
② 《刑法》第 133 条，见本书第 214—215 页。

果归责于周元以危险方法危害公共安全的行为。

二十、贺冰的刑事责任

（一）贺冰以自己公司经营为名向银行贷款以借给周元买房

难度系数　★☆☆☆☆

涉嫌罪名　骗取贷款罪

　　《刑法》第175条之一规定："以欺骗手段取得银行或者其他金融机构贷款、票据承兑、信用证、保函等，给银行或者其他金融机构造成重大损失或者有其他严重情节的，处三年以下有期徒刑或者拘役，并处或者单处罚金；给银行或者其他金融机构造成特别重大损失或者有其他特别严重情节的，处三年以上七年以下有期徒刑，并处罚金。单位犯前款罪的，对单位判处罚金，并对其直接负责的主管人员和其他直接责任人员，依照前款的规定处罚。"

考查要点　借款人虚构借款用途，属于贷款材料造假，涉嫌构成骗取贷款罪。

（二）贺冰烧光与售药有关的账簿

难度系数　★☆☆☆☆

涉嫌罪名　故意销毁会计账簿罪

　　《刑法》第162条之一第1款规定："隐匿或者故意销毁依法应当保存的会计凭证、会计账簿、财务会计报告，情节严重的，处五年以下有期徒刑或者拘役，并处或者单处二万元以上二十万元以下罚金。"

考查要点 会计账簿被销毁，妨害到公司在市场交往中的人格形象，使得公司的资产债务等财务状况难以查明，也会影响到国家的税收管理秩序。采用烧光的方式销毁会计账簿，构成故意销毁会计账簿罪。

（三）贺冰出售文化礼包后又高价回购

难度系数 ★★☆☆☆

涉嫌罪名 非法吸收公众存款罪

> 《刑法》第176条第1款规定："非法吸收公众存款或者变相吸收公众存款，扰乱金融秩序的，处三年以下有期徒刑或者拘役，并处或者单处二万元以上二十万元以下罚金；数额巨大或者有其他严重情节的，处三年以上十年以下有期徒刑，并处五万元以上五十万元以下罚金。"

考查要点 根据现行司法解释和司法实践，刑法对非法吸收公众存款罪的认定较为宽泛。只要事实上吸收了资金又承诺了返本付息，都会被认定为是"变相"吸收存款，至于吸收资金的方式，以及支付利息的表现形式都在所不限。在本案中，向文化礼包的消费者出售10万元一张的文化卡，而实际上又没有文化礼包的物品转移，这实质上就是在吸收本金，同时在一年后又以15万元向消费者回购，其中的5万元实质上就是所支付的利息。有了吸储的行为，又公开面向社会不特定的公众宣传，符合了非法吸收公众存款罪的构成要件。

（四）贺冰向个人发放高利贷

难度系数 ★☆☆☆☆

涉嫌罪名　非法经营罪①

考查要点　根据最新的司法解释，向他人发放高利贷的行为涉嫌构成非法经营罪。

（五）贺冰从公司账户私下取走 200 万元

难度系数　★★★★☆

涉嫌罪名　职务侵占罪

> 《刑法》第 271 条第 1 款规定："公司、企业或者其他单位的人员，利用职务上的便利，将本单位财物非法占为己有，数额较大的，处五年以下有期徒刑或者拘役；数额巨大的，处五年以上有期徒刑，可以并处没收财产。"

考查要点　这里重点考查职务侵占罪的非法占有目的。第一，实践中经常出现的情形是涉案公司管理不规范，公司的独立人格形象不清晰，个人财产与公司财产混同。例如，个人花了公司的钱，但公司又欠着个人的钱，特别是在一些家族性或者少数亲友合伙性的民企中尤为常见。在这种情况下，一定要以划定个人财产与公司财产边界为前提，才能准确认定侵占公司财产的行为和数额。当公司对个人拖欠债务时，个人擅用公司的财产的行为，在实质法秩序的层面上相当于债务抵消，在刑法上可以排除非法占有目的的"非法性"，辩方可以此作为抗辩事由。

第二，为了单位利益而擅自使用单位资金，也可能成为排除非法占有目的的事由。例如，在认定与职务侵占罪同宗同源的贪

---

① 《刑法》第 225 条，见本书第 218 页。

污罪的非法占有目的时，私自将公款用于招待费用，可能成为贪污罪的抗辩理由。 当然，认定时还要看涉及公款招待的具体案情，能否出罪也不能一概而论。 在认定职务侵占罪时也是如此。 在本案中，贺冰一直没从公司领取的薪水也达到了其擅用的 200 万元，这可以成为一个排除非法占有目的的抗辩事由。 此外，后续案情中表明，贺冰从公司取走该 200 万元的用途是给郭十五行贿，而行贿的目的是为了保护周元，周元是否出事又关系到公司存亡。 于是，从辩方的角度来看，这里又存在着一个为公司利益而使用资金进而主张否定非法占有目的的抗辩事由。 不过，通过行贿的非法手段使用资金，去保护公司（也可能是非法的）利益，最终能否排除职务侵占罪，还值得进一步讨论。 但能想到这一点并有所分析，就得分。

（六）贺冰以断交威胁周元同意自己从公司取走 300 万元

难度系数 ★★★☆☆

涉嫌罪名 敲诈勒索罪①

考查要点 这里重点考查敲诈勒索罪的威胁手段及非法占有目的。 敲诈勒索罪中的暴力、威胁手段，不必要达到抢劫罪中压制被害人无法反抗的程度，但是也不是任何轻微的暴力或威胁，都能成为敲诈勒索罪中强制被害人的"恶害"，而是至少要能够对他人意思活动自由形成重大的压力和强迫。 这里存在一个判断标准的问题，即是以社会一般理性人的感受，还是根据个案中特定被害人的感受来判断这种压迫？ 在本案中，如果根据一般人的标准，可能不会认为朋友间"断交"的威胁足以迫使放弃 300 万

---

① 《刑法》第 274 条，见本书第 173 页。

元,周元的同意不是被迫而是自愿的;如果根据个案中周元的标准,从他和贺冰之间的关系来看,则是一种重要的威胁,以至于不得不做出了让步。 两种答案都得分。

(七)贺冰和周元冒充教育部官员进入西京大学校园

难度系数 ★★★☆☆

涉嫌罪名 招摇撞骗罪①

考查要点 贺冰与周元涉嫌构成招摇撞骗罪的共同犯罪。 参见前文关于周元招摇撞骗罪刑事责任的分析。

(八)贺冰对几名粉丝强行搜身

难度系数 ★★☆☆☆

涉嫌罪名 非法搜查罪

《刑法》第 245 条第 1 款规定:"非法搜查他人身体、住宅,或者非法侵入他人住宅的,处三年以下有期徒刑或者拘役。"

考查要点 贺冰对他人强行搜身,符合非法搜查罪的构成要件,但在违法性层面,涉及自力救济的问题。 所谓自力救济,是指通过正常程序或公权力可能来不及或无法保障某一请求权实现的情况下,允许采用私人暴力的方式救济法益。 在本案中,搜身的缘由是钢笔丢失,而现场欲离去的几名粉丝嫌疑最高(事实上也的确从陈八身上搜出了钢笔)。 在这种情况下,如果不及时搜身,偷窃者一旦离开,财产损失就难以避免,因此贺冰强行搜身

---

① 《刑法》第 279 条第 1 款,见本书第 221—222 页。

的行为，就具有了一种自力救济的性质，可以作为一种违法阻却事由提出抗辩。

（九）贺冰以举报相威胁要求张三免费制作一套假证件

难度系数 ★★★★★

涉嫌罪名 强迫交易罪①，抢劫罪②，敲诈勒索罪③，伪造身份证件罪④

考查要点 （1）要注意的是，既然是免费制作，就不存在交易，因此虽然有强迫，也不构成强迫交易罪。（2）贺冰以举报张三承接制作假证件的违法犯罪业务相威胁，而举报行为本身又是合法的，这就涉及合法行为能否成为意思强制类犯罪中的"恶害"的问题。该题点在前面分析董十二的强奸罪责任时已经分析过。（3）以举报相威胁，该威胁内容和程度是否达到了压制对方无法反抗的程度，还是仅仅构成一种尚有选择空间的心理压迫，这涉及抢劫罪与敲诈勒索罪的界分。（4）胁迫的内容是免费制作一套假证件。"免费"说明张三制作假证件的业务自有其"价格"，但是这种不被合法市场秩序承认的"黑市价格"，并不能证明假证件及制作劳务的财产价值，因而也不宜认定为是针对财产的犯罪。

此外，张三制作假证件的行为，符合伪造身份证件罪的构成要件。该行为是在贺冰授意和强迫要求下实施的，因此贺冰与张三构成伪造身份证件罪的共同犯罪。

---

① 《刑法》第 226 条，见本书第 203 页。
② 《刑法》第 263 条，见本书第 205—206 页。
③ 《刑法》第 274 条，见本书第 173 页。
④ 《刑法》第 280 条第 3 款，见本书第 217 页。

（十）贺冰给金十三垫付出资

难度系数 ★☆☆☆☆

涉嫌罪名 行贿罪

> 《刑法》第389条规定："为谋取不正当利益，给予国家工作人员以财物的，是行贿罪。在经济往来中，违反国家规定，给予国家工作人员以财物，数额较大的，或者违反国家规定，给予国家工作人员以各种名义的回扣、手续费的，以行贿论处。因被勒索给予国家工作人员以财物，没有获得不正当利益的，不是行贿。"

考查要点 此处案情涉及金十三的受贿行为与贺冰的行贿行为。关于对价关系、不正当利益以及贿赂金额，前面讨论金十三受贿罪责任时已经分析。

（十一）贺冰为了保护周元而给郭十五送钱

难度系数 ★☆☆☆☆

涉嫌罪名 行贿罪①

考查要点 此处案情涉及郭十五的受贿行为与贺冰的行贿行为。关于对价关系，前面讨论郭十五受贿罪责任时已经分析。此外需要讨论的是，贺冰的请托事项——不要罗织罪名对来历不明的周元立案——是否属于行贿罪要求的"不正当利益"。

（十二）贺冰为了保护周元而给董十二送钱

难度系数 ★☆☆☆☆

---

① 《刑法》第389条，见本页。

涉嫌罪名　行贿罪[①]

考查要点　此处案情涉及董十二的受贿行为与贺冰的行贿行为。关于对价关系和不正当利益，前面讨论董十二受贿罪责任时已经分析。

[①] 《刑法》第389条，见本书第231页。

后记　最后一课

给北大法学院 2011 级本科生的考试赠言

　　本学期的"刑法分论"课程已经结束，与同学们半年的相处很愉快。在课间答疑和教学网上的讨论中，一些同学的好学敏思给我留下了深刻印象。我也相信，即使在那些从未提问或发言的同学中，也一定隐藏着大量对刑法有兴趣同时也颇有心得的"学霸"和"学神"。作为老师，对此感到非常欣慰。

　　期末考试后，有同学表示这种考试方式很酷，也有同学向我表达了困惑。此外，关于期中试题，曾有同学提醒我留意网上的各种议论。对于一些关注点集中在剧情上的褒贬，我只能苦笑对之。我们是法学院，考的是刑法，无论编什么样的剧情，都是作为手段服务于考查刑法知识的目的。

　　也有些议论认为剧情不错但是题目简单，我也只能苦笑。以期中考试"甲的一生"为例，题目其实不简单。能回答出所涉罪名，只是达到最初级的、获取及格分数的标准；题目中所隐藏的几个深层的知识点，以北大法学院 11 级本科生的答题情况来看，全班同学尚无一人全部答出。至于期末考题"甲的一生前传"，考点量和难度更是比期中考试题目翻了一倍。当然，或许其他院校或司考班的学生中另有高手，能够轻松地秒杀也未可知。可能吗？也许吧。

　　网上的议论可以不顾，但我必须要向各位修"刑法分论"并参加考试的同学认真说明的是，老师为什么要采取这样一种出题方式来考大家？难道真的是当编剧写小说上瘾了吗？非也。这不是一时兴起，而是有很多考虑。首先，为什么不考概念题或简答题？我不太愿意。因为那样只能以闭卷的方式考查，而以刑法分论这么大容量的内容来要求同学们刷夜背考点，不但是为难大家，而且考查的也只能是记忆力和备考者的运气而已。

而且我一向认为，任何闭卷考试，都只是在找不到更好的开卷考查方式的情况下，不得已的选择。现代社会中，法律人所要处理的材料和信息更新不穷、瞬间万变，关键不是他记住了什么或者面对客户背出了什么，而是他懂得如何运用法律资源来解决问题。因此，对于法律专业来说，开卷考案例可能是更好的、更灵活有效的考试方式，它最能检验一个人是否学好了法条和理论，以及是否懂得如何将法条和理论用于涵摄案例事实。

不过，这里有一个前提，就是所考的案例，必须能够胜任考查任务。如果所考的案例，翻开法典、教科书或讲义就应声而解，那这种案例考查还不如闭卷考背概念算了。这就涉及要出什么样的案例的问题。我一直认为，本科生大班必修课的学习，重在掌握刑法知识的体系性；而研究生专业课的学习，则是在前述基础上，加大对于一些关键问题的理论纵深。因此，本科生的案例题与研究生的案例题必然是不同的：前者重在考查学生对于整个刑法分则的体系性了解；后者则主要考查学生对一些重点罪名的重要争点是否掌握。

当然，作为老师，自然乐于见到同学对于刑法问题有进一步的思考和兴趣。因此，所出的案例，最好既能在鸟瞰的层面考查体系性知识，以此作为中等水平的尺度，同时，也要埋伏一些更深的考查要点，留给那些想要更高分数的人。

后记 最后一课

而这就不是出几个零散的小案例所能实现的目标了。的确,以往流行的案例题考查方式,题干大多几行字,最多不会超过半页纸。但是这种小案例的弊端也是显见的。一来,只能考几个有限的罪名,难以考查出前述所提及的对整个分则的体系性知识的掌握程度。二来,这种案例的考点非常明显,提问内容清楚无比,只要针对问题作答就是了。可事实上,比回答问题更重要的能力,是发现问题。现实中,没有人会把一份杂乱繁复的法律材料或者案件事实,加工剪裁成教学小案例的形式,归纳为好几个问题送到你面前来寻求答案。律师的工作,本来就是在几十本、数万页的卷宗中找出真正的法律问题,再寻求解决之道。

因此,习惯于"提问—回答"式的应试教育的人,一定要清醒过来。如果有同学告诉我说,你面对两页纸的题目,看不出其中隐藏着哪些问题,分不清哪些是重要问题和不重要的问题,规划不好重要问题的答题时间和不重要问题的答题时间,那么,我只能说,这场考试对你,已经部分地显示出评价的功能和效果了。

一直以来,同学们可能习惯了传统的考卷,其中,5分概念题、10分简答题、15分案例题和20分论述题层次分明,出题者给答题者指出了重点,也安排好了答题时间。可是,习惯了这样应试的同学,走上社会后可能会感到茫然。因为无论在工作上还是人生中,都不会再有人给他出这种划好范围、指明分数、分配好答题时间的考题了。甚至,一些始终调整不过来的茫然者,只能又继续去报名参加各种考试来寻找自信了。

所以,我想给大家出一些能够规避上述缺点的题目。在"甲的一生"中,有10多个考点,在"甲的一生前传"中,有近30个考点，它们都混杂在一堆剧情里。有些考点两句话即回答完毕，分数也只有一两分；有些考点可能需要你大书特书，分数有六七分；但这些都未说明，需要你自己去判断。其实，真实的法律业务，包括人生，也是如此。没有人会为你指明哪些是重点和关键，也没有人总在你身边告诉你哪些是你要珍惜的东西。若你不能在有限的时间里分清轻重，懂得取舍，对不起，考试时间到了，人生旅途也已到站。你输了。

也许有的同学看到这里会有一点点小郁闷。其实也没什么，用一场学校里考试的小挫败，换早一点认清世界的真相，很值得。那些考分不高的同学，往往是由于花了很多时间在不值得讨论因而也没有太高分值的考点上，现在你切身体悟到了这一点，以后你就会明白，人生跟考试时间一样，四个小时看似很长，其实苦短，所以你要分清轻重，别再耗费时间和感情去从事一些不值得投入的事情（或者爱上一个不值得爱的人），等等。不然，那个结局会比考低分悲惨得多。（当然，很快你们就会看到了，老师希望借此让大家切身体会这个道理就行了，至于给的分数，还是很仁慈的。）

此外，追下去的疑问可能还有，就算是出一个能够考查体系性知识和发现问题能力的大案例，有没有必要非要编那么凶残狗血的剧情呢？那么追求故事性，会不会喧宾夺主呢？这到底是刑法题还是编剧题呢？其实，这里涉及一个非常重要的问题，是我一直想向大家讲但是没有机会说的，如今，就写在这里作为这半年相处的临别赠言吧。

我在前面说，开卷考案例之所以可取，是因为"它最能检验一个人是否学好了法条和理论，以及是否懂得如何将法条和理论用于涵摄案例事实",这话没错。 可是,对于一个真正的法律人的教育而言,特别是对于刑法的学习来说,学好法条、理论以及涵摄技术仍然是不完整的,那只是一半而已。 这一半只是教会了你作为职业者的技术,那么,剩下的那一半是什么呢? 要想回答这个问题,先来回顾一下刑法学史上那场最著名的"学派之争"。

19世纪末20世纪初,刑法学说史上曾经出现过一次最重要的、甚至可能唯一够分量的"学派之争"。 这就是通常所说的旧派与新派之争,也称为古典学派与近代学派之争。 旧派中的代表人物包括贝卡利亚、费尔巴哈、边沁、康德、黑格尔等。 这一派的理论原点是,人有自由意志,因此能够也应该为自己的行为负全部责任;相对应的,刑罚的目的在于给予这个自由决定犯罪的人以报应,同时,威慑那些能够自由决定的人不要犯罪。

在方法论上,既然每个人都是意思自由的主体,都能为自己的行为负起责任,因此,无论是张三杀人,还是李四杀人,在刑法上都被抽象成一个面目一致的行为人A在杀人。 为了实现法治国的罪刑法定理想,避免法官罪刑擅断,古典学派要求司法者和解释者只关心抽象的A犯了什么罪,而不需要考虑具体的张三、李四或王五为什么犯罪。 这就是方法论上所说的"抽象人"。 我们通常所讲的"行为刑法",就是以"抽象人"为基础,引入"科学"的视角,将行为视作一种客观对象,设计一套逻辑严密的理论体系,来逐层解剖每一个犯罪行为。

我们今天在课堂上所讲的三阶层也好,四要件也罢,以及刑法教科书上的各种知识,从根本上来说,都是对古典学派的传承,都主要是在用一种科学和逻辑的眼光,不断发展各种解释观点,完善刑法理论的体系性,提升刑法学的技术含量。 我在试题里面设计了近30个考点,对这些考点的理解和回答,都是在考旧派传统的刑法理论。

与之相对,19世纪末期的欧洲,出现了另外一批惊世骇俗的人物。这些人鄙夷旧派的观点,认为那些只关注犯罪行为本身的理论,都是书斋里的逻辑推演,面对社会变革中犯罪急剧增长的情况根本无能为力。于是,这些思想家将注意力集中在犯罪人的个性以及这些人为什么会犯罪的问题上。这被称为刑法学的近代学派,或称新派。代表人物包括龙勃罗梭、菲利和加罗法洛等。龙勃罗梭从人类学、遗传学的角度来研究犯罪原因,着眼于犯罪人的身体特征特别是头盖骨的特征,提出"天生犯罪人"的概念。意大利犯罪学家菲利则认为,自由意志根本不存在,那只是一个纯粹的幻想和假设,人的行为都是人格与环境相互作用的结果。总之,犯罪人绝不是面目整齐划一的、无差别的"抽象人",而是一个个具有鲜活个性特征的"具体人",他们的人格和犯罪原因迥异。

在新派学者眼中,一个人犯罪并不是自己的意志自由决定和选择的结果,而是受到各方面因素的影响和制约的,是各种原因综合作用的结果。这些原因中包括犯罪人自身的、主观的原因,如年龄、性别、遗传等;也包括客观的、外界的原因,如经济关系、职业地位关系、贫富悬殊、失业、人口密度、人种差异、政治、教育、宗教、风俗习惯等。其中,社会环境被认为是产生犯罪的主要原因,即主要是由于外界原因的影响,通过犯罪人自身的条件,形成他们的恶性,从而导致犯罪。

依照新派学者的思路,会得出以下结论:第一,人们不能只关注针对犯罪行为的构成要件分析,因为那无助于减少犯罪;相反，更应当关注犯罪人，关注这些人犯罪的原因，由此改变引起犯罪的社会环境，才能有效减少犯罪。第二，刑罚不应当是冷酷无情、以血还血的报应，因为报应对于一个意思决定不自由的人来说，既不正义，也不可能有威慑的效果。刑罚的目的应当在于教育和改造，因为那个受到外部各种因素影响而犯罪的人，他本身也是一个不幸的人。

古典学派与近代学派的对抗，本来一开始被认为是在刑法学内部的争论，但是到最后，这种学派之争由于基本假设、价值观念和方法论上的根本对立，形成了两种完全不同的研究"范式"，再企图用一门学科的基本性质来规定两者，已经非常困难。"一山难容二虎"，"分家"势在必行。近代意义上的犯罪学犹如冲破天庭管制的齐天大圣，从刑法学中脱胎而出，从此自立山头，与刑法学渐行渐远（在欧洲，犯罪学还算是法学院的课程；在美国，则被划入社会学领域）。而刑法学经此学派之争，重新回到旧派的轨道（被称为后期旧派），"龟缩"为规范法学，研究对象只集中在对行为的法律解释，研究方法主要是教义学分析。从此，刑法学与犯罪学之间划地为营，不再开战，也几乎老死不相往来。

在今天国内的法学院和法学界，规范性的刑法学属于显学，而犯罪学地位边缘。一方面，犯罪学的理论研究没有并入社会学的研究传统，一直鲜见原创性的思想，同时，在缺乏雄厚的人力、财力支持的情况下，犯罪学的实证研究也很难取得成果。另一方面，也有一些人对新派思想不以为然，觉得那不过就是人文主义的"闷骚"，根本没有什么技术含量。只有古典学派中那种条分缕析、精细入微、具有逻辑性和雄辩性的体系性论述，才算得上有智力挑战和技术含量的学问。在对待犯罪的问题上，专业人士应当只关心"法律问题"，只需要客观冷静地分析抽象人A

的行为是否满足不法和责任,这种体系性检验的工作,才是专业范儿。 总之,不掺杂情感的技术分析,才是好的分析;越冷酷,越酷。

规范刑法学的"技术流"之路没有错。 尤其是对于一个司法权限不清晰、定罪量刑技术还非常粗糙的国家来说,只有坚守罪刑法定原则和刑法理论的精准化,才谈得上人权保障的理想,因此,体系性和技术问题,怎样强调都不为过。 这学期,我们在课堂上和教学网的讨论版上,都是围绕着刑法学的各种理论问题,从技术层面讨论种种观点。

不过,我始终认为,近代学派的思想有其独特的重要价值。一个理想的法律人,他不能只是一个技术娴熟的法律工匠,也不能是一个仅凭着精湛的专业技能来冷静分析案件的机器。 就如同缺乏医者父母心的医生,即使技术再好,也不能成为一个"大医"一样,面对各种犯罪,法律人也不能只是关注法律本身,却对案件中的"人"漠视无睹。 在作为前提的专业技能之外,他还应该有一种悲天悯人的情怀,有一种对人情世故的洞悉。

他应该懂得,冷漠和仇视只会带来更多的仇恨。 他会时刻提醒自己,在每一起犯罪中,被害人和犯罪人都是不幸的,一个希望为这个社会和国家承担更多责任的法律人,不仅要完成准确惩罚犯罪行为的技术任务,同时,他也能够看到并努力改变引起这种不幸的外部原因,最终减少人们的不幸。 在这一点上,近代学派(新派)的思想能够给人以提醒和启迪,甚至可以修补古典学派可能导致的过度沉迷于技术化的弊端。

我从来不怀疑北大学生的理想主义情怀。 但是,很多事情,可能需要随着自身年龄和阅历的增长,才会有切身的体悟。

在课堂上，老师能够传授的，更多的还是规范法学的技术问题。但是，我特别想提醒大家的是，除了走好古典学派的技术之路外，新派的思想也应当重视。我们平时所分析的甲、乙、丙、丁或 A、B、C、D，并不是虚拟的抽象人，也不是哈哈一乐的对象，更不是被当作标本来解剖的客体。他们与你我一样，都是一个个有血有肉有感情的人，只是有时候被命运所戏，卷入到了偶然的漩涡中，成为被害人，或者犯罪人。

可是，用什么方式来说明并且让大家永远记住这一点呢？空泛的说教是没有效果的。我想，如果能通过把一些犯罪的典型桥段，编成一个有剧情的小故事，再经过四个小时的紧张考试，绝大多数人都会印象深刻。这样，既达到了考核法律技术的目的，也起到了加深人文感情的效果。再过一些年，你差不多忘记了刑法中的具体条文或重要观点，但是，可能会记得这两次考试，会记得"甲的一生"及"甲的一生前传"中那些悲剧人物的大致形象。

那时，你肯定已经走上社会，成为一名律师，或者是法官，老师已经没有能力再教你什么了。在你面对浩繁琐碎的卷宗材料时，相信你已经掌握了刑法分则考试中曾逼迫你锻炼的权衡轻重、提取关键的能力，当然，那时你也必然能够娴熟地运用法律专业技能处理问题。但是，我还奢望的是，在你作为刑辩律师为一个被告人辩护时，当你作为死刑复核法官决定一个犯罪人的生死时，如果还能依稀想起当年考试中出现过的悲剧人物，由此让你在辩护时多一点耐心，在核准死刑时多一点斟酌，那么这两次考试就是有意义的。

作为老师，夫复何求呢。

附录一 法学院情书

《北大青年》采访

《北大青年》记者：

方旭旸　北京大学信息科学技术学院 2014 级本科生
刘　婵　北京大学新闻与传播学院 2013 级本科生

是怎么想起来做这篇稿子的呢？我的思绪不由得飘向了大一上学期。

期末考试季，大家纷纷与各科鏖战时，我的微信朋友圈居然被一道期末考试题刷屏了，甚至连在隔壁，乃至复旦、交大的高中同学也纷纷转载。耐不住好奇心，我点开了这道法学院"刑法分论"课的期末考题"爱的东南西北"。

令人惊讶的是，这一题就价值 100 分。更令人惊讶的是，这题的题干如果不说，我还以为是慕容雪村的小说改编成的电视剧剧本！最令人惊讶的是，我居然一口气把这 4 000 字的"剧本"看完了！

看完之后，我对能出这种期末考试题的车浩老师产生了强烈的好奇心，于是在新学期主编要求报选题时，我立马就想到了车老师，希望借《北大青年》的平台走进这个"奇人"的世界。然而，当我真正接触车老师后，才发现他一点都不"奇"。他和很多人一样，喜欢看电影，看小说；他也会偶尔评论当下的热点问题；他喜欢带儿子到处去玩；他说话时从来不会让你感觉到他是一个满肚子专业名词的法学院老师。

普通人,是车老师给我的感受。

普通人,也是车老师法律观的出发点。

在他看来,法律人,不应该是用像手术刀一样冰冷的理性来切割案例的机器。他的考题也是这种观念的产物。他说:"我希望通过我的考试,让学生在以后从事法律职业,断人生死时,想起学生时代考试中当事人的悲情故事,从而多一些思考。"

回过头来看这篇稿子,由于车老师的要求,并没有做成人物专访,而是用一问一答形式,阐述车老师长篇案例题背后的用意。那么,读者要问,这算一篇人物稿吗?

其实,早有答案。如今,车老师的朋友圈,依然充满了书评影评,充满了搞笑段子,充满了儿子的有趣故事,充满了他对一些热点问题的看法。

他是个法律人,也是个普通人。

——方旭旸

"准备会后赴约的周小东,在会议上被纪委人员当场带走。当日23时许,莫小君站在西京广场观景台上,静静地等待灯光秀和昔日同窗的到来……"

上学期末,北大法学院车浩老师的刑法分论课4 000字超长案例——"爱的东南西北"在网上被疯传,由于剧情曲折"狗血",他被网友戏称为"编剧系"毕业。这是他第四次出这样的题目,从之前"甲的一生"开始,越出越长。

采访开始前,我们坐在堆满法学杂志和书的茶几两侧,车老师拿起采访提纲,仔细看了好几遍,呵呵笑了,"这是人物稿的提纲吧,把我按人物稿写不合适吧,我还比较年轻,不适合做宣传"。

北大青年(以下简称为"北青"):没事,可以聊别的,不用按着那上面说。

车浩:那就聊聊法吧,希望能让更多的同学有所启迪。

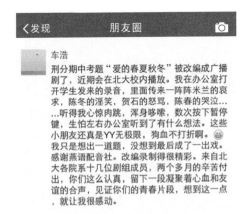

车浩老师发布在微信朋友圈中对自己试题被改编的感想

北青:看到您的微信朋友圈说以"爱的东南西北"为剧本的广播剧已经制作完成了,您在出题时想过会有这样的结果吗?

车浩:没有。从老师角度讲,出题是和特定群体的对话。和两人谈恋爱一样,情书还要公之于众吗? 北大对老师出题的方式不限制,我又觉得这种方式可以表达我的想法,于是就这么出了。

北青:您是如何做到题出得这么戏剧化的?

车浩:这是自然而然的,平时看了那么多案例,我只是要将这些案例串起来而已,根本不用怎么想。可能你们外行看起来"狗血",但是我们法律人看起来都是很正常的东西。

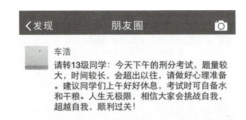

车浩老师在微信朋友圈上的考试预告

北青：为什么要用这种超长案例开卷形式考试呢？

车浩：第一次考这种长案例时考了三个小时，现在变成四个小时了，越变越长了。有教学效果的考虑。

这么大的一个案例要你分析，不是你考前刷几天夜能解决的，把学习压力分散到平时。

此外，故事性长案例能较好传递法与人性、法与道德这些软性的，在理性专业分析之外的东西。

还有一点，我们这个专业看起来逻辑和理性比较重要，但是我觉得想象力也很重要。生活千变万化，案件层出不穷，社会上各种"奇葩"的人和事会远远超出书上的东西。

考题出成这样只是想让同学加深印象，了解老师的苦心与用意，让我的情书能被记得久一点。

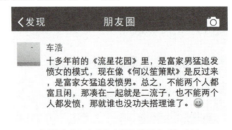

车浩老师对《何以笙箫默》的看法

北青：《何以笙箫默》开播后，有学法律的观众从法学专业角度分析女主角照片的所有权等，这是您说的法律联想吗？

车浩：我觉得这个不是。这个的意义不是太大，拍到专业剧情都会有些问题，比如拍医生、拍记者等。电视上有个法律问题你就要分析，感觉有点"专业自恋"的味道。

北青：那法律联想是指什么呢？

车浩：我说的联想是大家能从一些习以为常的问题中看到法律问题。

举个例子，最近看了一本书叫《五大贼王》。书里面讲了很多"外八行"，比如小偷这一行的偏门知识。看了后我发现原来小偷还有这么多门道，和中医"望闻问切"类似，小偷要是通过观察一个人的言行举止、衣着打扮，估计不出来这人有多少钱，在内行看来都是失败的。盗跖说："夫妄意室中之藏，圣也。"

我联想到了一个困扰刑法学者很久的问题。小偷以为偷的东西就值一两千元，结果实际价值几十万元——他的主观认识和财物客观价值不一样，怎么办？法条上是按被偷东西的实际价值来定罪量刑的，但是学者往往有异议，因为小偷主观上其实没有认识他偷了多少。

看了这本书后，我觉得我们一直考虑的这个问题可能是不存在的。小偷会完全不知道他要偷什么，大概能偷多少？

北青：外行人觉得法律就是法条和案例，没想到小说都和法律有关系。

车浩：法律人研究的是人间百态，小到夫妻纠纷，大到国家政策的制定。国外法官要戴白色假发，被看成半人半神的存在。

事实上，我们只能用法律思维来诠释事物，而距离半人半神，我们的知识太少了，智慧差得太多了。

什么算智慧？ 阅历经验、人情世故等都被包括进去。 美国的霍姆斯大法官说，法律的生命不在于逻辑，而在于经验。 你能想象一个刚毕业没谈过恋爱的青年法官调解中年夫妻的离婚纠纷吗？

一切和法都有关，所以我不会盯着学生只学专业知识，两耳不闻窗外事。 有些法学院学生很聪明，也看很多专业书，但不爱和人、和社会打交道，这有很大问题，法学是研究人的学问，完全脱离人，就会走偏。 所谓"只懂技术而没有心肝的混蛋"。

北青：您和别人打交道很多吗？

车浩：我不是在和你打交道吗？ 哈哈。

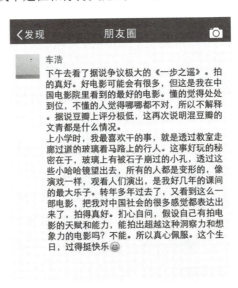

车浩老师对电影与人性的看法

这就说到另一个我想传递的东西,法律和人性。 专业上理性、逻辑的分析是法学的基础,但光这个远远不够,人与人的关系这种软的东西对法律人同样重要。 法律研究社会中个体的相互冲突矛盾,如果脱离社会,脱离人,即使你有很高的专业水平,作出的判断也会有问题。

有人说我题目出得像电视剧,的确,其实只要电视剧、电影、小说对了解人性、了解社会有帮助,我就鼓励大家看。 逻辑与艺术,理性与感性,抽象与形象,看上去电影和法律相互矛盾,其实刚柔并济。 医生在手术台上见久了鲜血,就会对一般病痛麻木。 法律人对恶性案件看久了,就会和一般人的痛苦脱节。影视能让你贴近人,贴近生活,不是只有冷冰冰的逻辑,像冯小刚早期的电影,比如《手机》,都很有味道。

北青:那么烂片呢? 您还看吗?

车浩:哈哈,那要看看它为什么拍得那么烂。

《刑法通论》北京大学出版社

北青：所以您的意思是法律人不能太过职业化？

车浩：对。台湾有个知名学者叫林山田，法学界大佬。他性子比较刚烈，认为法律就是白与黑。他出的《刑法通论》被誉为"刑法圣经"。他说："书的封面都是我自己设计的，黑白分明，就像我的个性一样，嫉恶如仇，只有黑和白，没有妥协。"

我和他看法相左。被害人也好，犯罪人也好，有时都是被命运裹挟进来的，像流水一样，每一刻人的善恶比例都不同。如果因为自己学法，有专业知识，就从整体上断定一个人的善恶，我觉得是过于自负了。

有部日剧叫《白色巨塔》，讲医生的，和法律人有相通之处。里面两个主角，外科医生和内科医生，性格截然不同。外科医生技术精湛，用冷冰冰的科学和理性去治疗一个人，认为关怀病人什么的都是扯淡，最终由于自己的性格走上了毁灭。

古人说："医者父母心。"医生给病人的感觉不应该是冷冰冰的手术刀。法律人也是一样的。

北青：但是好像有很多人批评您的这种观点？在法学院强世功老师的微博上有人评论"刑法是法理的实体化"，这样的考题属于"瞎胡闹"。

车浩：学法律讲技术，往往要把人脸谱化，才能用理性的手术刀来切割。这些评论，包括《刑法通论》的畅销，也可以看到很多法律人的黑白分明观是根深蒂固的，这也是现状。我希望通过我的考试，让学生在以后从事法律职业，断人生死时，想起学生时代考试中当事人的悲情故事，从而多一些思考。还是用前面的比喻，这封情书希望能有一部分学生能记得，我就心满意足了。

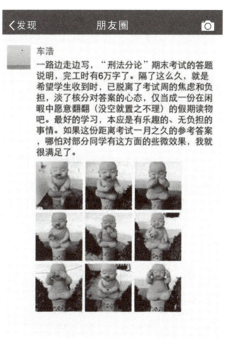

考后车浩在微信朋友圈上的通知

北青：您的这四封情书，从考试情况看，觉得大家看懂了吗？

车浩：我每次写进去的东西各有侧重，第一次以个人命运为主题，第二次是家庭关系，第三次涉及家族纠纷，第四次偏历史感。每次考完，我会和助教还有一些博士生组成十人左右的批卷团队，找一间会议室，从早到晚连着两三天，讨论、批卷加整理答案。几天后我会给同学们发一份几万字长的题目说明，详细解释每一道题，并告诉学生我的想法和用心，也相当于一个临别寄言,相信大部分同学都能感受到我的意思。

"爱的东南西北"原名"西京风云",讲的是四个西京大学法律系毕业生在时代浪潮中各自浮沉的故事。车浩老师说自己更喜欢"西京风云"这个名字,因为符合自己出题的本意:"常在潮头立,要保旗不湿,又岂是易事?我相信这一级的学生中,未来一定会有时代的宠儿,意气风发之日,勿忘同学情谊,愿步步惊心但仍能一路平安。"

情深意重隐于字斟句酌,爱恨痴缠都是法言法语。这是车浩老师写给学生的,法学院情书。

附录二　法检高手如何作答"神考题"
微信网友部分解题答案摘录

深海鱼按:最近北京大学车浩教授的"神考题"四大名作在法律人微信圈中刷屏,微信公众号"法律读库"推送了一些热心读者的作答,本篇为微信公众号"刑事实务"汇总的庐州判官、笨熊图灵(以下简称为"判官")、全国十佳公诉人王勇(以下简称为"王勇")、微信公众号"刑事实务"运营者深海鱼(以下简称为"深海鱼")的部分解题答案供读者阅读、分享,欢迎更多法律人作答。很多法律问题没有标准答案,越争鸣越有意思,案情时间跨度较大只是出题者为了案情串联需要,大家在作答时可不必考虑刑法效力问题和时代背景问题。

第一试　甲的一生 答案摘录

答题要求:简要说明案中甲涉嫌的犯罪及理由,并进一步分析其中可能存有的争议之处。

案情提要:某市交警甲大婚临近,提拔在即,将于2000年6月8日随领导出国考察,出国手续均已办好,只待归来即与女友成婚。 临行前一天(6月7日)中午,甲赴朋友婚宴,因开车,席间拒不喝酒,惹来同席的张三不满,遂趁其不备而在其饮料中掺入大量白酒,甲喝后方才察觉,但因心情好便未与张三计较。 甲回家路上,已发觉酒劲上涌,头有些发昏,但未在意,继续前行,结果在拐弯路口处剐倒行人A。 虽未造成A伤害,但甲亦惊出一身冷汗。 赶紧将车停在路边,取出酒精测试仪一测发现，血液中酒精含量已达 85mg/100mL，于是买来几瓶矿泉水猛喝，并用路边卫生间的冷水冲头，再测含量降至 70mg/100mL 时又重新驾车上路。但是甲酒劲仍存，在下一个十字路口处未能踩住刹车，闯了红灯，将行人 B 撞成重伤，奄奄一息。甲大惊失色，赶紧将 B 抱上车开往医院，但是在医院门口，甲又担心暴露身份将来被追究责任，遂将 B 放在医院门口希望其被他人发现送去救治，自己旋即离开。一小时后，B 被医护人员送往急救，但未能救活（从 B 当时的情况来看，即使没有耽搁救助时间也未必能救活）。

判官：1. 车神上来便虚晃一枪，众考生莫慌！ A 未受重伤，亦未死亡，甲不构成交通肇事罪。

2. 酒驾与闯红灯齐飞，甲违反交规并导致 B 当场重伤，构成交通肇事罪。

王勇：1. 危险驾驶罪是故意犯罪，有共同犯罪。张三明知交警甲在饭后要驾驶车辆，故意掺入大量白酒（注意是大量），积极追求甲危险驾驶之后果。甲如不知，张二为间接正犯。但本案中甲已经察觉有白酒掺入，默示同意，形成事中共同故意。因此，客观上只要甲达到醉酒之状态，构成危险驾驶罪，甲与张三就成立共犯。

2. 但是危险驾驶罪为 2011 年《刑法修正案（八）》新增罪名，张三行为发生在 2000 年，根据从旧兼从轻原则，不能追诉。

3. 第一阶段行为，甲将 B 撞成重伤。因为甲为醉驾，在闯红灯的情况下致人重伤，至少负事故主要责任。根据 2000 年最高人民法院《关于审理交通肇事刑事案件具体应用法律若干问题的解释》规定，酒后、吸食毒品后驾驶机动车辆肇事致一人以上重伤，负事故全部或者主要责任的，以交通肇事罪定罪处罚。

4. 第二阶段行为更为复杂，甲撞伤 B 之后，有救助之义务（《道路交通安全法》第 70 条第 1 款规定，在道路上发生交通事故，车辆驾驶人应当立即停车，保护现场；造成人身伤亡的，车辆驾驶人应当立即抢救受伤人员，并迅速报告执勤的交通警察或者公安机关交通管理部门）。甲将 B 放在医院门口，希望其被救治，证明甲主观上不希望发生死亡后果。因被害人最终死亡与耽搁治疗没有关系，甲前期的交通肇事与被害人死亡之间的因果关系没有因介入因素中断。因此，甲的行为属于交通肇事致一人死亡。但是其因为担心被追责而离开，属于肇事后逃逸，应认定其逃逸情节，应处 3 年以上 7 年以下有期徒刑。

深海鱼：1. 按照如今的标准，甲明知自己误喝了白酒，仍驾驶机动车行驶一段路程，并且经过自己测试血液中酒精度达到了醉酒标准，构成危险驾驶罪。但题目给出的时间是 2000 年，醉驾未入刑，按照行为时的《刑法》，醉驾不构成犯罪。另外关于醉驾案件在实务中需要注意的是，由于血液中含量才 85mg/100mL，刚超过醉酒标准 80mg/100mL，而日常喝酒后在 1~2.5 小时内，血液中的酒精浓度是呈现抛物线上升趋势，大约在 2 小时左右达到峰值。实践中酒驾者被查获后送往医院进行抽血测试，如果从被查获到到医院抽血这个时间段是血液酒精度在不断上升到峰值的过程，测试结果也刚好只过醉驾标准线的话，那要考虑行为人在被查获之前的驾车阶段，十有八九是未达到醉驾标准的。不过本题中不存在该问题，因为甲是自带测试仪，开车剐擦后马上测试已经有 85mg/100mL 的数值，其测试前开车的过程

肯定超过 80mg/100mL 的醉酒标准。 不过题目中甲用冷水冲头、猛喝水，在短时间内降低血液中酒精含量的作用是不大的，是有违实际情况的。

2. 答题角度初步认定甲构成交通肇事罪（逃逸）。 甲将酒精含量降低到 70 mg/100mL 以后，为酒后驾车，其闯红灯，未能踩住刹车，将 B 撞成重伤，最后 B 死亡，所以，B 的死亡与甲的肇事行为有因果关系，中间未介入非正常的中断因素。 另外，甲将 B 送到医院，但为了逃避法律追究而逃离，应当认定为逃逸，根据法律规定逃逸一律认定为负事故的全责。 那么因为逃逸认定负事故的全责之后，是否还能认定为肇事后的逃逸情节予以加重处罚呢？ 对此，实务中有一定的争议，有人认为逃逸在事故责任认定中已经评价了，就不能再评价为加重情节，否则双重评价，浙江省高级人民法院曾经就有如此指导意见。 还有学者认为逃逸是事故发生后的行为，与之前的交通肇事行为没有关系，法律上拟定一律认定为全责是错误的，如果按照此观点，那么本题由于没有给出事故责任认定而无法对甲定责。

本人认为，关于逃逸拟定为全责应当分情况区别对待。 原来由于科技不发达，道路上监控不多，司机肇事后逃逸便无法还原事故发生时的场景，无法认定事故责任。 我们知道如果肇事者不逃逸，他客观上承担的事故责任里也可能有负全责的情况，当然也可能不承担责任，那么因为肇事者的逃逸，使得原本客观有可能是全责的情况也可能因此被逃脱，所以才有了法律拟定全责的出现。 该拟定并非无故多出承担全责的情况，而是让逃逸者承担原来本就可能是全责的情况，可谓对肇事者也不冤枉。 所以，如果是因为逃逸而客观上无法再重现事故场景认定责任的，在拟定为全责的基础上，再认定交通肇事罪逃逸是罚当其罪。 但如果甲闯红灯的路口有监控录像，能够还原事故经过，那么就不应当拟定为全责，而应当客观的根据监控录像去确定甲的责任。如果甲承担主责以上，那么他仍然构成交通肇事罪，并且有逃逸情节。如果根据监控录像评定甲为平等责任或者次要或者无责任，那么即便甲逃逸了，也不构成犯罪。

另外，本题中 B 的死亡是否因甲的耽搁造成，未有明显证据，所以无法认定逃逸致人死亡，只能认定普通逃逸。

案情提要：甲离开医院后，心神恍惚，结果又与前车追尾，造成前车司机 C 生命垂危，甲在送 C 去医院的路上，越想越郁闷，觉得今天遇见的都是索债人，一怒之下，调转车头，开往一僻静处，将 C 丢掷车外即离开（后 C 因未得到救治而身亡）。甲开车回到自己小区地下停车场，想起这一天发生的各种变故，悲从中来，觉得自己人生已毁，趴在方向盘上大哭一场后睡去。清晨醒来，甲心情悲凉，既然造化弄人，自己也要改头换面，重新做人。甲带上护照和全部积蓄，准备随团出国趁机出逃。临走前甲决定彻底地释放自己的情绪，遂加足油门，在地下停车场里横冲直撞，当场撞翻了 3 辆轿车，某私家车主 D 刚从车里出来，也被甲撞翻在地（事后检查为重度脑震荡）。甲对此全然不顾，高速扬长而去。

判官：1. 甲再次违反交通规则并致使 C 重伤，构成交通肇事罪。

2. 甲不仅不积极施救，而且妨害他人施救，属于典型的"积极逃逸"，又再起犯意故意杀人（不作为），与上述交通肇事罪数罪并罚。

3. 就算 3 辆轿车中没有小飞的红色法拉利，甲也构成故意损坏公私财物罪了吧。此外，如果车库里尚有人出现，甲横冲直撞的行为便具有致（不特定）人重伤、死亡或者使公私财物遭受重大损失的现实危险，构成以危险方法危害公共安全罪。以上二者想象竞合，从一重处罚，应认定以危险方法危害公共安全罪。

王勇：1. 该节事实前段有交通肇事之嫌，但 C 的死亡原因是没有得到及时救治。因此，甲将 C 抛弃的行为切断了肇事与死亡之间的因果关系，其交通肇事罪是否成立存疑。如果经过鉴定证实，前面的肇事行为直接导致了 C 的重伤，同时甲负事故主要责任以上，因其符合酒后驾驶致致人重伤的司法解释规定，可以成立交通肇事罪。但其肇事后没有逃逸的意思表示，不能认定逃逸情节。

2. 甲的行为属于不作为的故意杀人。肇事后救助的义务一方面来源于《道路交通安全法》，另一方面来源于过失犯罪行为（故意犯罪能否有限度地成为义务来源存在争议）。甲没有履行义务，反而将 C 抛弃，构成故意杀人罪。

3. 本案只能以故意杀人一罪论处，不宜数罪并罚。因为健康权是以生命权为前提的，法益之间有包容关系，即使前面的行为导致了被害人重伤，只发生了一个死亡后果，不能重复评价。另外，2000 年最高人民法院《关于审理交通肇事刑事案件具体应用法律若干问题的解释》第 6 条也明确规定："行为人在交通肇事后为逃避法律追究，将被害人带离事故现场后隐藏或者遗弃，致使被害人无法得到救助而死亡或者严重残疾的，应当分别依照刑法第二百三十二条、第二百三十四条第二款的规定，以故意杀人罪或者故意伤害罪定罪处罚。"

4. 清晨醒来撞车该节事实同意为想象竞合，从一重处罚，认定以危险方法危害公共安全罪的观点。前面清晨、地下车库等条件让人很犹豫是否危及公共安全，但甲看到撞人之后，"全然不顾""扬长而去"等表述足以证实其主观上不回避人员伤亡之后果，可定此罪。

深海鱼：1. 甲交通肇事后为逃避法律追究，将 C 带离事故现场后在僻静处抛弃，致使 C 无法得到救治而死亡，根据最高人民法院《关于审理交通肇事刑事案件具体应用法律若干问题的解释》，应当以故意杀人罪定罪。

2. 甲为了发泄情绪，在地下停车场横冲直撞，任意毁损他人财物、侵犯他人人身安全，符合寻衅滋事罪的构成，但从行为的场地和结果看，甲完全不顾他人的死活，在车辆密集又有人出入的地方横冲直撞，造成了 3 辆轿车的毁损及 D 的重度脑震荡，已经上升到以危险方法危害公共安全罪论处的程度，所以应当以重罪，即以危险方法危害公共安全罪认定。

案情提要：甲随单位领导到 X 国 Y 市后，旋即逃离，整容易名，在 Y 市蛰居下来做各种生意。转眼 5 年过去，甲在 Y 市形成气候，期间采用向 Y 市警察局局长行贿等手段，逐渐成为黑白两道通吃的"大佬"。但是由于思念未婚妻乙，故始终未婚，又怕给乙带来麻烦，因此也始终未与之联系。2005 年，甲终于难捱思念，遂派人回中国打听故旧情况。却得知未婚妻乙早已与张三有交往，在 2000 年甲出国三个月后即与张三结婚，如今已为人母。甲由爱生恨，产生报复之意，决定设计杀害乙一家。甲令手下查明张三的生活习惯和上下班时间，得知张三烟不离手，且每天 6 点到家，乙在下午 4 点之后，则一般会陪孩子丙睡觉等张三回来。2005年6月8日，甲在X国令手下王五在张三下班前一个小时，趁乙熟睡之际，潜入乙家中，释放煤气并封好门窗后离开。至下午6点左右，乙和孩子丙因煤气中毒陷入深度昏迷状态。此时，张三叼着烟打开房门，火星引爆煤气，导致张三、乙与丙全部身亡。与此同时，爆炸亦波及乙的邻居E家，造成E重伤。

判官：1. 按属人管辖原则，数额没问题的话，"大佬"甲成立行贿罪。

2. 甲和王五成立故意杀人罪的共犯。王五对乙、张三与孩子丙是直接故意，对邻居E是放任的间接故意。甲对乙、张三与孩子丙是直接故意，但对E的死亡——若是有证据证明甲出于放任，同样构成间接故意伤害；若是无证据证明甲有犯意，甲不承担刑事责任——取决于马仔是如何汇报的，老大又是如何指示的。

王勇：1. 甲构成叛逃罪。甲因公出国逃离岗位，属于在境外履行公务期间叛逃。

2. 甲不构成行贿类犯罪。首先，甲不构成行贿罪。行贿罪的对象为国家工作人员，主体为我国的国家机关工作人员，不是外国。其次，不构成对外国公职人员行贿罪。其通过向国外警察局领导行贿从而黑白通吃，明显有谋取不正当利益的嫌疑，符合《刑法》第164条第2款的规定，也就是对外国公职人员行贿罪。但是该罪系2011年《刑法修正案（八）》新增，根据从旧兼从轻原则，对甲不能适用。

3. 甲涉嫌组织、领导黑社会性质组织罪。因为从黑白通吃的"大佬"、给警察局局长行贿、指令手下杀人等行为来看，较为符合该罪特征。但该罪认定极为复杂，目前信息不够完整，只能说有重大嫌疑。如果构成犯罪，根据属人原则，可以追诉。

4. 甲和王五构成爆炸罪的共犯。两人是根据张三烟不离手的特征才释放煤气的，目的显然是利用烟点燃煤气引发爆炸。基于一般人的社会认知，煤气爆炸不可能是定点爆破，也不会只伤害张三、乙和孩子一家，必然会波及周边，除非是荒郊野外的独立住宅。因此，其主观上明知可能导致不特定人的生命安全受到损害，客观上导致该后果并非精确控制，仅追求特定人员死亡的行为，成立危害公共安全类的犯罪。

深海鱼：1. 甲在国外行贿，一般我国不对其进行处罚。

2. 甲以杀害特定对象为目的，抓住张三喜欢抽烟的习惯，让王五释放煤气，继而发生了爆炸，可以说甲和王五虽然没有直接引发爆炸，但经过计算和推理，利用客观条件引发爆炸，这种针对特定人的爆炸行为，既符合爆炸罪的构成要件，又符合故意杀人罪的构成要件，对此应当如何定罪，这是司法实践中常见的疑难问题，在刑法理论上也存在争议。北京就曾发生过一起一审判故意杀人罪，二审改判为爆炸罪的案件。爆炸罪中的致人死亡是否包含故意杀人的内容，是想象竞合与法条竞合区分的关键所在。张明楷教授认同以杀人故意实施放火行为时，放火行为又危害公共安全的，属于想象竞合犯这一观点，按照想象竞合犯从一重处断原则，认为故意杀人罪重于放火等罪。而陈兴良教授认为属于法条竞合，爆炸罪与故意杀人罪之间的竞合，属于包容竞合，应当按照整体法优于部分法原则，以爆炸罪论处。本人同意陈兴良教授的观点，认为甲构成爆炸罪。

案情提要：事后不久，甲在 Z 国偶遇其与乙曾经的共同密友李四，从李四口中得知，当年甲出国之前，乙已有孕在身，只待甲回国后再告之以给甲惊喜，谁料甲一去不返，音讯全无，乙肚腹日隆，为掩人耳目，不得已接受张三求婚，后产下丙，丙实为甲之骨肉。而乙多年来心中对甲思念不已，与张三生活得也不幸福。甲得知真相后，如五雷轰顶，追悔莫及，痛苦之余，心灰意冷，觉得人生再无意义，将刚成立的集团公司的注册资金 8 000 多万元全部抽出，大部分捐给慈善机构，另余 3 000 多万元携带回国。回中国后，甲出家为僧，隐居在某寺。转眼 5 年过去，甲已成为该寺方丈。2010 年 6 月 8 日，因寺庙所在省份发生百年难遇大地震，多所民居、学校坍塌。甲遂将 3 000 多万元全部捐出，兴办 10 所小学。因捐资额巨大且身份特殊，引起社会各界关注甚至怀疑，警方经调查，发现了甲的真实身份，又发现在甲任寺庙方丈期间，曾收受小和尚 F（富二代）赠送的书画价值共计 5 万元，并为该小和尚引荐去其他大寺修行或佛学研究院深造。

判官：1. 按属人管辖原则，甲成立抽逃出资罪。

2. 寺庙不是事业单位（中国没有副处级方丈），甲成立非国家工作人员受贿罪。

王勇：1. 不成立抽逃出资罪。抽逃出资罪是指公司发起人、股东违反公司法的规定，在公司成立后又抽逃其出资的行为，是对我国《公司法》的保障，不包含国外公司。另外，从该罪的历史沿革看，1995 年全国人民代表大会常务委员会《关于惩治违反公司法的犯罪的决定》第一次将该行为确定为犯罪，也是因为落实《公司法》的规定。

2. 同意非国家工作人员受贿罪的结论。

3. 本案因交通肇事的追诉时效为 10 年，案发时尽管超过该时效，但甲在追诉期限内又有多次犯罪，因此不受追诉时效限制。

深海鱼：1. 甲在国外抽逃出资的行为，一般也不予以处罚。

2. 甲从当和尚开始，自毁公司并且捐款办学，应该确实对金钱贪欲全无，不管该寺庙什么性质，可以推定甲主观上对区区价值 5 万元的书画并无占有贪恋之心，纯属渡有缘人，无罪责。

第二试　甲的一生前传　答案摘录

答题要求：简要说明案中人涉嫌的犯罪及理由，并进一步分析其中可能存有的争议之处。
案情提要：1975 年 5 月 5 日下午 4 时，18 岁的少女郭芳站在 5 楼楼顶，望着楼下的人群。自幼父母双亡的她因幼师毕业后一直未找到工作，心情郁结，要跳楼自杀。因众人围观致使交通堵塞，路过此地的张某对楼顶的郭芳大声起哄嘲讽，催促其快跳下来。郭芳受其刺激，脚又向前迈出了一步。在楼下一直不断劝慰郭芳的杨海（公务员，对郭芳暗恋已久）见状大惊，遂抄起砖头将正在起哄的张某砸晕（轻伤）。郭芳一下子清醒过来，放弃了自杀。

判官：1. 看热闹不怕事大，张某催人跳楼伤天害理，但不成立犯罪。

2. 杨海构成故意伤害罪。 回想电影《老炮儿》里的跳楼场景, 六爷就没有抡起砖头拍路人, 想必六爷也是懂法的。 "骂丫的", 可能是最有效的解决办法吧, 车神, 您认为呢?

王勇: 1. 这个案例让我感到非常痛苦, 因为本案大部分行为都发生在 1980 年之前, 而我国第一部刑法典是从 1980 年 1 月 1 日开始生效, 该法明确规定: "中华人民共和国成立以后本法施行以前的行为, 如果当时的法律、法令、政策不认为是犯罪的, 适用当时的法律、法令、政策。 如果当时的法律、法令、政策认为是犯罪的, 依照本法总则第四章第八节的规定应当追诉的, 按照当时的法律、法令、政策追究刑事责任。 但是, 如果本法不认为是犯罪或者处刑较轻的, 适用本法。"此外, 这道题也没有说进入司法程序的具体时间, 只能认为在当时事发不久就被抓获。

首先, 因工作中很少接触到 1979 年《刑法》, 自己本身对该法研究不多; 其次, 自己从事公诉工作 15 年, 从未适用过 1979 年《刑法》之前的法律、法令, 对该问题的了解可以说接近空白。 因此, 只能根据自己的认识对该问题进行解答。

2. 倾向于认定张某构成流氓罪 (现在的寻衅滋事罪)。 张某在公共场所起哄闹事, 险些导致郭芳自杀, 因果关系明确, 属于典型的扰乱社会秩序, 根据 1979 年《刑法》规定, 符合流氓罪的构成。

3. 杨海打伤张某的行为无罪。 如果认定张某流氓罪, 杨海的行为属于正当防卫。 即使张某不构成犯罪, 其行为也属于正在发生的不法侵害。 杨海为了救人而对不法侵害的张某造成损害的, 属于正当防卫, 不负刑事责任。

深海鱼: 本人对 1979 年之前的司法实践研究不够, 不知如何

作答。 按照现行《刑法》作答如下:

1. 起哄者客观上确实促进了自杀者自杀情绪的升级,但法无明文规定,无法对起哄者定罪,但可对其进行治安处罚。

2. 郭芳自杀导致交通堵塞,一般对其进行治安处罚。

3. 由于张某起哄确实导致郭芳自杀情绪升级,杨海将张某砸晕也是出于紧急状况考虑,并且确实有用,导致郭芳放弃自杀,因此可以认为杨某紧急避险,没有超出必要限度,对张某负民事赔偿责任。

案情提要: 杨海劝说郭芳找个工作好好生活,郭芳说自己最渴望当幼师。 此时,耿某因地产开发的事情有求于杨海,被其拒绝。 事后杨海想起郭芳的愿望,又电话联系耿某,提出若地皮批准,应在小区中加建幼儿园,并愿意介绍师资。 耿某接到电话喜出望外,满口应允,表示愿意承担一切建园费用,只要介绍一个园长即可。 后在地皮审批过程中杨海为耿某提供了帮助,绿城小区于1977年1月顺利建成。 杨海让耿某联系郭芳,但不要提自己。 1977年3月,郭芳担任"明天幼儿园"的园长,配备了接送孩子的校车,雇孙某为司机。 5月7日,孙某驾驶时因闯红灯与其他车相撞,车内两名幼童和一名老师当场死亡,孙某惊恐之余,拾起车内师生留下的财物,直接窜逃外地。 消息传来,杨海担心郭芳受到牵连,遂为其提供财物让其在警方开始调查之前,就逃离A省。 受此事影响,杨海入狱,从此与郭芳失去联系。

判官: 1. 杨海啊,杨海,大笔一挥为红颜! 此时,你若是滥用职权且导致公共财产遭受重大损失，便成立滥用职权罪。

2. 孙某违反交通规则，并当场致 3 人死亡，成立交通肇事罪。

3. 孙某拾走车内财物的行为可能构成盗窃罪，但取决于涉案金额是否达到了入罪标准。 好吧，车神，麻烦您给口算一下：3 个文具盒+8 只铅笔+5 块橡皮擦……

4. 杨海啊，杨海，先是抡砖头拍人，后是助女神远走高飞，你果然不是法律人。 幸好郭芳不是犯罪之身，否则你就成立窝藏包庇罪。 但你为何受此事影响而入狱了呢？ 冤枉啊……车神，您给解释一下。

王勇：1. 1979 年之前是否有滥用职权罪不清楚。 但 1979 年《刑法》只有玩忽职守罪，如果有犯罪嫌疑，也只能认定玩忽职守罪的嫌疑。

2. 孙某交通肇事后逃逸，应认定逃逸情节，在有期徒刑 3 至 7 年之间量刑。

3. 因郭芳不构成犯罪，根据主客观相一致原则，杨海提供财物窝藏无罪之人的行为也不构成犯罪。

4. 杨海无故入狱，作出审批决定的人涉嫌玩忽职守罪（现在的滥用职权罪）。

5. 孙某拾走车内财物的行为是盗窃行为，但正如上文判官所说，是否构成犯罪取决于涉案金额是否达到了入罪标准。

深海鱼：1. 杨海虽然利用职权为耿某提供帮助，但没有收受贿赂，题目也没有说明是否造成国家损失，也可能按照正常的程序地皮就应该审批给耿某，虽提出建造幼儿园，但该幼儿园的权属也不属于杨海或郭芳，最终的谋利只是替郭芳安排了工作，郭芳所领取的工资也是其劳动回报，不能认为是非法利益所得。所以无法判断杨海在利用职务便利审批中的刑事责任。

2. 郭芳担任园长后，配备校车并雇佣孙某为司机，其中没有郭芳任何违规信息表述，无法确定郭芳的刑事责任。

3. 孙某交通肇事导致 3 人死亡，后逃逸，可认定为交通肇事罪。逃跑时拾起车上散落的包等财物，若该财物属于死者的，应认定为盗窃罪。若该财物系其他未昏迷的师生，应当认定抢夺罪。

4. 由于郭芳没有犯罪，所以杨海资助财物让其离开的行为不构成犯罪。

案情提要：郭芳逃到 C 省后，找过几份工作均因常神思恍惚而被辞退，愈发对人生感到失望，开始在夜总会中卖淫。1979 年 4 月，郭芳与赵某相识。赵某提出将自己的一间小屋无偿借给郭芳供其卖淫，条件是郭芳要随时满足其性要求。郭芳答应。8 月 12 日晚，赵某酒后敲郭芳房门，郭芳不愿开门，赵某欺骗说是进屋取东西，待门开后，不顾郭芳反抗而强行与之发生关系。事后，郭芳哭称要告发，赵某提出双方早有约定，即使郭芳去告，自己也不怕。双方的争吵惊动了赵某的妻子余某，余某在屋外听到隐情，怒火中烧，决定伺机报复郭芳。

判官：1. 赵某提供场所供郭芳卖淫，成立容留卖淫罪。

2. 赵某违背郭芳意志强行发生性关系，成立强奸罪。是的，郭芳此前承诺救不了赵某！

王勇：同意判官的观点。 另外，我只记得 1991 年全国人民代表大会常务委员会《关于严禁卖淫嫖娼的决定》明确了组织卖淫等行为的罪责，但 1979 年《刑法》是否规定了容留卖淫罪，记不清楚。 认真搜索比对才发现，1979 年《刑法》规定了引诱、容留卖淫罪，只是法定刑为 5 年以下。 但 1979 年之前，容留卖淫是否可入罪不清楚。

深海鱼：1. 赵某提供小屋让郭芳卖淫，根据卖淫的次数，可构成容留他人卖淫罪。

2. 赵某在郭芳不同意发生性关系的情况下，强行发生性关系，成立强奸罪。 不能因为之前有约定而对抗郭芳的性自由选择权利。

案情提要：1979 年 9 月初，郭芳发现自己怀孕，又惊又喜，为了孩子，决定不再卖淫，靠做钟点工勉强维生。 怀胎 8 个月左右，余某找到郭芳，暗示其有必要去做一个性病检查，并介绍郭芳去自己的表妹董某所在的医院。 余某与董某商议，为郭芳开出一份虚假的艾滋病感染的检验报告。 郭芳拿到报告后大惊，问询董某后得知艾滋病患者的产婴基本上也是病毒携带者。 万念俱灰之下，郭芳失去继续生活的勇气，打算与腹中的孩子同赴黄泉。 1980 年 5 月 2 日，郭芳在家中猛击自己腹部并吞服了大量安眠药。 碰巧赵某又来找郭芳，见其倒在血泊中，大惊失色，赶紧送医院急救。 经过抢救，郭芳生还，胎儿早产，但医生告诉郭芳，胎儿因受外力和药物损害而引起身体畸形，长大后会跛足。 经过这一番死里回生，郭芳决定不管未来怎样，眼下都要努力把这个孩子抚养长大。 因不知其生父为谁，故未赋其姓，只名之为甲。

判官：1. 余某、董某为郭芳虚开艾滋病感染的检验报告，不成立犯罪。

2. 郭芳猛击腹中胎儿，难以成立故意杀人罪，因未出世的胎儿并不是人。

3. 车浩老师，您够狠啊！没想到甲母也是悲惨一生，您敢不敢对这母子俩仁慈一点。

王勇：1. 如果艾滋病感染的检验报告上有医院印章，按照1979年《刑法》可能构成伪造事业单位印章罪（伪造影印印章也是伪造）。如没有，则无罪。

2. 郭芳对自己腹中胎儿击打，确实不好认定为犯罪。但是本案中郭芳为被害人，其损伤导致早产。根据《人体重伤鉴定标准》，可以被认定为重伤。尽管表面上这个行为是郭芳自己实施的，但实际上是余某和董某出具虚假检验报告所致。因此有必要分析两人行为是否构成故意伤害罪。案情显示，客观上，是余某步步为营，设置圈套，特意出具虚假艾滋病感染的报告欺骗郭芳，让郭芳自暴自弃，试图放弃孩子，最终导致了该后果。主观上，余某的目的是为报复郭芳，导致郭芳出现早产等后果没有超出其认识因素。因此，本案中尽管余某没有直接加害郭芳，但是实质上其故意利用了被害人的行为，属于间接正犯。董某明知余某的目的而积极参与，属于共犯。两人均构成故意伤害罪。

深海鱼：余某、董某合谋编造假的检测报告，主观上预料到郭芳有可能会做出流产、自杀、自残等行为，仍然实行，客观上造成了郭芳自残，导致早产等身体伤害，可根据伤势鉴定情况，认定故意伤害罪共同犯罪的可能。

案情提要：郭芳出院后，搬离赵某住处，并决意重新在夜总会卖淫，通过这种方式将艾滋病毒传播给那些寻花问柳者。1981年7月，郭芳结识了冯某。冯某对郭芳痴迷不已，提出要与郭芳长期交往。郭芳正想将艾滋病传染给这类男人，遂答应冯某的请求。1981年9月，两人开始同居。此后一年，冯某对郭芳照顾有加，郭芳逐渐被其感动。此时，余某出现，以将其得艾滋病之事告诉冯某相威胁，向郭芳索要5 000元，郭芳非常害怕，但是自己又没有钱，于是对冯某撒谎说自己老家亲戚得了重病，急需用钱，冯某拿出5 000元送给郭芳救急并表示无须再还。郭芳大为感动，将钱给余某后，又去医院重做检查，结果发现没有任何艾滋病问题。郭芳又燃起了对生活的热情，决定以后好好对待冯某。

判官：1. 犯罪也可能"心有余而力不足"。郭芳未患艾滋，不成立故意伤害罪，此系不能犯。

2. 余某构成敲诈勒索罪。切记余某并不成立诈骗罪，其虽然也采用了欺骗手段，但郭芳主要是基于恐惧而交付财物，这里要注意诈骗罪与敲诈勒索罪的区别。

3. 郭芳虽然骗了冯某5 000元，但这属于民事赠与，郭芳并不成立诈骗罪。

王勇：1. 郭芳试图通过卖淫将艾滋病毒传播给那些寻花问柳之人的行为，符合1979年《刑法》的传播性病罪构成要件。因为其没有性病，因此属于犯罪未遂。但是持客观主义刑法观的学者认为不能犯的未遂不成立犯罪，作者个人基于司法实践的一般认知和判决，还是坚持不能犯未遂属于犯罪未遂。

2. 郭芳点对点试图将艾滋病传播给冯某的行为不构成犯罪。因为，其与冯某之间的行为以长期交往为目的，不属于卖淫嫖娼，不构成传播性病罪。另外，患艾滋病不属于轻伤或者重伤，郭芳试图传播给特定人的行为不能认定为故意伤害罪。

3. 对郭芳骗冯某5 000元，同意判官观点，成立诈骗罪。

深海鱼：1. 郭芳主观上有传播性病的故意，但客观上她没有性病，不可能危害社会，因此不认定为传播性病罪，并且1979年《刑法》中也没有传播性病罪。

2. 余某编造让郭芳陷入害怕和恐惧的事实，勒索钱财，郭芳不自愿交付，应当对余某以敲诈勒索罪认定。

3. 郭芳虽然以虚构事实的方式向冯某借钱，但主观上没有非法占有的故意，不构成诈骗罪。

案情提要：1981年12月，郭芳去商场返回时经过赵某家，见室内无人，桌子上放着一部手机，遂进屋将手机取走，打算以此向余某索回5 000元。余某追出，双方争执，郭芳取出刚从商场购买的钳子威胁余某，将手机带走。余某大怒，便在网络上发布关于郭芳之前卖淫的帖子。冯某见邻居们都知道了郭芳的往事，于是对郭芳渐生厌意，整日殴打郭芳，甚至常常采用冻、饿的方式虐待甲。郭芳由于对冯某心有愧疚，从一系列事件中也已猜到当年艾滋病的事情可能是余某与董某坑害自己，但希望给甲一个完整安稳的家，故一直忍耐克制。

判官：1. 郭芳成立盗窃罪。如果用钳子威胁可认定为暴力，则成立转化型抢劫罪。

2. 余某公布郭卖淫女身份，不仅仅是民事侵权，造成严重恶劣后果的，可能成立侮辱罪。

3. 情节达到一定程度时，冯某可能成立虐待罪，注意郭、冯两人同居多年，即使未领证，也可将彼此解释成"家庭成员"。

4. 唉，母爱……

王勇：1. 郭芳拿走手机的行为是否成立盗窃罪有较大争议，个人认为不宜以犯罪论处。本案中郭芳拿走手机是试图以手机为质，要回自己被敲诈的5 000元。因此，仅看其拿走手机一节是盗窃行为，但其主观上不是非法占有财物，而是试图以手机作为条件，进行私力救济。抛开1981年没有手机和5 000元在当时是巨大财富这两个客观事实不谈，即使在今天，大部分手机的价值也不会超过5 000元。除非其拿走财物的价值远远超过被敲诈财物价值或者拿走财物不打算告诉被害人，否则此类行为在现实中一般不宜作为犯罪处理。

2. 同意判官关于余某可能涉嫌侮辱罪和冯某可能成立虐待罪的观点。

深海鱼：1.郭芳虽然采取了秘密窃取手机的行为方式，但是窃取手机和之后的使用暴力强行拿走手机，目的都是想索回之前被余某敲诈去的5 000元，并且一般手机的价值也很难明显超出5 000元，所以主观上并没有非法占有他人财物的故意，不构成盗窃罪。

2. 1981年的时候，请问有网络传播吗？那时候还是"大字报""小字报"公然侮辱他人的情况。

3. 根据1979年《刑法》，冯某虐待家庭成员，情节恶劣的，可以构成虐待罪。

案情提要：转眼十几年过去，甲长大到 14 岁。由于经常遭冯某打骂，且被同学嘲笑跛足，逐渐混迹街头。1994 年 3 月 2 日，甲去洗浴城洗澡，看到高某将 75 号衣柜钥匙牌放在茶几上，遂将之取走。甲到更衣室后对服务员李某自称是高某朋友，受其所托来取东西，让李某开第一道锁，然后甲用钥匙打开第二道锁，取得钱包后，将钥匙放回原处。从洗浴中心出来，甲用高某钱包中的信用卡到超市购物花费 2 000 元，又去 ATM 机取款，欲插卡时，发现有他人的卡未取出。于是按"继续服务"键，再按"取款"键，从该卡里取出 3 000 元人民币后离开。

判官：1. 甲构成盗窃罪。盗窃信用卡并使用的，《刑法》分则明文规定为盗窃罪，此为法律拟制。

2. 盗窃罪还是信用卡诈骗罪，这个应该存有争议？按张明楷老师观点，机器不能被骗，甲似乎成立盗窃罪较为合适，但量刑要从轻，毕竟这白取钱的事诱惑性太大。

好了，现在开始说正事。甲才 14 岁，不成立盗窃罪或者信用卡诈骗罪，所以上述答案作废！

王勇：同意判官上文所述该行为不构成犯罪的观点。需要补充两点的是：

1. 甲欺骗服务员李某开第一道锁的行为确实有欺骗性，但取得财物的核心行为是盗窃，属于骗术盗窃，只能认定为盗窃行为（不是盗窃罪）。

2. 甲发现他人遗留的卡并取款的行为，尽管理论上有争议，但根据 2009 年最高人民法院、最高人民检察院《关于办理妨害信用卡管理刑事案件具体应用法律若干问题的解释》规定，拾得他人信用卡并使用的，属于冒用他人信用卡，系信用卡诈骗罪的一种犯罪形式。此外，信用卡诈骗罪的追诉标准为人民币 5 000 元，甲的行为达不到追诉标准。

深海鱼：1. 甲刚满 14 周岁，其行为属于秘密窃取他人钥匙，对不知情的服务员有一定的欺骗，但最终是甲通过钥匙将被害人第二道锁内的财物窃走，服务员并不对锁内的财物占有、保管，甲是盗窃行为。使用窃得钱包内信用卡的行为是窃取行为的延伸，其在 ATM 机取款的时候看见他人的卡处于可取钱状态，并不用实施输入密码等冒用行为，也应当以盗窃罪认定，不以信用卡诈骗罪认定。

2. 此外，1994 年没有 ATM 机，因此也没有信用卡诈骗等规定，另外，甲如果是惯窃，根据 1979 年《刑法》的规定，可以入罪，如不是惯窃不负刑事责任。

案情提要：1994 年 8 月，杨海离婚后与女儿乙搬到 C 省，联系亲戚冯某时，意外与郭芳重逢。两人见面后互诉衷肠，郭芳才知杨海对自己的一片痴心。甲在屋外听到两人谈话，得知冯某并非自己生父，联想到这些年冯某对自己的虐待，遂起杀心。郭芳无意中发现了甲的意图，百般劝说无效后，向冯某提出分手，希望由此消祸。但冯某不同意，反而痛打郭芳。心灰意冷之下，郭芳决定将以往所有恩怨做个了结。10 月 1 日，郭芳将赵某、余某、董某和冯某都约至家中吃饭，将甲和乙支开外出，之后，杨海在酒中下毒，郭芳向每人敬酒一杯，除杨海外，在场人均中毒倒地。郭芳请求杨海帮她尽快结束生命，两人来生再聚。杨海拿着刀，看着在地上痛苦挣扎的郭芳，仿佛看到了20年前要跳楼的少女，但他知道一切都已经无法回头。

判官：故意杀人罪。郭芳和杨海是共犯，郭是主犯，杨是从犯。

王勇：同意两人是共犯，都构成故意杀人罪的观点。但是两人中，郭是起意者，杨是实施者，不宜划分主从犯，量刑时考虑适当区分。

深海鱼：题目有点看不懂，反正下毒是针对目标人物，将不相干的人支开确保安全，应该没有危及公共安全，毒死几个都认定故意杀人罪，而不是投毒罪。

案情提要：就在杨海用刀刺向郭芳胸口的一刹那，甲、乙正好回来，及时推开杨海。几人被送到医院抢救后被警方带走。甲看到郭芳的遗书，才明白郭芳是希望由她来了结过往所有恩怨，让甲能放下一切怨念，走上正路，与乙在一起好好生活。甲理解了母亲的所有苦难和对自己的爱，大恸之后，再也不做街头混混，回到学校拼命读书，与乙相依为命。转眼两年过去，1996年甲考上P大，2000年毕业后，他放弃留在大城市的机会，回到郭芳的家乡A省B市。女友乙在B市幼儿园成为一名幼师，甲则进入公安系统，誓做一名守护校车安全的交警。

判官：杨海构成故意杀人罪（未遂）。杨海用刀刺向郭芳胸口,显然法益面临被侵害的急迫危险,此时应认定为已"着手"。

王勇:同意杨海构成故意杀人罪(未遂)的观点。

深海鱼:杨海帮郭芳自杀,应为故意杀人行为,用刀刺过去意味着着手实施,甲、乙回来推开杨海,系因意志以外的因素未成功的未遂。